敬敷求是集

汪孔丰 金松林 主编

安庆师范大学人文学院
高峰培育学科建设丛书

文艺理论卷

谈文论道

方锡球 王谦 编

复旦大学出版社

总　序

"雨打振风塔,风动扬子江。红楼育学子,百年话沧桑。"这几句饱含深情的歌词,出自安庆师范大学的校歌。歌中的"红楼",如今已是全国文物重点保护单位,它是学校的标志性建筑,也是全校师生共同的精神家园。这座由红砖砌成的两层高楼,是民国时期安徽大学的主教学楼,建成于1935年,迄今已伫立近百年。在漫长的岁月中,她见证着安徽现代高等教育的启航与远行,见证着民国时期姚永朴、刘文典、吕思勉、刘大杰、周予同、苏雪林等大批知名学者在此弘文励教的身影,也见证着人文学院披荆斩棘、笃实前行的学科建设历程。

目前在红楼办公的人文学院,是一所既新又老的学院。说其新,是因为她到2020年才成立,由原来的文学院和人文与社会学院合并组建而成,共设有汉语言文学、历史学、汉语国际教育、秘书学等四个专业;说其老,是因为原有的两个学院办学历史都比较悠久,学术积淀也比较深厚。如果从学校1977年恢复本科招生算起的话,原文学院的中国语言文学学科、原人文与社会学院的中国史学科迄今都有四十余年的人才培养历史。特别是进入21世纪以来,这两个学科的发展都取得了飞跃性的进步。2006年,中国古代文学学科获批硕士学位授权点,是学校首批四个硕士学位授权点之一。2008年,文艺学学科入选安徽省重点学科。2011年,中国语言文学学科获批一级学科硕士学位授权点。2018年,中国史学科获批一级学科硕士学位授权点。2019年,中国语言文学学科成为学校博士点学位授予立项建设学科,中国史学科则是博士点立项建设学科的重要支撑学科。2022年,学院又担负起建设安徽省高峰培育学科"戏曲与曲艺"学科的重任。可以说,这一连串的成就和突破,是全院师生长期群策群力、不懈拼搏进取的结果。

经过数十年的持续建设,以及几代人的艰苦奋斗,人文学院目前已形成了桐城派研究、黄梅戏与戏曲文化研究、明清诗学研究、皖江区域历史文化研究等四个较为鲜明的学科特色方向,涌现了大量的高水平科研成果,同时也获得了良好的社会声誉。

为了更好地总结和展示新世纪以来学院的学科建设成果,同时也是为了进一步强化学院博士点立项学科及安徽省高峰培育学科的建设,经学院党政领导班子研究,我们决定出版一套学科建设丛书。这套丛书根据学院学科建设实际情况,侧重收录近二十年来学院教师发表过的高水平论文,因受篇幅限制,总共遴选出134篇论文,挂一漏万,在所难免。丛书分七册,其中五册是展现中文、历史两个学科的建设成就,它们依次是:《谈文论道:文艺理论卷》(方锡球、王谦编)、《文海探骊:中国古代文学卷》(梅向东、徐文翔编)、《菱湖撷英:中国现当代文学卷》(陈宗俊、冯慧敏编)、《语路探幽:语言学卷》(鲍红、张莹编)、《史海拾萃:历史学卷》(金仁义、沈志富编);还有两册是展现我们学科的特色优势,它们是《栖居桐城:桐城派卷》(叶当前、宋豪飞编)、《曲苑拈梅:黄梅戏与古代戏曲卷》(汪超、方盛汉编)。

这套丛书最终定名为《敬敷求是集》,也是大有深意。安庆师范大学的前身可追溯至清代的敬敷书院,后又合并过求是学堂,在长期办学过程中,形成了"敬敷、世范、勤学、笃行"之校训。这里的"敬敷"二字,出自《尚书》,意为"恭敬地布施教化"。我们希望这套丛书的出版,既能反映出学院教师敬敷育人的精神风范,又能展现出他们作为学者实事求是的治学态度。

对于我们来说,这套丛书的出版,既是一次总结,也是一种传承,更是一次启航和一份期待。最后,还是用校歌里的歌词来表达我们的办学心声:"日照振风塔,霞染扬子江。红楼哺英才,代代耕耘忙。"

汪孔丰

癸卯年秋作于红楼

目 录

(按作者姓氏笔画排序)

001   **总序**

———————————————————— **古代文论** ————

003   方锡球   许学夷诗学思想简论

022   方锡球   从"兴趣"到"意兴"
            ——许学夷论盛唐诗歌纵深发展的审美方向

044   叶当前   嵇阮优劣论

060   叶当前   詹锳先生论《文心雕龙》对桐城派文论的影响

074   汪　超   再论"不隔":从费经虞到王国维

093   郭青林   明代书画家的笔墨形式论

———————————————————— **文学基本理论与西方文论** ————

107   王广州   "在家":一段德国思想史

115   江　飞   文学意义的生成:重审雅各布森与里法泰尔、卡勒之争

135   江　飞   回到语言:文学阐释学建构的若干问题

155   吴春平   文学理论教学与文艺学学科建设

168   周红兵   严复与斯宾塞的"社会有机体论"

181   金松林   介入与否:罗兰·巴尔特与萨特的理论分歧

———————————————————— **文艺美学与文化研究** ————

199   王广州   黑格尔美学中的"散文"隐喻与现代性问题

217   王　谦   帝都,国都,故都:近代北京的空间政治与文化表征(1898—1937)

231　王　谦　故都北平的文化生产与文学记忆
246　刘　超　东洋何以近代,回心还是转向?
　　　　　　——竹内好的东洋近代观探究
258　周红兵　"有机体"与朱光潜前期的思想变迁
273　张红飞　民族认同视阈中的现代民俗艺术

283　**后记**

古代文论

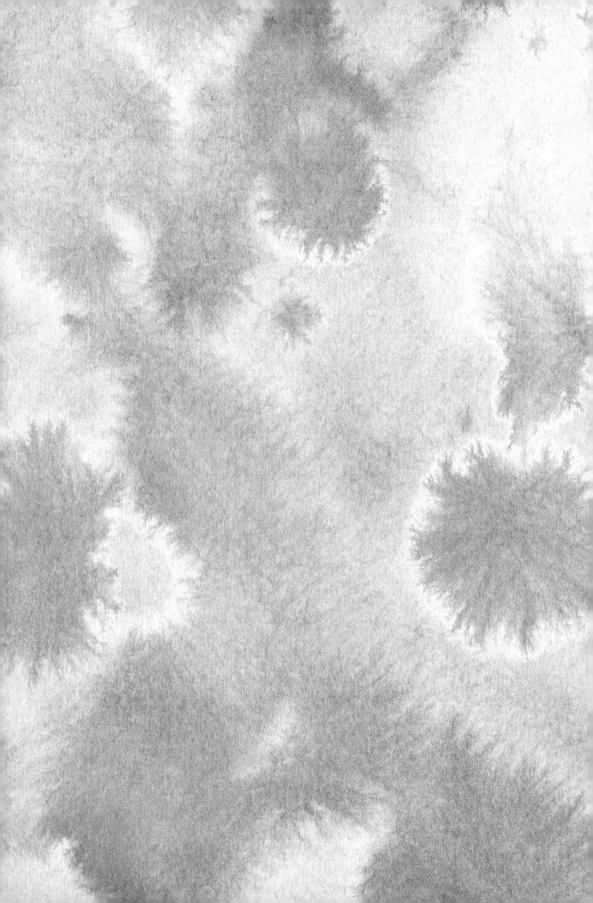

许学夷诗学思想简论

方锡球

明末诗论家许学夷(1563—1633),"少学诗,博今通古,溯源审体,洞见疵瘢"[①]。其诗论著作《诗源辩体》,"历四十年,十二易其稿,业乃成。""其书论述古人,而源流、正变、消长、盛衰,阐泄详明……宏博精诣,集诗学之大成"[②]。他生前,对自己的著作充满信心:"既能辩古今人诗,又能辩诸家论诗选诗得失,此皆余之足自信者。"[③]但对《诗源辩体》的命运,也不幸被他自己言中:"予作《辩体》成,或问:'是书必行乎?'曰:人莫不饮食也,鲜能知味也,古说诗者惟沧浪、元美、元瑞为善,而予于三子不能无辩,即三子而在,未肯降心以相从也,况他十驳八九,中初学之病根,触时人之忌讳,意既悬至,语复严切,其不讪而詈者幸矣,敢望其必行乎?……如或蹈袭故弊,抵捂予言,为曲学左袒,则又是书之在厄也,此系诗道之兴衰,非人之所能为也。"(卷三十六第四六则)虽然后来没有他说的那么严重,但其超越前人的胆识和事实,却不为人所知、所重,在清代,"四库未著录,国朝诗论家亦无齿及者"[④]。他一生隐居江阴,此处东南,一直是明末的学术文化中心[⑤],这对他吸收多元文化,不能不是一个便利条件,正是这一条件,使《诗源辩体》达到

---

① 〔清〕恽毓龄:《诗源辩体·跋》。本文所引〔明〕许学夷《诗源辩体》,使用杜维沫校本,人民文学出版社1987年版。后不一一出注。
② 〔明〕恽应翼:《许伯清传》,《诗源辩体·附录》。
③ 〔明〕许学夷:《诗源辩体》卷三十六第四五则。下文凡引此书,仅在文中注明卷数、则数。
④ 〔清〕恽毓龄:《诗源辩体·跋》。
⑤ 当时我国东南地区既是心学的发源地、集散地,也是佛教滋蔓最为旺盛之地,二者形成了一种奇妙的组合。文界中第一代的嘉靖八子及归茅等革新派成员多属南人。七子派后期居地南移,袁宏道曾前赴东南。第二代的代表人物正是这一地带的人士。

"奏闻于朝,列之成均,为诗学指南"的水准,但"以贫如先生,无力谋梓"①,堵绝了较大范围流传的可能性,他"性疏淡","杜门绝轨",不喜交往,"负气而多傲","谓世无足与言","遇贵介或稍严,则悠悠忽忽,故为相戾",若"每与客接,常谑浪鄙秽,隤焉自放"②,这对他的著作的流传也十分不利。尤其是他从事学术活动后期,公安派如日中天,他的诗学思想与公安相左处甚多,受到压制也属自然。直到20世纪80年代,杜维沫先生对《诗源辩体》进行整理点校,才出现对其诗论的少量引用,迄明以降,在大量研究古代文论和批评史的论著中,提及许氏及其诗论的只是晚近的王运熙、顾易生两先生主编的《中国文学批评通史·明代卷》,在此期间,论文也屈指可数,在寥若晨星的论著中,还多认为其蹈七子旧辙,可见,人们并未全面、准确地把握其诗论,对他作为诗论家的胆识以及超越前人之处,更是缺乏认识,故得出有失公允之论。

今天看来,在公安诗论成为明代诗学高潮之际,他能吸收严羽、七子的精华,亦能吸收公安、竟陵之长,是一超越之举,这不仅在诗学思想方面,而且在诗学方法论和学术视野方面,也越出了他生活的时代。往后看,我们虽然因缺少资料无法论证他与清代诗学的关系,但清代诗学与许氏诗学的一致之处,却颇能证明他们不是毫无关联。对这样一位承先启后、"集诗学之大成"的诗论家的诗学思想进行系统发掘,是十分必要的。限于篇幅,本文仅从诗歌本体论、继承发展论、接受批评论,以及"诗史之辨"几个方面,探讨许氏诗学思想的精彩之笔。

一、诗歌双重本体论:情兴与诗体

许学夷论述了诗歌本体的二重性。一是从主体经验角度,他认为诗的本体有性情与义理,或情兴,这是诗的实体本体。二是从本文看,诗的存在

---

① 〔明〕陈所学:《诗源辩体·跋》。
② 〔明〕恽应翼:《许伯清传》。

本体是诗格或诗体。

他认为诗有的本于性情,也有的本于义理。《诗源辩体》卷一第一则评《三百篇》时云:"风则专发乎性情,而雅颂则兼主乎义理:此诗之源也。"这里,他从体裁论或诗体论的角度,认为不同的诗体其本体是不一样的。那么,对诗本体就需要甄别。对发乎性情的诗体,如风诗就不能对其本体"牵于义理":

> 世之习举业者,牵于义理,狃于穿凿,于风人性情声气,了不可见,而诗之真趣泯矣。……苟能熟读涵泳,未有不恻然而感,惕然而动者。于此而终无所得,则是真识迷谬,性灵梏亡,而于后世之诗,亦无从悟入矣。(卷一第三则)

他说的是作诗、读诗都要抓住诗的本体,对《风》诗及"后世之诗",只有把握性情、性灵这一根本,即"恻然而感,惕然而动者",才能"悟入"。汉儒和宋儒解诗,虽有抵牾,但皆具"经典"精神,朱熹把《关雎》解为"宫人思求后妃"。许氏对此颇不以为然,他认为《关雎》"有情趣","最善感发人","最善"二字,个中消息,就不单指程度,而是把"诗情"放在本源的地位,他批评朱子以"经"解诗,"似少情趣"(卷一第三九则)。这一点,证明今人言其受七子影响,只讲格调和复古是不准确的,他明显吸收了公安"性情"之论,并提升到诗歌本体论的地位。但在另一类作品,如"寓情草木,托意男女"的变风,"叙事陈情,感今怀古不忘君臣之义"的变雅,他则认为情理兼备而主乎理。如楚骚:"其辞所以有无穷意味者,诚以舒忧泄思,粲然出于情。故其忠君爱国,隐然出于理"(卷二第三则)。所以在实体本体层面,他以为诗有义理和性情两个本体。我国古代关于诗的本体的认识,并不十分明确,有先秦"言志论"和魏晋"缘情论"。前者把诗的本体引向一种抽象的观念,后来在多数情况下指"道"或"理",后者在汉代《毛诗》的情志统一论基础上,经魏晋文学自觉时代的实践,把"言志"引申至"缘情"。

这都是从主体的角度立论,且两者一直处于对立的状况,更没有重视形下的诗本体问题。这一情况经过唐、宋、元、明几代人都没有突破。虽然刘勰在《文心雕龙·情采》中说:"故情者文之经,辞者理之纬。"但其《原道》篇却将文学本体归结为"道",仍在"辞"或诗体这一形下本体存在之处擦肩而过。

许学夷积四十年之功,"古今诸诗,靡不探索而溯其源"[①]。这样全面地爬梳,浸淫其中,就不单是整合了"情性"与"义理"这一实体的诗歌本体论,而且发现了一个不为人察觉的"诗体"本体。《诗源辩体》卷二第二则云:

> 诗人所赋,因以吟咏性情也,骚人所赋,亦以其发乎情也。其情不自知形于辞,其辞不自知而合于理。情形于辞,故丽而可观,辞合于理,故则而可法。

这一"自情而辞,自辞而理"的关系式,说明"诗体(辞)"能够作为本体方式而存在。"由情而辞"言明诗歌话语(辞)有内在的规定性,包括体裁、语体的规定性以及创作主体的条件等一系列的规范,其中以话语秩序(辞)为核心,而话语秩序、规则即为诗。"自辞而理"、"辞合于理",是由"辞"可追寻"理"。在情——辞——理之间,诗体(辞)获得了二级本体地位,它是呈现于外的存在本体。提出这一形下的诗歌本体论,许氏自有其理论资源。其近者受七子影响。徐祯卿有"因情立格"之说,似乎重视本体的经验心理的发生,但在七子派,这仍属外在的要素,需要得到另一本体即形式的规范。王世贞《艺苑卮言》云:"才生思,思生调,调生格。"这虽是就发生论上言,但"格者才之御也,调者气之规也。"这却是就本体论上言,将"格调"定为诗歌的内在性质,是肯定文本的规则,而文本规则"非自作之,实天生之也",故而文本规则合于万物之理。文本生成,也意味"理"的显现。其远

---

① 杜维沫:《〈诗源辩体〉点校后记》。

者,一是本于"兴"的认识;二是本于《文心雕龙·明诗》的"感物吟志"说。孔子"兴于诗,立于礼","兴"的言语能达于言外之意,弦外之音,达"情"之辞的这一功能,在于作家诗人以自己的艺术能力,让自然情感转化为话语秩序,达到"兴"的目的和功能,以合于"理"。刘勰《文心雕龙·明诗》认为诗有三个作用:言志;"持人性情";在本篇"赞"中又认为诗"神理共契,政序相参"。是讲诗既本于"志",也与政治相参配、与自然之理相契合,但两者中间是脱节的。因此,刘勰对诗的三个规定,仍然停留在实体本体的层面和功能的层面。虽然其"感物吟志"说解决了由自然之情到审美之情的诗歌生成问题,论证了由"弗学而能"的人的秉赋的情感到艺术情感的"志",应有"感物兴思"和"吟"(艺术加工)这两个中间环节,才使诗体得以生成,却没有明确赋予诗体的存在本体地位,但他对许学夷的启发是不言而喻的。

其实,实体本体的性情、义理与存在本体的话语秩序是"里"和"表",潜在和显在的关系。性情、义理在诗中的存在,都已不是原初的未经艺术加工的性情、义理,它们已隐含在诗的话语秩序中。这从许学夷的论汉魏五言诗以"情兴"为本,明显能追寻到他的这一看法:"汉魏五言,本乎情兴"(卷三第四则)。"情兴"作为实体本体没有问题,它在本质上与性情、义理一样,只是它改变了风诗的"性情之正",而为"性情之真",这是诗歌变化的产物。因"情兴"是触物兴情的过程。许氏说:"为情而造文,故其体委婉而情深。"(卷三第一二则)"深于寄兴,故其体简而委婉。"(卷三第一三则)他把"情兴"与诗体呈现层面的话语的"委婉情深"、"简而委婉"连在一起,从诗歌本文论证诗体与情兴的表里关系。"情兴"亦是先天之情经外物的"感兴"而后在作家头脑里进行快速艺术处理的结果,它的出现也就意味诗体的生成。可见许氏把诗歌的话语秩序作为本体,在实践上是说得通的。从理论上看,"情兴"本指诗歌生成于诗人心灵与外物相接的一刹那,是即景会心的情感体验,具有无意性、无功利考虑的特点。杨万里说:"我初无意于作是诗,而是物是事适然触乎我,我之意亦适然感乎是物是事。……我何与哉？天也触先焉,感随焉,而后诗出焉。"①因此,中国古代抒情诗多为乘兴之作,没有丝毫的勉强。"情兴"本身就是目的,这种无目的的目的,后来成为诗家信仰,这便是"情兴"与诗成为等量一体的根本原因。所以许学夷把"情兴"与"诗体"同时作为诗本体是有道理的。他甚至认为只要"情兴"这一实体本体不动摇,诗的本质就永存,否则就会出现诗的本质不能实现的情况:"惟十九首触物兴怀,未尝先立题而为之。"(卷三第四三则)所以十九首在诗体话语方面,"因情兴所至,以不意得之,故其体皆委婉,而语皆悠圆,有天成之妙"。而后来,"魏人异者,情兴未至,始着意为之,故其体多敷叙,而语多构结,渐见作用之迹"(卷四第一则)。诗的本质也有所丧失。许氏把诗歌话语秩序与"情兴"始终连在一起,同时作为诗的本体,这无疑是一种带有审美倾向的本体论。

许氏认为诗歌有情兴、话语秩序(诗体)双重本体,也就反对"模仿"或"再现"客体的诗歌本体论,这从上文的分析已略见端倪。他反对诗歌以模仿现实为本体的论点,是建立在中国诗歌创作实践的基础上立论,这一思想,厘清了我国古典诗歌本体论与西方模仿论或再现论的界限。故而他对当时那些"依附史传"、"牵合时代"的诗什,认为"味其词,实多不类"(卷一第一五则)。但必须指出他反对模仿,并非是反对诗歌的历史本质属性,在《诗源辩体》里,他一再强调诗的"时代性",明确提出"国之治乱不同,而诗人刺之,故为变风。是风雅有正变"(卷一第二则)。这鲜明地显示着他并不放弃诗歌的历史本质观。

许学夷的诗歌双重本体论,其主性情的实体本体论深受沧浪以禅论诗的影响,这一点已有学者提及②,但也与吸收公安派的诗学思想有关,而其诗歌的存在本体论却受七子"格调"论的影响。他的高明之处,在于调和了"格调"与"情真"的矛盾。唐宋派及七子派困于这一矛盾之中,而许氏却

---

① 〔宋〕杨万里:《诚斋集》卷七六《答健康大军库监门徐达书》。
② 朱金城、朱易安:《试论〈诗源辩体〉的价值及其与〈沧浪诗话〉的关系》,《文学遗产》1983年第4期。

在七子规摹形式的"师古"与公安、竟陵"信口而出"的"师心"之间找到了契合点,让两类诗论互补互益,将情、辞、理结合起来,形成了双重文学本体的认识。这一倾向的进一步发展,则出现后来云间派陈子龙等人"情以独至为真,文以范古为美"的诗学思想。

二、正变兼得的发展论:时代与理势

许氏的诗歌发展论,是继南朝刘勰之后最突出的一位。他兼顾诗歌发展的自律与他律,全面总结了宋严羽以来,高棅、七子、末五子、公安、竟陵等学派的诗歌发展观,对之进行扬弃与超越,形成了符合我国古代文学发展实际的诗歌发展论。

许氏的诗歌发展论,建立在"正"而"变","通"而"变"的基础上,主张文学在继承基础上的发展。《诗源辩体·后集纂要》卷一第一六则云:"元美、元瑞论诗,于正者虽有所得,于变者则不能知。袁中郎于正者虽不能知,于变者实有所得。"在明代,王世贞、胡应麟等倡言复古,其"于正有所得","正"不仅指"雅正"的内涵,还指前代诗歌对后代而言是一个规范,需要继承即"通"的问题。而公安派倡"变",并非仅指"变风"、"变雅"之"变"的内涵,也指对诗歌前代规范的变化与突破。因而他补充、丰富了以往诗论的"正"、"变"言说内涵,突出了发展论的涵义。《诗源辩体》开首即道:

> 诗自三百篇以迄于唐,其源流可寻而正变可考也。学者审其源流,识其正变,始可与言诗矣。古今说诗者无虑数百家,然实悟者少,疑似者多。钟嵘述源流而恒谬,高木秉序正变而屡淆,予甚惑焉。于是三百篇而下,博访古今作者,凡若干人,诗凡数千卷,搜阅探讨历四十年。统而论之,以三百篇为源,汉魏六朝唐人为流,至元和而其派各出,析而论之,古诗以汉魏为正,太康元嘉永明为变,至梁陈而古诗尽亡;律诗以初盛唐为正,大历元和开成为变,至唐末而律诗尽敝。

他将历代诗歌分为"正"、"变"两类,其标准是,符合"雅正"传统的为"正",有变风变雅的语境与精神实质的,则属非"雅正"的诗体,是"变"。而且,"正"作为规范,由于"变"的作用,逐渐由范型模式走向衰落,形成新的诗歌范型。可见他说的"变"和"正"都是双重涵义。他的文学发展论就建立在这两个范畴之上,其"正"、"变"兼顾也就实为继承基础上的革新。

在许学夷,诗歌发展先须讲"正",讲遵守诗体规范,然后言"变"。《诗源辩体》卷三十四第二六则云:

> 然苟不先乎规矩者,则野狐外道矣。规矩者,体制、声调之谓也。……予尝以诗示人,其人曰:"君诗得意者,大似唐人。"斯实寓刺。予谓:……若予盗袭唐人为诗,不可;若谓体制、声调必离唐人始可称诗,予弗敢从。

他心目中的"变"之善者是要遵守已经形成的诗歌声调、体制的规范,在这一前提下讲"变"。汉魏五言、陶渊明的诗就是如此。因为"汉魏五言,委婉悠圆,于国风为近"(卷三第四则)。同时未必像国风那样"本乎性情之正",而是"本乎性情之真"。陶渊明的诗"章法虽本风雅,而语自己出,初不欲范古求工耳"(卷六第一则)。可见他们都既遵守已有诗体基本规范,又有所发展,诗的发展就在诗体规范与反规范中进行。因此,他反对仅仅以"变"求发展,认为只"变"不"正"是没有出路的:"再变之后,而神奇复化为臭腐矣。"(卷三十四第二一则)

这种"正"、"变"得兼的认识包含文学发展的一个基本原理:即,"正"作为诗体规范,固然要遵守,但并非一成不变,随着新的诗歌因素的进入,它就会突破成规,逐步形成新的诗体。这是文学发展的自律。这一思想贯穿于整个《诗源辩体》,比如,在论初唐五古突破汉魏六朝五言诗后的状况时,说:

> 初唐五言古,自陈、张《感遇》、薛稷《陕郊》而外,尚多古、律混淆,

既不可谓古,亦不可谓律也。(卷十四第八则)初唐五言古盖变而未定之体也。(卷十四第九则)

诗歌一旦突破原有规范,要经过一定的时期,才能形成新的规范,新的形式,在这之前,却是没有定性的"变而未定之体",初唐五言古就属于"体犹未纯,调犹未畅"之作。随着岁月演进,终究要创造出新的审美规范。如此往复、更替,诗歌就不断发展。旧有的诗歌规范得以突破,与它缺少活力有关,任何诗体一旦缺少活力,这时新的诗歌因素就会进入,引起诗体规范的改变。比如从汉魏六朝至唐,"才力"、"造诣"、"兴趣"这些因素开始进入诗歌,它们的进入成为旧有诗体突破的重要动因。所以,"《辩体》中论汉、魏、六朝诗不言才力,造诣者,汉魏(人)虽有才而不露其才,六朝(人)非无才而雕刻绮靡又不足以骋其才;汉魏出于天成,本无造诣,而六朝雕刻绮靡,又不足以言造诣。故必至王、杨、卢、骆始言才力;至沈、宋始言造诣,始言兴趣耳"[①]。

同样,一种诗体突破旧诗体之后,到它的成熟的极境状态,也离不开新的诗歌因素的进入,更需要这些因素的完美融合。比如,从初唐到盛唐的巅峰状况,诗歌逐渐走向"体纯",许氏认为"李杜二公于唐体为纯"(卷十八第八则),一个重要原因在于主体的因素与别人不一样:

若高岑之于李杜二公,非时代不同,实为才力所限也。

李杜才力甚大,而造诣极高,意兴极远,故其体多变化,语多奇伟,而气象风格大备,多入于神矣。(卷十八第一则)

从许氏用词看,对李杜才力、造诣,用了"甚大"、"极高"的修饰语,这与初盛唐其他诗人的一般才力、造诣是不同的,说明唐诗走向成熟过程中,

---

① 〔明〕许学夷:《诗源辩体·凡例》。

不断有新因素的加入,才达到诗体的完美境界。这些都属文学自身规律,故而许氏以为诗歌的"源流、正变、消长、盛衰,乃古今理势之自然"(卷三十四第一则)。其"理势"即是文学发展的自身规律。某一诗体达到理想状态后,再难出新意,也就意味它将要突破,被新诗体取代。比如《诗源辩体》卷三十四第四三则讲宋诗:"至唐而诸体具备……唐既盛极,至元和、宋人其理势自应入变耳。"同时许学夷还注意到,各种诗体之间的相互影响,也会使某一诗体变化,并达于极境状态。如"李白五言多转韵体",而"七言绝多一气贯成者,最得歌行之体"(卷十八第四五则)。这些,使某一诗体得以完善或使新的诗歌形式得以产生。

许学夷把文学发展归于文学自身规范的变更,但他没有像严羽、七子或公安派那样,仅把文学的发展看作自身运动的结果,他认为文学规范的变更也受到他律的作用。首先,是时代使然:

> 秦汉、四子(韩、柳、欧、苏)各极其至;汉魏李杜亦各极其至焉。何则?时代不同也。(卷十八第三则)

就是说,如李杜等人的"极其至"不是天生的,他们把唐诗推到了顶峰,是由于盛唐时代的文化、社会心理、审美理想培养了他们的审美经验、审美能力,培育了他们创造美的素质和把握美的发展规律的能力,正是这些能力与素质的综合作用,才使李杜推动了诗体发展,其次,与"古今风气"、"国运"相关:

> 古今风气不同,其音韵亦自应不同。(卷一第七一则)
> 诗道兴衰,与国运相若,大抵国运初兴,政必宽大;变而为苛细,则衰;再变而为深刻,则亡矣。今人读史传必明于治乱,读古诗则昧于兴衰者,实以未尝讲究故也。(卷三十四第三九则)

他把某一诗体由兴而衰同时代风气,同国运联在一起,这虽受刘勰《文心雕龙·时序》影响,但他是以大量的个案研究,论证了诗歌发展的他律。比如"风气",无疑是一个时代特定的历史情境中自发形成的人们的社会性知觉、情绪、愿望、需要、兴趣、时尚的总和,也就是今天所说的社会的普遍心理,它贴近人们的生活经验,具体、生动、丰富、多样,影响着一个时代的审美趣味、审美风尚。尽管社会心理并不能直接成为诗体,但经过艺术家的转化可以形成艺术观念、艺术理想,进而生成文艺的感性的范型模式,因而社会心理一旦变化,文学就会随之发生或快或慢、或多或少的变化、发展。

许学夷还论及门户(流派)、习气(惯例)对诗歌发展的影响,限于篇幅,不赘。

总之,他把诗歌发展的自律和他律各个因素,纳入具有互动关系的整体,形成运动变化,诗歌的形式就会不断被改变、被取代。这样去把握文学的发展,就不单是全面深刻的问题,其方法和学术视野也超越了他生活着的时代。

三、接受批评论:既论其"要",亦得其"偏"其"详"

尽管晚明诗坛以审美主义为主流,但评论与创作,标准各自不同。七子崇"体"、崇"正",公安主"情",主"变",各自抓住一极。而许学夷的文本批评却与其两重本体论与发展观相对应,坚持"情"与"诗体"、"正"与"变"、政教批评与审美批评并重的标准,来衡量诗歌的质量优劣。

第一是坚持以"道"为核心的辩证、宽容的批评态度:

> 论道当严,取人当恕。予之论汉魏六朝初盛中晚唐诗,其等第高下,皆千古定论。……无论古为太康,律为大历,苟为怪恶,即齐梁晚唐,亦有可取。……若汉魏盛唐而外,一无足取,则亦非取人之恕也。(卷三十四第三〇则)

"论道当严"是对"正"、"变"要有甄别之识;"取人当恕"指对"变"体即不合雅正规范的诗,要取宽容态度,方能发现其可取之处,这一辩证的批评方法在一定程度上,也是肯定历代不合"雅正"规范的诗歌,如肯定晋、六朝、宋诗"变"的合理性。这一见解显然对严羽、七子"崇正"的取向是一个矫正,形成了二元批评方法论,这来自儒家的中庸之道,《诗源辩体·自序》云:

> 仲尼曰:中庸其至矣乎!民鲜能久矣。后进言诗,上述齐梁,下称晚季,于道为不及;昌谷诸子,首推《郊祀》,次举《饶歌》,于道为过;近袁氏钟氏出,欲背古师心,诡诞相尚,于道为离。予《辩体》之作也,实有所惩云。尝谓:诗有源流,体有正变,于篇首既论其要矣,就过不及而揆之,斯得其中。

后进、七子与公安、竟陵两派都偏向一端,没有点在"道"上,许氏要在识"通变之道"的基础上,既论其"要",亦得其"偏"。这一"中和"的方法在他选诗、言诗的标准上也有反映:

> 然苟有中正之识,则凡汉、魏、初、盛唐雅正之诗,或可选也。若夫言诗,得其中者必遗其偏,明于正者而昧于变。能于三百篇、汉、魏、六朝、初、盛、中、晚唐诗各得其正变而论之者,鲜矣。……善乎!江文通曰:"世之诸贤,各滞所迷,莫不论甘而忌辛,好丹而非素,岂所谓通方广恕,好远兼爱者哉!"斯可与言诗矣。(卷三十五第一则)

客观地对待"正"与"变","中正"与"偏"这不是一般的批评家能做到的,历代只有刘勰对"古典"与"新声"通方广恕[①],对此他深以为然:"刘

---

① 〔南朝梁〕刘勰《文心雕龙·明诗》对诗的古典意义作了界定,即诗是用来言志、持人性情、承载政教思想的,说明诗是一种受法度控制的话语,是王者统治权和个人的有限言说自由的统一。但他又以"感物吟志"说来摆脱诗歌"承载政教思想"、"持人性情"的理论束缚,强调"情"与"自然",转向魏晋"新声",在一定程度上修正了诗歌古典意义的缺陷。参见童庆炳:《〈文心雕龙〉"感物吟志"说》,《文艺研究》1998年第5期。

鳃《文心雕龙》述其大略,得其要领。"(卷三十五第四则)因此,他提出批评主体要具有批评家的素质和条件,除辩证、中和的态度外,关键还要有"识"与"见":

> 识贵高,见贵广。不上探三百篇、楚骚、汉、魏,则识不高;不遍观元和、晚唐、宋人,则见不广。识不高,不能究诗体之渊源;见不广,不能穷诗体之汗漫,上不能追蹑风骚,下不能兼收容众也。(卷二十四第四则)

从他对"识"与"见"所举例子看,"识高"基本是对"正"的或具有典范性的诗歌规范能够把握;"见广"则是对"变"体的认识并发现其好处。那么"识"与"见"一是要求批评主体要广泛阅读,"学者苟不睹诸家全集,不免终为所误耳"得不到"识见"也就难以开展正确的批评;二是批评主体对诗体规范与规范的突破要"深切著明"兼容并收。这才能高下自见。故而他反对选诗者以自己嗜好选诗,对唐《搜玉集》、《国秀集》、《河岳英灵集》、《箧中集》或以官爵、科名选诗,或所选诗体不全,或"而惟古声是取"的偏见偏识等弊,提出批评。他认为即使对有"微疵者""不当以小疵弃之"。

他反对以自己嗜好选诗的同时,倡导尊重各家、各体、各代诗歌特征:

> 予尝谓:选诗者需以李选李,以杜选杜,至于高、岑、王、孟,莫不皆然。若以己意选诗,则失所长矣。故诸家选诗者,多任己意,不足凭据。(卷三十六第三四则)

这说明他对文学批评客观、公正性质的认识,这一认识惠及明代有名的"唐宋诗之争"的公案。明人受严羽影响,宗唐抑宋,即使为宋诗张目者,也以唐诗的诗体规范或标准衡量宋诗优劣,看不见宋诗在唐诗高度繁荣后,别开生面的独特之处。许氏提出不应以唐诗为尺度论宋诗,要从宋诗的独特处论宋诗,才能看出宋诗"凌跨一代"的"美处"。他说:"或欲以论唐诗者论宋,正犹求中庸之言于释老,未可与语释老也。"①他对历代诗歌以实事求是的态度去进行评价,发掘优长,分析不足,与他对文学批评性质的认识有关。

为了做到公正客观,他在诗歌批评中提出了自己的标准和方法。

一是"反对字字能解,而实一字未解"的穿凿式批评,提倡"论代"、"论人"的整体式批评。《诗源辩体》卷一第一一则云:

> 赵凡夫云:"读诗者字字能解,犹然一字未解也。或未必尽解,已能了然矣。"此语妙绝,亦足论禅。今之为经生者,于《国风》搜剔字义,贯串章旨,正所谓字字能解,一字未解也。

这种把诗歌整体割裂成碎片的批评方式,往往断章取义,难以获得对诗歌的整体把握,以至附会穿凿。如对屈子《九歌》,"注家必欲谓屈子事事不忘君,故每每穿凿强解,意以为必如此乃不妄作,遂使古人文字牵缠附合,愈读愈晦"(卷二第九则),不能了然。故而他提出"论代"、"论人"的整体批评方式:"古今人论诗,论字不如论句,论句不如论篇,论篇不如论人,论人不如论代"(卷三十四第三四则)。论代、论人实是论一代之"体",一人之"体",在他看来,"诗有本末。体气,本也;字句,末也。本可以兼末,末不可以兼本。"(卷三十四第三五则)抓住诗体和诗体的整体内涵、内在力量,即抓"本",是为了把握一代诗体、一人诗体的风貌,进行诗意的评判。而"论代"也包含对它们生成的时代文化背景的批评。"论代"、"论人"实为社会批评(或政教批评)与审美批评的结合。在古代,诗家与圣门对诗的评价,虽各自目的不同,却都反对孜孜于字句之间:"圣门论得失,诗家论体制。……若搜剔字义,贯穿章旨,不惟与诗家大异,亦与圣门不合矣。"(卷一第一二则)圣门论政教得失的社会批评,诗家论诗体的审美批评,都拒绝

---

① 〔明〕许学夷:《诗源辩体·后集纂要》卷一第四则。

搜剔字义，牵缠附合。所以许氏赞成朱熹的说法："须先去了小序，只将本文熟读玩味，仍不可先看诸家注解，看得久之，自然认得此诗是说个甚事。"在他看来，"小序依附史传"，"失之过"，而注家又属论句论字之辈，失之"不及"，都"不能顺其文气之自然"（卷一第一六则）只能是"如嚼蜡耳"。

二是坚持既得其"要"，亦得其"详"的批评标准。《诗源辩体》卷四第六则云：

> 胡元瑞云："沧浪言：'汉魏尚矣，不假悟也。康乐至盛唐，透彻之悟也。'此言似而未核，汉人直写胸臆，斫削无施，严氏所云，庶几实录。建安以降，稍属思惟，便应悬解，非缘妙悟，讵极精深？"愚按：沧浪之言本无可疑，元瑞之辩，愈见其惑。善悟者，乃由室而通，故悠然无着，洞然无碍，即禅家所谓解脱也。魏人五言，由天成以变至作用，乃无着而有着，无碍而有碍，而谓之妙悟，可乎？若康乐既极雕刻，而独以"池塘生春草"为佳句，斯可为悟，但谓之透彻之悟，则非矣。大抵汉魏之诗，沧浪得其要而弗详，元美、元瑞详而弗得其要。

严羽和王世贞、胡应麟是以一点而及全面，其表现在于，严羽抓住要领和主流，又不及其他，而王世贞、胡应麟二人只关注细枝末节部分而不得要领，他们批评的结论只能似是而非，缺少准确性。"详"而"得其要"，是整体、准确把握一代、一人之诗的基本方法，也是文学批评发挥作用的前提，后代作诗，正是在这一基础上，"取古人之所长，济己之短"（卷三十四第三二则），促进创作进步。

许学夷的批评论还有鲜明的文本批评特点。虽然文本批评是20世纪30至50年代盛行于英美两国的新批评学派和法国结构主义的批评方式，但其着眼于文本本身，关注语言组织方式和话语秩序的批评，非常类似于许学夷的诗体批评。许氏对"诗体"的批评集中于两个方面，一是诗体呈现层面的本文话语秩序、规范和特征，关注体裁形式的内在规定和艺术风格；二是

"诗体"的功能。

细读文本,逐首逐句剖析,发现一代或一人诗体的话语秩序、语体特征与古典规范的不同、风格的差异,是许氏每出新见的重要原因。如《诗源辩体》卷三第六五则评张衡的诗歌特点:"张衡乐府七言《四愁诗》,兼本风骚,而其体浑沦,其语隐约,有天成之妙,当为七言之祖。"视张衡为七言之祖的结论,来自他对七言诗体话语审美规范和语体特征的认识。七言诗体的规范,不单本于风或本于骚,"风则语语微婉",吟咏性情之正,典则淳雅,而骚人所赋"粲然出于情","宏丽天成",乃辞赋之宗。这样看来,七言同祖风、骚,才有自己的诗体规定。这一抓住话语秩序的规定、语体特征来把握诗体的做法,在许学夷是通常的做法。比如他划分汉人乐府五言与古诗的差异,也从诗体入手,《诗源辩体》卷三第七○则说:"古诗体既委婉,而语复悠圆,乐府体既轶荡,而语复真率。盖乐府多是叙事之诗,不如此不足尽心倾倒,且轶荡宜于节奏,而真率又易晓也。"许氏从抒情语体声音层的特殊地位,以及选词构句的特点把握汉人乐府与古诗,从而在文本的层面别开生面地得出它们各自不同的特征。对盛唐和初唐诗体的变化,也是从话语秩序和语体切入,获得从初唐到盛唐到李杜诗歌质量不断提高的认识。这一从"诗体"批评看诗歌品质的方法,也同样适用于对不同时代相同诗体的评判:

> 汉魏五言,体多委婉,语多悠圆。唐人五言古变于六朝,则以调纯气畅为主。(卷十五第四则)

因一代有一代之"话语",汉魏五言与唐人五言古尽管在音节上一样,但话语秩序、"声响色泽"、"语调"所构成的抒情性质有别。许氏重"体"、重"语",由此可及于"人"(创作主体)的素质在"诗体"创造中的作用,这是他对文本细析得出的成果。

但他不局限于通过文本自身的审美品质的剖析分出诗歌质量高下,他

还对"诗体"的价值进行评判,从诗体社会功能的角度发现"诗歌话语秩序"对社会人生的意义。《诗源辩体》卷一第一五则云:

> 朱子云:"夫子之于郑卫,深绝其声于乐,以为法,而严立其词于诗,以为戒。而《春秋》所记无非乱臣贼子之事。"信如此说,是《诗》兼《春秋》之法者也。孔子曰:"兴于诗",又曰:"诗可以兴",则《诗》与《春秋》,其用不同矣。诗不可以兼史,杨用修既尝辩之,顾可以兼《春秋》乎?

按"诗体"的规定,要求意在言外,这是它与《春秋》等"文体"规范不同的地方,其"兴"的特点,就表明诗体与"史"体(文体)的价值是不一样的。但另一方面,许氏看到《春秋》之"体"无非"约情合性",发人善心,而"诗体"亦本性情,"兴起好善恶恶之心","诗兼《春秋》之法"。许氏其实是发现诗有两个功能:审美功能与政教功能。相应地,批评也就应该有审美批评、政教批评。他对文本的功能分析,为他把政教批评与审美批评结合起来,客观地进行批评活动,提供了文学实践之支撑。在明末审美主义的批评浪潮中,许学夷之所以不放弃政教批评,一个重要原因,是他从诗体功能里发现政教批评是有生命力的,缺少政教批评,对"诗体"的把握就不全面。他坚持政教与形式审美批评并举,也意味着他认识到文本的价值取向是多元的。故而对公安主张"性情之真"、"信心而出,信口而谈"的理论主张、对七子崇"正"的艺术形式论,都能兼容并蓄,以此相互补充,相互纠正,体现了他对当时文化的整合,这一整合,使他超越了晚明诸家,启开了清代诗学"立足于雅正而求真"和"立足于真变而求雅"[①]这两条路线。钱谦益为代表的虞山派诗学"主变而崇正"、王夫之"主情而崇正"、叶燮"变而不失其正"的认识,虽然因缺少资料无法证明他们受许氏影响,但认识上的一致

---

① 张健著:《清代诗学研究》,北京大学出版社1999年版,第782页。

之处，说明明末清初的批评和对文学的认识已达到了一个高度。

上文述及，在许学夷，"史体"与文体是不同，因而对"诗史"问题许氏亦有创见。"诗史"是杜诗学的一个重要话题，杜甫写"时事"的这种创作特色，历代理解为用诗写"史"并以"诗史"评杜诗特色成了杜诗学对杜诗的主流评价。这无一例外地消融了叙事诗的诗性，今人仍普遍以杜诗的"诗史"特点概括杜甫叙事诗，以"史"证诗的状况没有得到很大的改变。

在明清诗学中，对杜诗的审美价值进行了发掘，但明人只从分类学角度赞扬杜甫"含蓄蕴藉"一类的诗歌的创作手法，几乎否定"诗史"之作，更没有讨论"诗史"的艺术价值取向问题。许学夷的《诗源辩体》对杜甫的"诗史"之辨，对"诗史"内涵及其价值取向进行了理论上的第一次辨析，获得了新的阐释意向。限于篇幅，将另文阐述，这里仅撮其要者略加提及。

首先，他认为杜甫叙事诗"感伤离乱，耳目所及，以述情切事为快"（卷十九第二九则）。第一，杜诗叙事之作以"耳目所及"为对象，但不同于西方叙事诗以旁观者的态度去虚构。第二，单纯的"时事"也不能成为诗的对象，"时事"成为诗的对象是需要条件的，其条件是"述情切事"。这其中就要求主体以诗人的角色与能力对情与事进行艺术形式化处理，形成诗体；第三，"述情切事"是艺术创造才能的体现，需要诗人以创作素质把时事整合到诗情之中。可见，"述情切事"并不是杨慎想的"以事入诗"那么简单，许学夷把这一新的诗歌现象称为"叙情"（卷十九第三则）。"叙情"是高超的艺术创造活动，体现着诗人不凡的艺术才能。这是史之叙事难以达到的。

其次，"时事"进入诗歌还要求有另一个条件，这就是"悉合诗体"。这一条件也清晰划分了叙事诗与史之叙事的界限。许学夷明确指出杜甫叙事诗具有抒情诗体的特性。如他指出杜诗在话语形象层面"有句法奇警而沉雄者，有声气自然而沉雄者"（卷十九第一六则）。句法、节奏、声气而导致"沉雄"，这显然是诗体的特点。许氏言杜甫叙事诗"字字精练"、"穷极笔力"也是诗体含蓄的前提。"悉合诗体"在许学夷那里，亦指杜甫能按照诗体发展规律，根据新的诗歌内容需要，大胆突破已有"诗体"的审美成规，丰富、扩大原有诗体的审美规范。在"诗史"阐释上,从"诗体"角度分开诗歌叙事与历史叙事,纠正了过去把"诗史"阐释为以诗写"史"、以诗"纪事"、只重规讽的浅妄看法,这是第一次,故而他自己说:"予论之如此,此前人所未道也。"(卷十九第十五则)面对杜甫以"时事"入诗,许学夷超越了前人的"诗史"阐释意向,纠正了历代评杜中单纯以"历史"为标准衡量杜诗的功利主义文学倾向。他引入"情"和艺术形式的双重标准进入杜甫叙事诗的评价,划分叙事诗之"事"与"史"事的区别,为"诗史"一辩,第一次刺激着"诗史"朝"史诗"的转变。而这些,既标志传统社会诗评的生命力,也显示着诗评的审美自觉意识。今天看来,这就不仅是"诗史"本身的阐释问题,对文学批评中应坚持什么样的价值取向和批评姿态,无疑也具有启发意义。

(本文原载《文学评论》2001年第1期)

从"兴趣"到"意兴"

——许学夷论盛唐诗歌纵深发展的审美方向

方锡球

中国诗论发展到明代,文学发展观念并未最后确立,许学夷有感于源流、正变问题对诗歌研究的重要性,初步建立了诗史意识和诗歌发展观念。[①]正是诗史意识的建立,他对唐诗的发展方向问题才具有独到的见解。从"兴趣"到"意兴"就是许学夷论盛唐诗歌发展的一个基本观点。这一观点是对盛唐诗歌发展方向的精当概括和理论提升,符合盛唐诗歌向纵深方向发展的实际。

一、许学夷论盛唐诗歌的"兴趣"及其基本特征

在许学夷看来,"兴趣"最能概括盛唐诗歌的特质。《诗源辩体》卷十七第三十七则云:

> 盛唐诸公律诗,形迹俱融,风神超迈,此虽造诣之功,亦是兴趣所得耳。严沧浪云:"盛唐诸人唯在兴趣,羚羊挂角,无迹可求。故其妙处,透彻玲珑,不可凑泊,如空中之音,相中之色,水中之月,镜中之象,言有尽而意无穷也。"谢茂秦亦云:"诗有不立意造句,以兴为主,漫然成篇。此诗之入化也。"

---

① 参见方锡球:《许学夷诗学思想简论》,《文学评论》2001年第1期,第112—121页。

这段话包括几层意思。一是"造诣"和"兴趣"共同缔造了盛唐诗歌的特质,"风神超迈"最与"兴趣"相关。二是盛唐诗歌的"兴趣"在文本方面表现为"言有尽而意无穷"的审美特征或"诗之入化"的境界。三是"兴趣"诗歌在创作层面"以兴为主"。四即谢榛的"诗有不立意造句"之说,是讲诗之若由"兴趣"所得,就要拒绝"以意为诗"。许学夷拈出"兴趣"概念论析盛唐诗歌,并把它当作盛唐诗歌评价体系的核心。

"兴趣"最关唐诗"风神",表现在话语结构层面,首先是与声韵的关系。《诗源辩体》卷十七第三十九则云:

> 胡元瑞云:"……风神尽具音节中。李、何相驳书所谓俊亮沉着,金石无铎等喻,皆是物也。"愚按:赵凡夫尝谓"《国风》音节可娱",唐律乃《国风》正派也,后人称唐诗为唐音、唐响,正以此耳。初、盛、中、晚,音节虽有高下,而靡不可娱,至元和诸子以及杜牧、皮、陆,则全然用不着矣。

在许学夷看来,盛唐律诗"风神超迈",与其话语音响色泽的感人效果有关。唐人燕集,最关盛唐时代色彩,燕集时以律诗为歌,或割多首诗歌之句为律,说明律诗的音色,具有包含时代"风神"的功能。今天的研究,已经说明乐音节奏变化关乎人的性情,它可以克服语言表现的不足,成为一个时代人情和生活的最充分、最淋漓尽致和最有效的表现方式之一,所以诗歌的节律能够涵容风神。这就证明了许氏的观点。

除"风神"外,许学夷认为,盛唐诗歌的"兴趣"还与"性情"有机联系在一起。他借用严羽《沧浪诗话》的说法,把"吟咏性情"当作盛唐诗歌的重要特征之一。但许学夷知道,仅仅用"吟咏情性"来揭示盛唐诗歌艺术的本质并不特别适合,因为国风和汉魏诗歌也吟咏性情。性情可以入诗,而不等于诗。"兴趣"乃是情性审美化的结果。由情性到兴趣,这是一个诗化的过程,需要"吟咏",即加工和艺术处理。所以,许学夷赞同严氏将"兴趣"

与"妙悟"联系起来:由"情性"到"兴趣",若没有"妙悟"就不能达。严氏说"诗者,吟咏情性也。盛唐诸人唯在兴趣",不说盛唐诸人唯在"性情"。可见,"性情"需要吟咏才能生成"兴趣"。又说孟浩然"一味妙悟而已",又可见"唯在兴趣"与"一味妙悟"是相通的,其区别是一在结果,一在过程。

许学夷认识到,"兴趣"诗歌在音声节奏间涵容风神离不开作者的才能。因为声韵和语调畅达,和"造诣"的功夫相连,也就从这里,许学夷意识到风神和诗人的创作"造诣"、审美能力有关,许学夷言盛唐律诗"虽造诣之功,亦是兴趣所得"也说明,将"造诣"和"兴趣"融汇起来所呈现的就是盛唐诗歌的风神。

许学夷在《诗源辩体》里关于"兴趣"和"风神"的论述,显然吸收了明代公安派诗学和其他诗学派别的审美主义成果,它标志着许学夷的诗论已经超越了复古论的藩篱,使复古论诗学进入了一种新的理论境界。

许学夷用"兴趣"论盛唐诗歌,不仅发现了盛唐诗歌"兴趣"的蕴涵,而且总结了盛唐诗歌"兴趣"的基本特征。

第一,创作上的"神会兴到"和文本上的韵致高远:

古人为诗,有语语琢磨者,有一气浑成者。语语琢磨者称工,一气浑成者为圣。语语琢磨者,一有相类,疑为盗袭。一气浑成者,兴趣所到,忽然而来,浑然而就,不当以形似求之。试观浩然五言律,入录者无一句不能道,然未有一篇人易道也。后人才小者辄慕浩然,然但得其浅易耳。①

"一气浑成"的诗歌,以"感兴"为特征,它"忽然而来,浑然而就",这正是"兴"之到来的属性;而"不当以形似求之",乃是"神会"的结果。这样的诗作,是"能道"和"不易道"的矛盾统一,表现在文本话语上是韵致高远的形象特征。因此,创造过程的"贮兴而发"、"一气浑成"和诗歌文本的韵致高远,是盛唐诗歌"兴趣"的表现特征。

第二,"兴趣"之诗在接受上的特征是"未可以智力求之"。《诗源辩

---

① 〔明〕许学夷:《诗源辩体》卷十六,第十三则。本文所引《诗源辩体》,使用杜维沫校本,人民文学出版社1987年版。

体》卷十六第十六则云：浩然如"云海访瓯闽"、"沿溯非便习"、"士有不得志"、"拂衣去何处"……"少小学书剑"、"挂席东南望"、"遑遑三十载"……"二月湖水清"等篇，格虽稍放而小入变，然皆神会兴到，随地化生，未可以智力求之。

"神会兴到"之作具有"随地化生"的话语结构，其语调、音韵既有秩序，又有诸多变化，诗歌话语秩序之间，意义生生不息。它具有不可言传性，若以智力和理性求之，就难以领会诗歌文本的意义。

第三，"非有意创别"与富有"神韵"。因为"神会兴到"，来不可遏，去不可止，所以在遵守原有的诗歌规范方面，并不完全循规蹈矩，这种诗歌新面貌，并非有意追逐新奇而获得。《诗源辩体》卷十六第十七则云："浩然五言律，如'少小学书剑'、'挂席东南望'等篇，彻首尾不对，然皆神会兴到，一扫而成，非有意创别也。李太白亦然。"作为格调论的坚守者，许学夷对盛唐诗人不遵守体制规范的现象，较为豁达。他对自然天成诗歌风格的推崇也说明，许氏诗学力图将当时"性灵论"的有关理论内容，注入格调论的理论框架里。这反映出许学夷诗学思想的变化，正朝着整合性灵和神韵的方向发展。他对孟浩然的"彻首尾不对"，就从"兴会"的视角，抱着理解的态度，虽然孟诗不合声律偶对，他却以体制声调"合于天成"来进行解释，并且认为这就是孔子所谓的"从心所欲不逾矩"，《诗源辩体》卷十六第十八则云：

> 王士源云："浩然文不按古，匠心独妙，五言诗天下称其独步。"愚按：浩然五言律、崔颢七言律，虽皆匠心，然体制声调靡不合于天成，所谓"从心所欲不逾矩"是也。试观乐天七言"昔年八月"、"非庄非宅"、"案头历日"等篇，是岂可谓不逾矩耶？

此亦即他所说的"王孟之诗有一丘一壑之风"，虽有变化，却是自然的本来面目。对这样不合诗体规范，具有"化境"的诗歌，许学夷以为是诗中"超越"者，有"神韵"者。故而他在复古者中，是继胡应麟之后，明确以"神

韵"论诗的诗论家:

> 崔颢七言律有黄鹤楼,于唐人最为超越。太白尝作《鹦鹉洲》、《凤凰台》以拟之,终不能及,故沧浪谓"唐人七言律,当以崔颢《黄鹤楼》为第一"。而何仲默、薛君采取沈佳期《卢家少妇》,亦未甚离。……胡元瑞谓:"《黄鹤楼》、《郁金堂》兴会诚超,而体裁未密,风神固美,而结撰非艰。"其不识痛痒至此。(元瑞论律诗,于盛唐化境,往往失之)……古今人识趣悬绝,抑至于此!于鳞居恒每诵沈佳期《龙池篇》,《龙池篇》虽黄鹤所自出,而调沉语重,神韵未扬,于鳞盖徒取其气格耳。①

这里固然是强调崔颢《黄鹤楼》的"神韵"与"化境",但对盛唐风神的理解,还是坚定地认为与"结撰"有关,即与话语的组织和音声运用有关。盛唐诗歌的"神韵",在遵守基本音声范式的前提下,"化机流行",似乎冲破了语言的牢笼,却又有音声方面的和谐,所以许学夷一再言明,诗歌创作若"制作虽工,而化机尚浅",乃为"登堂、入室之分"②。可见"化机"与"制作"是诗之优劣的区别所在,但"化机流行"的诗歌,也离不开"制作"的技巧,"制作工巧"而达于"化机",是盛唐之为盛唐的关键性标志。

第四是"不仿形迹"与"透彻之悟"。许学夷常从体制入手,对体制成熟或正宗的诗歌以"玲珑"称之。体制的玲珑,就是"体多浑圆","体多浑圆"的核心特征是"语皆活泼"。也就是生机盎然的话语结构,后世读者或学诗者,要接受这样的"入圣"诗作,需要较高的综合素养和素质,许氏说:"盛唐诸公律诗,多融化无迹而入于圣,血气方刚时未易窥其妙境。"③对这种"不仿形迹"的"入圣"之作,须靠"透彻之悟",方能把握:

---

① 〔明〕许学夷:《诗源辩体》卷十七,第五则。
② 〔明〕许学夷:《诗源辩体》卷十七,第三十一则。
③ 〔明〕许学夷:《诗源辩体》卷十七,第三十则。

> 严沧浪云:"诗道唯在妙悟,然有透彻之悟,有一知半解之悟。盛唐诸公,透彻之悟也。"愚按:汉魏天成,本不假悟;六朝雕刻绮靡,又不可以言悟;初唐沈宋律诗,造诣虽纯,而化机尚浅,亦非透彻之悟。惟盛唐诸公,领会神情,不仿形迹,故忽然而来,浑然而就,如僚之于丸,秋之于弈,公孙之于剑舞,此方是透彻之悟也。①

这是带有总结诗史性质的一段话,许学夷在对诗史每个阶段的比照中,揭示"悟"不同的内涵与外延。其所谓"透彻之悟",首先是"领会神情,不仿形迹"。要做到这一点,就要在现实"形迹"的基础上,运用造诣的功夫,摄取神情。许学夷以张旭领会公孙大娘舞剑的神情为例,说明"悟"作为一种"功夫",虽自后天的积累和学习而来,但必须领会精神,灵活运用。第二是"透彻之悟"表现为诗歌文本的"超象"特征和接受者对之的把握。许氏所言诗歌"神韵",在话语结构方面具有声外之韵和言外之意。盛唐诗歌的"超象性",要求读者领会象外之象,才算理解了诗歌文本。第三是"透彻之悟"与盛唐诗歌文本的"化机"存在密不可分的关系。盛唐诗歌文本的"化机"结构,是在承接历代审美经验的基础上,倚之以"兴趣"所生成的生气茂然的话语。这种生生结构和话语秩序,造就着"透彻玲珑"的诗体。第四是"透彻之悟"能生成李白杜甫那种"入神"的诗歌。他以"神境"论李、杜的透彻之悟,因内容丰富,另文论述。总之,许学夷以"悟"论诗,出色地完成了对盛唐"兴趣"诗体审美质态的揭示,从而将盛唐诗歌放在中国审美意识史和诗史的顶峰地位。

许学夷通过对盛唐诗歌文本"兴趣"特征的总结,在理论和文本两个层面,发现和阐释了盛唐诗歌"兴趣"论的内涵及其特征,改变了过去笼统言盛唐诗歌"兴趣"的弊端。

---

① 〔明〕许学夷:《诗源辩体》卷十七,第三十五则。

二、许学夷论盛唐诗歌由"主兴不主意"到"意兴极远"

许学夷对"兴趣"内涵和特征的阐释,用意在说明盛唐诗歌的"主兴不主意"和"贵婉不贵深"。盛唐诗歌在杜甫之前,皆以"兴趣"为主,拒绝"先立意为诗"和"以意为诗",强调诗歌创作的感兴,崇尚忽然而来,浑然而就的"贮兴而发",诗歌话语结构充溢着生机和丰富的情感,没有令人难解的深刻思想,故而许学夷精当地指出其"贵婉不贵深"的特征。许学夷在对杜诗的分析中,发现其诗歌虽仍然具备盛唐的"兴趣",然而,又增加了新的因素,使他与盛唐诸公有所区别。《诗源辩体》卷十七第四十一则说:

> 盛唐诸公律诗,得风人之致,故主兴不主意,贵婉不贵深。谓用意深,非情深也。冯元成谓"得风人之旨而兼词人之秀"是也。子美信大而有法,要皆主意而尚严密,故于雅为近。此与盛唐诸公,各自为胜,未可以优劣论也。

盛唐从老杜开始,以"意"入诗,这是早已为人所熟知的事实。但以"意"入诗,并非是"以意为诗",因为杜诗还具有盛唐"兴"的功能和审美特征。许学夷从诗歌发展史的角度,在充分论析盛唐诸公诗歌具有"兴趣"特质的基础上,发现杜甫高于盛唐诸公的地方,主要就在于其诗体蕴涵着"意兴",而且"意兴极远"[①]。盛唐诸公之"兴",已经充分继承了以往优秀的诗歌遗产,综合了才力、造诣、兴趣的所有价值,用之于诗体创造和诗歌创作,形成了体格、声调、兴象、风神相统一的"兴趣"审美范式。但历代诗论,总以为李杜高于盛唐其他诗人。李白在天才,在变幻莫测;而杜甫就在唐代诗歌艺术达于完美境界的前提下,进一步吸收盛唐诗人及其尚未关注的

---

① 〔明〕许学夷:《诗源辩体》卷十八,第一则。

审美遗产,别开生面,以其"意兴"之作,将盛唐诗歌艺术推向极境。

对"兴趣"之诗和"意兴"之作,并非诗论家们都能清晰地区分它们的差异。比如严羽就由于缺乏诗歌的历史意识,难以分清其中的头绪,以至混淆了"兴趣"和"意兴",至有语焉不详,说法浑沦之弊,《诗源辩体》卷十七第四十二则云:

> 严沧浪云:"诗有词理意兴。南朝人尚词而病于理;本朝人尚理而病于意兴;唐人尚意兴而理在其中。"数语言言中窾。然前言"兴趣",而此言"意兴",正兼诸家与子美论也;宋人尚意,而此言"病于意兴",盖子美之意深而宋人之意浅也。

显然为严羽缺少诗史意识和混淆了"兴趣"和"意兴"辩护。严羽大概意识到在古代审美遗产中言理诗的存在价值问题,特别是先秦"意象"和魏晋的玄言诗,它们在表达人生和生活意趣方面,具有独到的功用和意义。但严羽对"兴"之意蕴更有深味,其以"兴趣"论盛唐诗歌,是抓住了关节点,但若把"意兴"与"兴趣"混用,则是模糊了盛唐诗歌发展的脉络、方向和唐代不同时期的审美精神,也难以解释除杜甫等少数诗人以外的盛唐诗歌及其主体,甚至混淆盛唐诗歌的核心特征。所以,许学夷在为严羽辩护的同时,对盛唐诗歌由"兴趣"走向"意兴"进行了独到的分析,指出"兴趣"和"意兴",乃是兼论盛唐诸家和子美,其意思是要以"兴趣"论盛唐诸家,以"意兴"论子美,方为切中要害之论。他的这一做法,事实上是揭示了盛唐诗歌"兴"之演变的轨迹,以及审美范式变化所导致的诗体风貌的改变。更有意义的,是为中唐诗体和诗风的形成找到了起点。

许学夷在区分了"兴趣"和"意兴"之作的差异后,进一步论析了"意兴"之作的盛唐特征,这就是子美"以兴御意,故见兴不见意"。

许学夷首先明确它与"以意为诗"的区别。"以意为诗",指的是用诗歌表达或图解某种意念、思考或意理,这就不再是盛唐诗歌的特质了。若如此，必将失去诗歌话语冲融浑涵的生机特质和因为"兴趣"所生成的一系列玲珑活泼的话语风调。因此，许学夷对杜甫诗歌的分析，抓住"兴"和"意"两极，既发现杜诗的盛唐特质，又能在盛唐的文化语境和审美精神里，划清杜诗和盛唐诸家诗歌的界限，《诗源辩体》卷十八第十四则云：

> 五言古、七言歌行，太白以兴为主，子美以意为主。然子美能以兴御意，故见兴不见意。元和诸公，则以巧饰意，故意愈切而理愈周。此正变之所由分也。

"以兴御意"显然是说杜甫创作层面的特征；"见兴不见意"是文本层面所具有的盛唐审美样态和杜诗的独特性所在。"以兴御意"或"见兴不见意"表现在话语结构上，是"语虽独造而天机自融"：诗中的"情"与"意"以融解的方式冥化为话语结构，是"情冥而物真、意融而境兴"。它是兴的另一种表现形态。"天机自融"的"意兴"，首先也是触物有感，生之于现实生活语境。而隐藏在话语中的情感和道理，则因"物真"而不易被人完全窥见，更由于其话语与情感的融会，生成一种境界，其用"意"也就居于其中了，人们所见到的，则是其诗歌境界及其所含蕴的意趣，此即"见兴不见意"。"见兴不见意"几乎表现在杜甫的各类诗歌文本之中。但他与盛唐其他诗人的差别在于，"通常把社会生活和自然景物所提供的作诗机缘，转化为心灵的反应。因此不是将情境事件一一摊开，而是凭诗人的特殊用意和心情，选择对象的某些方面加以点拨，让人体味"[①]。这一整体面貌说明，杜甫诗歌一方面具有盛唐诗歌充沛的审美力量和雄壮气象，另一方面又有自己"独造"的、独特的审美风采。其次，杜甫诗歌这种"天机自融"的"意兴"及其独特性，来自其创作上的"以兴御意"。杜甫的诗歌，并非"以意为诗"，其情感意绪，多是由现实的感发而来，凭借这一感发，创作出大量沉雄

---

① 余恕诚著：《唐诗风貌》，安徽大学出版社2000年版，第264—265页。

悲壮之作，一如盛唐大多数诗人，乘兴而来。虽然其中有深刻的用意，都在感兴的驾驭下，融解到诗歌话语之中，而不着痕迹。

其次，许学夷分析了子美诗歌"意兴"对盛唐气象的具体反映。无论是创作上的"以兴御意"还是文本层面的"见兴不见意"①，反映的都是杜诗的独特风貌，又于杜诗的独特性之中体现着盛唐诗歌的气象和精神，可以说，杜甫诗歌的"意兴"是杜诗独特性和盛唐精神的统一。

"字字精炼"和"穷极笔力"无疑体现着这种统一：

> 子美五言古，短篇如"朝进东门营"、"男儿生世间"、"献凯日继踵"、"下马古战场、"蓬生非无根"、"白马东北来"、"峥嵘赤云西"、"溪回松风长"……字字精炼，既极其至，长篇又穷极笔力，皆非他人所及也。②

在许学夷看来，"字字精炼"与"穷极笔力"是杜之为杜的所在。但只要稍一分析，就能在其中发现盛唐的特征。"字字精炼"的意思既有练字炼句的内容，也表明杜诗语言的简约，正是"语简"，其所含蕴的意义和情感才能高度浓缩，显得特别丰富，令人味之神远。盛唐诗人常常以富有特征性的字句，来凝聚无穷的情意。"兴"之所发，往往就能抓住这些关键性的话语组织，有如神助。这些关键性的字句，组成全篇的话语结构，凝结着文本内外的意义。"字字精炼"还隐含杜甫在诗歌创造方面的造诣，他具有在音节、声律之中涵蕴风神的能力。当然，许学夷言"杜甫造诣极高"，不是单纯指这一方面的内容。杜诗"字字精炼，既极其至"，无疑是说杜甫以"字字精炼"的完美话语结构、音声中涵蕴风神的声律特色，将盛唐诗歌推向顶峰。而"长篇又穷极笔力"，事实上和"字字精炼"有密切关系。盛唐诗人的笔力，往往也是和以少总多，因简见繁的话语要求联系在一起。不同的是，"穷极笔力"和"才力"有更多的相关性，它是生生不息的诗歌生命精神，以简约

---

① 〔明〕许学夷：《诗源辩体》卷十九第二则。
② 〔明〕许学夷：《诗源辩体》卷十九第二则。

的话语结构作为载体,这样,这种生命精神就有了无尽的空间。诗人的情意就在这一载体内外,与自然宇宙融为一体,其借助自然的万千变化,使得诗歌的境界也能气象万千。其间不仅有一层比一层更深的景,有一层比一层更深的情,更有一层比一层更深的"意"。所以许学夷言杜诗"迂回转折,生意不穷"[①]。言"生意"而不言"生气",则又说出了杜诗不同于盛唐诸家的独特性之一。

"字字精炼"若仅仅是上述内涵,还不足以完全涵盖杜诗在独特性中所体现的盛唐精神,它还包含遵守盛唐时代诗歌话语规范的要求和"浑然而就"的统一。

> 子美七言歌行,如《曲江》第三章、《同谷县七歌》、《君不见简苏溪》、《短歌赠王郎》、《醉歌赠严少府》及《晚晴》等篇,突兀峥嵘,无首无尾,既不易学;如《哀王孙》、《哀江头》等,虽稍入叙事,而气象浑涵,更无有相类者;至若《画马引》、《丹青引》等,纵横轶荡,而精严自如……[②]

许学夷这里似乎重在强调杜甫七言歌行的个性特点,但某些诗歌,的确具有于叙事中见气象浑涵,在纵横轶荡中见盛唐诗歌规范的特点。其实王孟的五言律诗,或风格多样,或结撰多变,都是在大致遵守诗歌范式的前提下,别出新声。杜甫七言歌行的新质,很明显的一点就在他将一气浑成和遵守规范融合起来,这一特征,带来的是"意不可尽,才不可竭,贵有变化之妙"[③]。这既属于杜甫,也鲜明地体现着盛唐诗歌精神。

"字字精炼"与"穷极笔力",在诗歌风格上的体现是"奇警而沉雄"。杜甫遭逢时代变乱,诗歌所表现的内容与开天盛世的诗人们有巨大差异,诗体

---

① 〔明〕许学夷:《诗源辩体》卷十九第五则。
② 〔明〕许学夷:《诗源辩体》卷十九第八则。
③ 〔明〕许学夷:《诗源辩体》卷十九第九则。

也随之有所变化。但他的五言古与七言歌行,中多以"奇警"的风格表现三江五湖,其气势仍然"平漫千里";在声调风神方面,以"沉雄浑厚"改造了盛唐诸家的"雄壮浑厚":"子美律诗,大都沉雄含蓄、浑厚悲壮,然有句法奇警而沉雄者,有意思悲感而沉雄者,有声气自然而沉雄者。"[1]许学夷以大量文本分析来说明杜甫律诗的这三种风格特征,其实,他是在与盛唐其他诗人创作的比较中,看出杜诗在内容和诗体的变易之间,所体现的另一种盛唐精神:

> 或问:子美五七言律,较盛唐诸公何如?曰:盛唐诸公,唯在兴趣,故体多浑圆,语多活泼。若子美则以意为主,以独造为宗,故体多严整,语多沉着耳。此各自为胜,未可以优劣论也。[2]

盛唐诸公的"兴趣"之诗,以诗体蕴涵的生机弥漫、出神入化和调纯语畅见长,风华飘逸,其中多有简淡之风,给人以韵致神远之感。杜甫诸体诗歌,在"体"和"语"方面,随着时代文化语境的变更,不再像盛唐诸公那样,轻松应对,色调明丽,挥洒自如,盛世文化本身就赋予盛唐诸公诗歌话语"雄壮浑厚"的特质。而杜甫若要达到这一境界,就必须不惟"一气浑成",还需"独造",以"字字精炼"求得诗体的"严整",以"气格遒紧"而取得语言的矫健,所以在语调音声方面,必然以"沉着"为特征,风格上以"沉雄"见之于文本。许学夷把这一原因归之于"以意为主"和"以独造为宗"。"以意为主"是和盛唐诗人比较,诗中社会和人生的感触增多,随着社会和人生意识的增强,势必要在诗中表露对这些问题的思考或看法,并以感兴的、诗意的方式表达出来。可见"以意为主"并不是意念先行式的"以意为诗",用诗歌言理。而"独造"其实主要还是指杜诗的创造性,而非追新逐奇。盛唐诗歌已经在语调方面,达到了调纯语畅的完美,反映在风格上,已是"气象浑厚",在调纯语畅和含蓄浑厚的基础上,杜甫能够以句法的奇警,创造出

---

[1] 〔明〕许学夷:《诗源辩体》卷十九,第十六则。
[2] 〔明〕许学夷:《诗源辩体》卷十九,第十四则。

另一种"活泼"的盛唐诗歌语体。所谓"奇警",是谓杜诗语言机敏出众,加上字字精炼,就必然造就语言含义新颖、深切,意蕴丰富深厚。可以说这是另一种具有生机的话语,它与盛唐诸公玲珑活泼的诗歌话语一样的富于魅力。可知,杜诗是在盛唐已有的特质里注入新鲜的内容,在"雄壮浑厚"的底色上,融入句法奇警、人生社会悲感和顿挫的音节,使诗歌变得"沉雄含蓄、浑厚悲壮"。其中的"浑厚"是盛唐气象的应有之意,"含蓄"既是盛唐笔力的体现,也是诗歌文本与"兴"相关的主要内涵;而话语中的"沉雄"与"悲壮"则是时代文化审美化的结果,正是它们进入盛唐气象,才使得盛唐诗歌发展到新的境界,并成为盛唐精神的最高形态之一。所以学杜者,若孜孜于字句之间,对杜诗"沉雄"与"悲壮"了不可见,就难以领会"意兴"诗歌的美处。

众所周知,复古论诗学拒绝"以意为诗",所以对宋诗一概排斥。早在前七子时期,就对"唐宋派"的诗歌言理作过激烈地批判。应该说,整个明代的诗歌界和理论界,几乎对"以意为诗"抱着拒绝的态度。许学夷对杜甫诗歌"意兴"的论述,尊重了文本的事实,也揭示了盛唐诗歌发展的规律。许学夷以"意兴"评杜,确立了杜诗在盛唐诗歌中的崇高地位,这种在悲凉的时代语境中生成的"杜体",却又有盛唐诗歌的诗体规范、刚健-作风、雄壮笔力和浑厚风格。对这一点,许学夷同时代的许多人却走了两个极端[①]:

> 胡元瑞最爱老杜"风急天高"一篇,反复赞叹,凡数百言,要皆将于影响。惟云:"一篇之中,句句皆律,字字皆律,锱铢钩两,毫发不差。"又云:"微有说者,是杜诗,非唐诗耳。"此论可谓独得。[②]

[①] 明人对杜诗中的叙事之作,也有不同意见,以为"自立新题,自叙时事"乃是"下乘末脚",当不属于盛唐。参见方锡球:《述情切事与悉合诗体——许学夷的"诗史"之辩》,《文学评论丛刊》2002年第1辑,第214—226页。
[②] 〔明〕许学夷:《诗源辩体》卷十九,第二十一则、第二十三则。

胡应麟显然是突出杜诗有别于盛唐诸公诗歌的独特性,置盛唐其他诗人的创作于不顾而盛赞杜甫。而相反的却是王世贞,他在《艺苑卮言》中一方面以为杜诗乃诗之极致,另一方面又屡屡批评杜诗属于诗歌的"变"体,于杜诗盛唐风神,理解甚少。对胡应麟和王世贞的不足,许学夷做了纠正,以为"沉雄浑厚是其正体"。他说道:

> 子美七言律,如"风急天高"、"重阳独酌"、"楚王宫北"、"秋尽东行"等篇,沉雄含蓄,是其正体,国朝诸公多能学之……如"年年至日"、"近闻宽法、"使君高义"等篇,其格稍放,是为小变,后来无人能学。至如"黄草峡西"、"苦忆荆州"、"白帝城中"等篇,以歌行入律,是为大变……①

许学夷既能看到杜诗的盛唐本质,亦能于杜体中见出其变化,以及后人学杜存在的弊端。但他对杜诗的评价,在往具体的文本一极下移时,流露的是传统格调论的立场,这时,他的正确的美感显然也会受到影响。

三、从"兴趣"到"意兴":两种盛唐精神的文学渊源

以今天逻辑的眼光看,"兴趣"和"意兴"是盛唐气象中两种不同质态的美。虽然它们都从属于盛唐诗歌精神,但无论从哪个角度看,它们又都是两种有差异的诗歌体制。王世贞虽然走了两个极端,显示了其诗学的矛盾,但从中可窥视到他掌握着片面的真理。也许有人会说,盛唐气象本身就是多种风格的统一,高、岑、王、孟、太白也是体各不同,风格有殊,却属于一个盛唐,而杜甫为什么却属于另外一个盛唐呢?我的理由是,只有杜甫的诗歌,不仅在扩大盛唐诗歌题材和促成诗体成熟方面作出了贡献,而且在使唐

---

① 〔明〕许学夷:《诗源辩体》卷十七,第四十一则。

诗的美向深度模式发展上,取得了独一无二的地位。唐诗向纵深方向的发展,标志着另一个诗歌时代的到来。这也是后来学杜诗者多的一个主要原因,绝不仅仅是好不好学的问题。李白达于盛唐的另一座峰巅,是水平发展或横向发展的结果,李白诗歌属于纯粹意义上的盛唐风神,是典型的"盛世精神"的写照。

这也表现在盛唐诸公和杜甫对诗、骚和汉魏六朝精神在内容和兴象方面有着不同的继承上。

许学夷论盛唐诸公和李白时,多指出他们受《国风》的影响,而论杜甫,则指出其继承了《雅》的精神。可见《诗经》是以两种精神影响着后世。自陈子昂提倡"风雅"精神以来,历代论唐诗者多承接子昂之说,对唐诗与《诗经》的关系,笼统言之。许学夷指出唐人对《诗经》不同取向的继承,现在看来,是造就两种盛唐精神的原因之一。许氏说盛唐"得风人之致",才有"贵婉不贵深"、"主兴不主意"的"兴趣"之作;杜甫诗歌的阔大气象,并非情感上的放浪恣意,而是"大而有法",特别在"主意"和"尚严密"方面,接近《雅》一类的诗歌。正因为许学夷诗学思想以"溯源流,辩体制"为主,所以,对《风》《雅》的区别尤为在意,其说道:

> 故《风》则比兴为多,《雅》《颂》则赋体为众;《风》则委婉而自然,《雅》《颂》则齐庄而严密;《风》则专发乎性情,而《雅》《颂》则兼主乎义理;此诗之源也。①

这里,许学夷将《风》、《雅》的体制、内容的区别说得十分清楚。在风格上,他认为风人之诗,"托物兴寄,体制玲珑……而文采备美,一皆本乎天成,大都随语成韵,随韵成趣,华藻自然,不加雕饰",而不是"用意为之"②。

---

① 〔明〕许学夷:《诗源辩体》卷一,第一则。
② 〔明〕许学夷:《诗源辩体》卷一,第四则。

此外，风人之诗，"不落言筌，曲而隐也，风人有寄意于咏叹之余者"①。禀受方面，《风》诗还有"最善感发人"的特点②。这一对《风》诗特征性的描述，显然与上述盛唐诸公诗歌的风貌特点一脉相承。而对于《雅》，除上引材料外，许学夷还以为"正雅坦荡整秩，而语皆显明；变雅迂回参错，而语多深奥。是故治乱不同，亦抑文运之一变也"③。在话语结构方面，"布置联络，有次序可寻，有枝叶可摘，尚可学也"④。盛唐诸公和李白的诗歌，因体制玲珑，语多活泼，一气浑成，而无佳句可摘，所以盛唐诸公诗歌多不可学，而杜诗多可学。从许氏对《雅》的意见看，杜甫诗歌确实也多有近《雅》之处。

根据《诗经》接受研究的现有成果，以李白和杜甫为例，李白在诗歌创作中，虽然也有过对"风雅"不继的担忧和责任感，但其诗作化用《风》诗者较多⑤。李白的这一审美选择和审美认同说明，盛唐诸公和李白承接的是《诗经》中的"国风"精神。而杜甫从对《诗经》的化用看，则《风》、《雅》都有，这一方面说明杜诗"转益多师"，对审美遗产全面的吸收和继承；另一方面，也应该看到，杜诗毕竟承接了《雅》的精神。虽然许学夷站在格调论的立场，就格调进行辨析，难以发现杜诗与《国风》的关系，但从体制声调上，他看到了杜甫诗歌和《雅》的关联。今天看来，杜甫继承更多的是《诗经》中的"雅颂"精神。

就盛唐诗歌与《离骚》和汉魏六朝诗歌的关系而言，也是承接了它们审美精神的两个不同方面。许学夷认为，《离骚》乃是《三百篇》"别出"的结果，"别出"是相对"正流"而言，《诗经》的，"正流"是汉魏诸诗，"别出"乃为《离骚》。盛唐对《离骚》的继承，多为性情，而诗体方面的成果次之。许学夷就说过"李杜二公诗，本乎性生"。其实，李白的一些诗作，不仅在主观的性情，而且在形式方面也尤合骚体。许学夷在《诗源辩体》卷十八第

---

① 〔明〕许学夷：《诗源辩体》卷一，第六则。
② 〔明〕许学夷：《诗源辩体》卷一，第三十九则。
③ 〔明〕许学夷：《诗源辩体》卷一，第五十一则。
④ 〔明〕许学夷：《诗源辩体》卷一，第五十六则。
⑤ 汪祚民著：《诗经文学阐释史》（先秦—隋唐），人民出版社2005年版，第364—365页。

二十九则说得十分明白:

> 太白《蜀道难》、《天姥吟》,虽极漫衍纵横,然终不如《远别离》之含蓄深永,且词断而复续,乱而实整,尤合骚体。范氏云:"此篇最有楚人风。所贵乎楚言者,断如复断,乱如复乱,而词意反复曲折行乎其间者,实未尝断而乱也;使人一唱三叹,而有遗音。至于收泪讴吟,又足以兴夫三纲五典之重者,岂虚也哉?兹太白所以为不可及也。"

至于李白古诗、歌行与汉魏和六朝诗歌,尤其是与汉乐府和齐梁诗歌的关系,学界多有精论,此不赘言。其中与李白诗歌最有渊源的,要算《离骚》、汉乐府和齐梁诗歌。客观地看,六朝文学对唐诗的贡献,恐怕不仅仅局限在音声和语言色泽方面那么简单,还应当包含音声所涵蕴的意绪。今人亦言"李白的乐府创作,实已完成了从汉魏古体到唐体的根本转变"[①]。这一说法,就不仅指的是音声方面的内容。所以,就大的方面来讲,李白诗歌中更多的是国风精神、离骚精神、汉乐府精神和六朝审美经验,从而形成了李白式的盛唐气象。

杜甫诗歌在历代诗论中,以为其"宪章汉魏者"居多,严羽在《沧浪诗话》中,就认为"少陵宪章汉魏,而取材于六朝,至其自得之妙,则先辈所谓集大成者也"。虽然其乐府"自立新题,自创己格,自叙时事",但胡应麟《诗薮》言其于"乐府遗意,往往得之"。可见,杜诗仅在体制上不再仿效古乐府,而对汉乐府的精神,则是大力继承。虽然杜甫对风雅、汉魏和六朝诗歌精神的承接,侧重点各不相同,但正体现了他的"别裁伪体"的功夫。《雅》诗叙事和议论结合的手法,屈原深沉的忧思,《史记》对历史的正视,汉乐府缘事而发的传统,汉魏诗歌悲歌慷慨的气骨,汉赋的铺排技巧,历代诗歌在音声方面和唐人在创造"兴象"方面积累的艺术经验,都在杜甫不同

[①] 袁行霈主编:《中国文学史》第二卷,高等教育出版社2002年版,第268页。

体裁的诗歌中,得到鲜明地体现。作为在唐诗发展进程中承先启后的人物,杜甫诗歌中更多见到的是雅颂精神、汉赋技巧、建安风骨和盛唐兴象。杜甫的诗歌既兼备众体又自铸伟词,既体现其"杜诗"特色,又清晰地反映着盛唐气象。这为诗歌的继续发展,提供了广阔的空间。其"意兴"之作,其中"兴"的成分,在盛唐已经得到淋漓尽致的表现,后世再也无法超越;中唐以后,随着时代渐衰,诗歌创作中风华渐少,思考的因素增多,到了晚唐,又有一批诗人向内心世界开拓,应该都属于对杜诗"意兴"之"意"的发展。至于在创作技巧和别开诗歌创作新面的方式方法上,对杜诗的发展更是多种多样。这也是宋代以后,杜甫诗歌学者众多,杜诗地位很高的主要原因。

所以,正是在这个意义上,我以为,盛唐诗歌从盛唐诸公的"兴趣"到杜诗的"意兴",在本质上体现了盛唐诗歌向深度模式发展的方向。

四、许学夷对盛唐"兴趣"诗歌认识的理论局限性

许学夷论盛唐诗歌的"兴趣",是对"格调论"内涵的丰富和改造,但由于站在复古论的立场,对"风神"与"兴趣"的关系,常常在理论上流露出自己的矛盾,导致对"兴趣"之诗的"风神"内涵和"神韵"并没有完全说清楚,这也就影响他对盛唐诗歌审美价值的认识。

许学夷所说"风神超迈"的前提,是"形迹俱融",而"形迹俱融"需要"造诣"之功。许氏认识到盛唐律诗的精神单靠"造诣",还达不到那样高的质量,也不可能生成具有打动人心的艺术结构,要达到这一效果,还必须依赖其他方面的东西,于是,借来复古论内容之外的"风神"与"神韵",用以论盛唐"气象",发现了盛唐诗歌许多有价值、有意义的审美蕴涵。但他在并用"兴趣"和"风神"两个概念时,忽视了两者的不同角度和两个范畴之间的交叉关系,这就影响到他对盛唐诗歌特征的有效把握。

"兴趣"与"风神"是既有区别又息息相关的两个概念。许学夷稍前的胡应麟以"兴象风神"论唐诗,指称那种"矜持尽化,形迹俱融"的文本特

征:"盛唐绝句,兴象玲珑,句意深婉,无工可见,无迹可寻。中唐遽减风神,晚唐大露筋骨,可并论乎?"[①]胡应麟关于"风神"特征的描述,所说的是,"兴象玲珑","无工可见,无迹可寻"的内涵,但这只是唐诗"兴趣"的部分特征。许学夷和胡应麟一样,将盛唐"兴趣"与以往的"兴趣"等同,缺乏对盛唐诗歌"兴趣"内涵丰富性的揭示。

一方面,"兴趣"的确能够反映"风神"。《世说新语·任诞》载:

> 王子猷居山阴,夜大雪,眠觉,开室,命酌酒。四望皎然,因起彷徨,咏左思《招隐诗》,忽忆戴安道。时戴在剡,即便乘小船就之,经宿方至。造门不前而返。人问其故,王曰:"吾本乘兴而行,兴尽而返,何必见戴?"

王子猷的行为是超越功利的,没有任何目的,所表现出来的只是一种"兴趣"。晋人的这种高情远趣,在唐代文士中得到了认同。李白《答王十二寒夜独酌有怀》中云:"昨夜吴中雪,子猷高兴发。万里浮云卷碧山,青天中道流孤月。"杜甫《江居》诗云:"东行万里堪乘兴,须向山阴入小舟。"李、杜憧憬往昔王子猷雪夜访戴的逸事,可见这一故事所揭示的这种"兴趣",乃是一种无往而不乐的生活方式,它对唐代诗人的生活、人生处事和审美风尚泽溉深远,是令盛唐诗人包括李杜都钦羡的风范。盛唐诗人对魏晋名士的倾慕,在于魏晋名士人生和艺术中的"兴趣"所体现的"风神"。

但另一方面,以李、杜为代表的盛唐诗人的审美个性,并非完全由这种高情远趣造就,他们的诗作所蕴涵的,除这种高情远趣外,还有积极的进取意识、入世精神特别是昂扬的精神状态,这些是盛唐多种文化滋养的结果,属于具有盛唐特征性的"兴趣"。所以盛唐诗人的"兴趣",与魏晋士人的"兴趣"相比,内涵已经大大丰富了。许学夷在论"兴趣"时,也是以高岑王孟为例,显然又不仅仅指魏晋士人的那种高情远趣,按理他应该看出盛唐

---

① 〔明〕胡应麟撰:《诗薮》内编卷六,上海古籍出版社1979年版,第114页。

"兴趣"的全部内涵,但他并没有深入下去。可见,他对"兴趣"古今内涵的差异并没有十分留意。因此,也就没有完全把盛唐"兴趣"之作的特征说得十分清楚明白。

"兴趣"在诗学中的运用,出自严羽《沧浪诗话·诗辨》。他说:"诗之法有五:曰体制,曰格力,曰气象,曰兴趣,曰音节。"严羽分析文本的这五个角度的关系我们姑且不论,单就"兴趣"而言,《诗辨》又说:"诗者,吟咏性情也。盛唐诸人唯在兴趣,羚羊挂角,无迹可求。故其妙处,透彻玲珑,不可凑泊,如空中之音,相中之色,水中之月,镜中之象,言有尽而意无穷也。"根据今人研究,"兴趣"大致指诗歌的兴象与情致结合所产生的情趣和韵味[①],这一说法和明人的说法并没有实质性的差异。

其实,"兴趣"是"兴"与"趣"两个概念的融合。就"兴"而言,它概括了不同类型的生命活泼状态:既有阳刚型生命力的饱满样态;有含蓄型渊深朴茂的生命形态;也有阴柔型生机弥漫的生命状态。就一般的创作而言,"兴"常有四层意义:一是感兴,感物而心动,这是诗歌具有生气的动因。经典的描述是刘勰《文心雕龙·明诗》:"人禀七情,应物斯感,感物吟志,莫非自然。"可见,"兴"就是诗人受外物感触所引发的心灵感动,继而发生创作冲动,不同类型的作者当然有不同的冲动和感情力量状态。二是委婉含蓄的艺术范式。最为著名的是钟嵘《诗品序》所言:"文已尽而意有余,兴也。"钟嵘着眼于文本的接受角度,言及诗歌之"兴"的言外之意,象外之象。三是指源于《三百篇》的一种艺术手法,此即"先言它物以引起所咏之词",是一种言在此而意在彼的婉曲的艺术表达方式。四是"兴寄"。指寄托某种社会生活内容,产生较好的社会作用的诗歌。譬如陈子昂的"兴寄"说所要求的诗歌。严羽的"兴"显然指的是前面的三层意思,其《沧浪诗话·诗法》云:"语忌直,意忌浅,脉忌露,味忌短。"可以看出,其关于"兴"的要求,是语言的委婉、意蕴的丰富深刻、文本话语结构的蕴藉和韵味悠长

[①] 汪涌豪、骆玉明主编:《中国诗学》第4卷,东方出版中心1999年版,第355页。

的统一,它体现着一种生命活泼的诗意境界。

就"趣"的意义而言,一是兴味。《晋书·王羲之传》:"年在桑榆,自然至此,须正赖丝竹陶写,恒恐儿辈觉,损其欢乐之趣。"元萨都剌《晓上石壁滩》诗:"过江日日水与山,诗人得趣如得官。"二是韵味。《晋书·王献之传》:"献之骨力远不及乃父,而颇有媚趣。"《南史·萧引传》:"此字笔趣翩翩,似鸟之欲飞。"王安石《惠崇画》诗:"断取沧州趣,移来六月天。"可见,"趣"之涵义主要在诗歌话语不可言传的性质,无论创造和接受,都要靠审美体验,方能得之于心。所以袁宏道曾说:"世人所难者惟趣,趣如山上之色,水中之味,花中之光,女中之态,虽善说者不能下一语,惟会心者知之。"①当然,"趣"也指称诗歌的自然感发和吟咏情性的特点,这是一种审美体验意义上的范畴。

与许学夷几乎同时代的屠隆在《与友人论文书》中就曾言:"唐人长于兴趣,兴趣所到,固非拘挛一途。且天地山川,风云草木,止数字耳。陶铸既深,变化若鬼,即不出此数字,而起伏顿挫,回合正变,万状错出,悲壮沉郁,清空流利,迥乎不齐。"说的就是"兴趣"是一种包括文本的语言、风格、诗体和生机状态在内的多种话语因素综合的美感效果。唐代诗人以"兴趣"为诗,乃是一种灵动变化的审美情兴,因此,对自然界的"天地山川,风云草木",由于兴趣所至,其感兴变化无方,相应的,由于受自然的感发,艺术手法与表现情状亦多姿多彩,这样,"兴趣"造就的诗境也是纷繁万状的。这一切,决定"兴趣"的意态万千,无迹可求;同时又自由活泼,生机盎然,渊然而深。因此,也就与人的生命力的展现、与人的精神的升华相关。既然"兴"与"趣"是生命活泼的境界,又与生命力的展现、与人的精神的升华相关,无疑展现着诗歌话语的"风神"。

这就不能不涉及"兴象"概念。许学夷和明代复古论诗学中的"兴象"概念就是"兴趣"的外在形象,它是在"兴趣"的风发下形成的超迈而又浑

---

① 钱伯城笺校:《袁宏道集笺校》卷十《叙陈正甫会心集》,上海古籍出版社1981年版,第463页。

然无迹的诗歌话语形态。对这种诗歌话语审美特征的认识，从唐人即已开始，殷璠在《河岳英灵集》评储光羲诗"格高调远，趣远情深"，所说的"趣"可以与"兴"互文，"趣远"与"兴远"意义大致相当。从殷璠评储光羲诗歌文本的形象特征，可见唐人已经有了对"兴趣"诗歌"兴象"的初步认识。之后，严羽对"兴趣"诗歌的形象用"镜花水月"的禅喻，也说明了这一问题。严氏"兴趣"理论的哲学基础可能又与老子"大音希声，大象无形"的经典命题有关。类似于镜中花、水中月的"兴趣"，在性质上等同于老子的"大音"和"大象"，只不过老子是就宇宙本体立论，严羽是就诗歌本体而言。但无论就宇宙本体还是诗歌本体，其中都有生生不息的生命律动和人的风神的展现。许学夷由于对复古论诗学藕断丝连，放弃了对这方面的深入考察，使得他对古代特别是盛唐诗歌精神的揭示没有能够做到深入和彻底，这也就使他对古代诗歌理论的总结和诗歌发展观念的探索留下了缺憾。他把这样的工作，留给了钱谦益和叶燮。

（本文原载《文学遗产》2007年第6期）

嵇阮优劣论

叶当前

"竹林七贤"核心人物嵇康、阮籍并称"嵇阮",屡见于历代诗文典实与诗文评论,历代学者或以二者相同点而并举,或以二者不同点而品骘优劣,逐渐形成一条嵇阮优劣论的清晰线索。学术界在研究古人优劣论或并称现象时,多聚焦于班马、李杜、韩柳、元白、苏辛等显赫组合,尚没有人论及嵇阮并称或优劣问题。而嵇阮在文学史、思想史、政治史、文化史上,都有重要地位,二者并称亦有较高的学术价值与文化意义,值得梳理探讨。

一、嵇阮并称

嵇阮并称发端于王戎。《世说新语·伤逝篇》载王戎过黄公酒垆时说:"吾昔与嵇叔夜、阮嗣宗共酣饮于此垆,竹林之游,亦预其末。自嵇生夭、阮公亡以来,便为时所羁绁。今日视此虽近,邈若山河。"①沈约《七贤论》论述嵇康、阮籍避世保身的策略,认为嵇康风貌挺秀乃以饵术黄精"假途托化",阮籍才器宏广而以"毁行废礼,以秽其德"的方式全身免祸,论曰:"彼嵇阮二生,志存保己,既托其迹,宜慢其形。"②可见,早期嵇阮并称主要侧重二者的处世交游及其重要影响。《晋书》史臣以"嵇阮竹林之会"代指竹林七贤,当源于王戎、沈约。

刘勰《文心雕龙》论正始文学时多次以嵇康、阮籍并称,凸显二者在文

---

① 〔南朝宋〕刘义庆撰,〔南朝梁〕刘孝标注,余嘉锡笺疏:《世说新语笺疏》,中华书局2007年版,第749页。
② 严可均校辑:《全上古三代秦汉三国六朝文》,中华书局1958年版,第3117页。

学史上的重要地位。《明诗》篇综观正始诗坛，独标嵇、阮："唯嵇志清峻，阮旨遥深，故能标焉。"①无论"清峻"诗风，还是"遥深"诗旨，都高于正始时期杂有仙心的浮浅之作。《时序》篇则直接以嵇阮为正始文学的代表，与《明诗》篇"能标"之论相呼应，谓："于时正始余风，篇体轻澹，而嵇阮应璆，并驰文路矣。"②唯在《明诗》篇所列嵇康、阮籍、应璩三人后增加缪袭。《体性》篇总结不同时期不同作家文章体性，分析其血气情性与文风的关系，汉代列举贾谊、司马相如、扬雄、刘向、班固、张衡等六人，建安时期举王粲、刘桢二位，晋代举潘岳、陆机二位，正始时期举以嵇阮，谓："嗣宗俶傥，故响逸而调远；叔夜俊侠，故兴高而采烈。"③比较嵇、阮不同个性及其影响之下的文风差异，各有特色，未分优劣。《才略》篇提出嵇、阮"殊声合响""异翮同飞"的观点："嵇康师心以遣论，阮籍使气以命诗；殊声而合响，异翮而同飞。"④刘师培对此有详细论证，其《中国中古文学史讲义》专设"嵇、阮之文"一目，广引诸家评论，断以案语，从总体上比较嵇阮文学，指出《文心雕龙·才略》篇"嵇康师心以遣论，阮籍使气以命诗，殊声而合响，异翮而同飞"一节"以论推嵇，以诗推阮。实则嵇亦工诗，阮亦工论，彦和特互言见意耳。"在文学上持嵇、阮不分轩轾论。又比较其同异："嵇、阮之文，艳逸壮丽，大抵相同，若施以区别，则嵇文近汉孔融，析理绵密，阮所不逮；阮文近汉祢衡，托体高健，嵇所不及。此其相异之点也。至其为诗，则为体迥异。大抵嵇诗清峻，而阮诗高浑。彦和所谓遥深，即阮诗之旨言，非谓阮诗之体也。"又引钟嵘《诗品》评论嵇、阮五言诗语，并判断二家诗歌同异："钟氏《诗品》谓阮籍《咏怀》之诗，可以陶性灵，发幽思，言在耳目之内，情寄八荒之外，会于风雅，厥旨渊放，归趣难求。又谓康诗：露才颇伤渊雅之志，然托喻清远，良有鉴裁，亦未失高流。与彦和所评相近，

---

① 〔南朝梁〕刘勰著，黄叔琳注，李详补注，杨明照校注拾遗：《增订文心雕龙校注》，中华书局2000年版，第65页。
② 〔南朝梁〕刘勰著，黄叔琳注，李详补注，杨明照校注拾遗：《增订文心雕龙校注》，第541页。
③ 〔南朝梁〕刘勰著，黄叔琳注，李详补注，杨明照校注拾遗：《增订文心雕龙校注》，第380页。
④ 〔南朝梁〕刘勰著，黄叔琳注，李详补注，杨明照校注拾遗：《增订文心雕龙校注》，第575页。

亦嵇、阮诗体不同之证也。要之，魏初诗歌，渐趋轻靡，嵇、阮矫以雄秀，多为晋人所取法，故彦和评论魏诗，亦惟推重二子也。"在文方面，刘师培分文学文章与论文两类比较嵇、阮文学，认为阮氏之文如《东平赋》《首阳山赋》《鸠赋》《猕猴赋》《清思赋》《元父赋》等"语重意奇，颇事华采"，论文以《通易论》《达庄论》《乐论》三篇为"至美"，《答伏义书》一文为阮氏"文体之概略"，乃阮文"意旨所寄"；嵇文则以《琴赋》《太师箴》为最著，论文《养生论》《答向子期难养生论》《无私论》《管蔡论》《明胆论》《难宅无吉凶摄生论》《答某氏难宅无吉凶摄生论》"析理绵密，亦为汉人所未有"。《声无哀乐论》与《难张辽叔自然好学论》则为嵇氏论文之体的代表①。刘氏从具体篇目出发，全面客观地评判阮籍、嵇康诗文，颇具说服力，亦是《文心雕龙》嵇阮并称论的最佳注解。

唐宋以往，杜甫、白居易、皎然、苏轼等在诗文中亦以"嵇阮"并称，各有所重。遍照金刚《文镜秘府论》"南卷论文意"并称嵇阮，不分高下："正始中，何晏、嵇、阮之俦也，嵇兴高邈，阮旨闲旷，亦难为等夷。"② 严羽《沧浪诗话·诗体》以"嵇阮诸公之诗"为"正始体"③，已将嵇阮文学上升到文体高度，突出二者在文学史上的意义；许学夷《诗源辩体》亦谓"正始体，嵇阮为冠"④，继承严羽观点，并推嵇阮诗歌为时代之冠冕。元代盛如梓肯定嵇阮文学齐名："嵇阮齐名，皆博学有文。"⑤ 并未强分嵇阮优劣，应算做并称论之一家。清人朱枨春撰《阮籍嵇康论》，从阮籍、嵇康所处时世出发，分析二者人生理想与行为处事之间的矛盾及其不同结局，表达同情惋惜之意，已是从道德政治角度并论嵇阮⑥。

鲁迅《魏晋风度及文章与药及酒之关系》并称嵇阮，认为"竹林的代

---

① 刘师培著，刘跃进讲评：《中国中古文学史讲义》，凤凰出版社2011年版，第48—63页。
② 卢盛江校考：《文镜秘府论汇校汇考·附文笔眼心抄》，中华书局2006年版，第1394页。
③ 〔宋〕严羽著，郭绍虞校释：《沧浪诗话校释》，人民文学出版社1961年版，第52页。
④ 〔明〕许学夷著：《诗源辩体》，人民文学出版社1987年版，第85页。
⑤ 〔元〕盛如梓撰：《庶斋老学丛谈》，中华书局1985年版，第15页。
⑥ 朱枨春：《阮籍嵇康论》，湖北省人民政府文史研究馆、湖北省博物馆整理：《湖北文征》（第十二卷），湖北人民出版社2004年版，第531—532页。

表是嵇康和阮籍",用较大篇幅比较二人脾气、处世、人生结局、诗文等,不论优劣高下,而是把嵇阮放在魏晋之交的时代语境下作为一个整体看待,综合评价嵇阮在文学史上不可替代的位置:"在文学上也这样,嵇康阮籍的纵酒,是也能做文章的,后来到东晋,空谈和饮酒的遗风还在,而万言的大文如嵇阮之作,却没有了。刘勰说:'嵇康师心以遣论,阮籍使气以命诗。'这'师心'和'使气',便是魏末晋初的文章的特色。正始名士和竹林名士的精神灭后,敢于师心使气的作家也没有了。"①台静农《中国文学史》专列"嵇、阮放诞及其影响"及"阮籍与嵇康"两个小节,比较嵇阮崇尚老庄的思想及其诗文创作的异同,进一步充实了鲁迅的论断。

徐公持《魏晋文学史》以嵇康、阮籍为曹魏后期的"双子星座",比较客观地分析了二者在文学上的所长与不足;其《阮籍与嵇康》讲解二者身世、思想、玄学、隐逸、游仙、药与酒、诗文创作、人生结局、后代影响等重要问题,认为"他们两人的思想性格和处世态度是有差异的,结局也并不相同,但是总的来说,他们都是黑暗时代的著名贰臣,又是'正始文学'的灿烂双璧。"②郭预衡主编《中国古代文学史长编》中,万光治、林邦钧执笔的魏晋南北朝隋唐五代卷"正始文学"章专列阮籍与嵇康一节,细致比较阮籍、嵇康思想性格的异同、文学风格的异同以及诗、文创作情况,认为二者对君权的批判与反对司马氏篡权的立场是相同的,在礼法与名教关系上的言行意见是一致的,对子孙的教育都是恭谨有度的;只是在政治态度上,阮籍"较能做到敷衍世事,'应变顺和'(《大人先生传》),嵇康却往往峻切激烈,往而不返"。具体到文学上,"就二人的文学风格而言,'师心遣论'、'使气命诗'是其所同,'嵇志清峻,阮旨遥深'是其所异"。在文章创作上,各有所长。③

---

① 鲁迅著:《而已集》,《鲁迅全集》(第三卷),人民文学出版社2005年版,第532—537页。
② 徐公持:《前言》,《阮籍与嵇康》,上海古籍出版社1986年版。
③ 郭预衡主编:《中国古代文学史长编(魏晋南北朝隋唐五代卷)》,上海古籍出版社2007年版,第124—141页。

可见,当代学术界也是认可嵇阮并称的。

总之,以刘勰《文心雕龙》嵇阮并驰文路论为代表的观点在文学界逐渐确立起来,"嵇阮"一方面成为诗歌创作的常用典故,另一方面成为诗文评与文学史撰述的重要立足点,嵇阮并称业已成为正始文学研究的一个范式,究其原始,可以说刘勰是文学批评史上嵇阮并称的第一发明人。

二、嵇阮优劣论

品第并称人物优劣,是中国古代文学理论常见命题。比较嵇康、阮籍优劣从锺嵘开始,其《诗品》评价五言诗以阮籍为上品,置嵇康于中品,高下立见;明陆时雍《诗镜总论》谓:"嵇阮多材,然嵇诗一举殆尽。"[1]态度很鲜明。王世贞《艺苑卮言》在诗歌上扬阮抑嵇:"(嵇康)诗少涉矜持,更不如嗣宗。"[2]清毛先舒《诗辩坻》:"嵇阮并称,嵇诗大不及阮。"[3]朱嘉徵说:"严沧浪以嵇、阮五言为正始体,然嵇不逮阮远甚。《咏怀诗》如'步出上东门'、'嘉树下成蹊'、'徘徊蓬池上'、'灼灼西隤日'、'昔日繁华子'、'西方有佳人'、'林中有奇鸟',风格古穆,雅是建安高调,叔夜离之已远。其上蹑黄初者,如'驾言发魏都'、'驱车出门去'、'朝阳不再盛'、'鸿鹄相随飞'、'天网弥四野'、'王子十五年',调高神逸。叔夜集中,惟'遥望山上松'差可比调。"[4]朱氏认为,嵇康的诗离建安风骨很远,只有少数篇章差可上追黄初诗风,故远不逮阮籍诗作。方东树《昭昧詹言》在评论阮籍《咏怀》诗"秋驾安可学"一首时品评嵇阮优劣曰:"叔夜《赠二郭》意亦同此,而文法平钝。中散以龙性被诛,阮公为司马所保,其迹不同,而人品

---

[1] 丁福保辑:《历代诗话续编》,中华书局1983年版,第1405页。
[2] 〔明〕王世贞著,罗仲鼎校注:《艺苑卮言校注》,齐鲁书社1992年版,第118页。
[3] 郭绍虞编选,富寿荪校点:《清诗话续编》,上海古籍出版社1983年版,第28页。
[4] 〔清〕朱嘉徵撰:《诗集广序(卷八)》,《续修四库全书》第1590册,上海古籍出版社2002年版,第568页。

无异。以诗论之,似嵇不如阮耳。"①可见,在诗歌一端,阮优嵇劣论传承既久,几成定谳。然而,在嵇阮行迹方面,方东树持不相上下论,与学术界抑阮扬嵇的说法相异。

卫绍生《竹林七贤优劣之争的文化意蕴》从《世说新语》"谢遏诸人共道竹林优劣"判断谢玄挑起竹林七贤优劣争端,之后从颜延之《五君咏》、沈约《七贤论》、叶梦得《避暑录话》等历代相关评论中梳理后世文人不同视角观照下的嵇、阮政治、道德、人格上的优劣问题,尤其专门论述以嵇、阮为代表的"竹林七贤优劣的文学评价",提供大量证据材料,历时性考察了嵇、阮优劣论命题②。

当然,从政治、道德、人格精神层面比较,是嵇阮优劣论的主线。钱锺书《管锥编》简笔梳理,眉目显豁:"汪懋麟《百尺梧桐阁文集》卷六《嵇、阮优劣难》谓《绝交书》'骄悍悖谬',宜其杀身,不如阮之'明哲';叶梦得《石林诗话》讥阮而推嵇,徐昂发《畏垒笔记》卷一、王昶《春融堂集》卷三三《阮籍论》至斥阮借狂欺世,实预司马氏夺魏之谋。皆足以发,请试论之。颜延之《五君咏》称嵇云:'立俗忤流议,……龙性谁能驯!'《文选》李善注引《竹林七贤论》:'嵇康非汤武、薄周孔,所以忤世。'嵇、阮皆号为狂士,然阮乃避世之狂,所以免祸;嵇则忤世之狂,故以招祸。"③钱先生由清代汪懋麟《嵇、阮优劣论》一文说起,由此上溯,列举众论,对照嵇康《与山巨源绝交书》与阮籍《答伏义书》,因文见人,较其同异,简语结论,举重若轻,为嵇、阮优劣论作一小结。汪懋麟那篇发凡文章以设为问答的方式讨论嵇、阮:"或问于觉堂居士曰:'康、籍以不羁名魏晋间,不可绳以礼法,及读其所著书,则小心自持,守身味道,非清狂自任者也。然康以杀其身,籍以全其生。天道人事,何吉何凶?康生平慎言行,重死生,贱万物,守一贞,弹琴咏诗,与世无营。籍以酒自放,沉湎荒淫,侧身司马,耽禄取容,乃得失悬殊如

---

① [清]方东树著,汪绍楹点校:《昭昧詹言》,人民文学出版社1961年版,第94页。
② 卫绍生:《竹林七贤优劣之争的文化意蕴》,《中州学刊》2012年第5期,第169—175页。
③ 钱锺书著:《管锥编》,中华书局1986年版,第1088页。

是。是诚何道欤?'"① 嵇、阮性格反差,处世迥异,结果不同,因此引起质疑。居士答语分析了嵇康被杀、阮籍得全的缘由,在处世方面透露出"高籍而下康"的倾向。然而,在后代思想界,阮籍常常被抑,其主因在《为郑冲劝晋王笺》,即人们常说的《劝进表》,元盛如梓已从立身行己方面作出对照:"然二人立身行己,有相似者,有不同者。康著《养生论》,颇言性情;及观《绝交书》,如出二人。处魏晋之际,不能晦迹韬光,而傲慢忤物,又不能危行言逊,而非薄圣人,竟致杀身,哀哉!籍诗云:'宁与燕雀翔,不随黄鹄飞。黄鹄游四海,中路将安归。'刘后村云:'非谓甘为燕雀,自伤其才大志广,无所税驾。'以史观之,此是其全身远害之术,而寓之诗。其放荡不检,则甚于康,不罹于祸者,在《劝进表》也。"② 盛氏引用刘克庄观点试图为阮籍正名,《后村诗话》卷一评论阮籍"宁与燕雀翔"诗曰:"盖叹时人之安于卑近,而自伤其才大志广,无所税驾,非谓士之抗志,甘为燕雀而已。嵇、阮齐名,然《劝进表》叔夜决不肯作。"③ 同情之情见乎辞,然亦间接透露《劝进表》的人生污点难以消除,叶梦得数次抓住这一问题展开批判,余嘉锡亦对阮籍行己上的不足予以批评。

《世说新语》刘孝标注引《魏氏春秋》曰:"于时之谈,以阮为首,王戎次之。"余嘉锡批评《魏氏春秋》"乃庸人之谬论,不足据也"。并以知人论世、考厥生平的方式,对七贤优劣提出自己的看法:"叔夜人中卧龙,如孤松之独立。乃心魏室,菲薄权奸,卒以亢直不容,死非其罪。际正始风流之会,有东京节义之遗,虽保身之术疏,而高世之行著。七子之中,其最优乎!嗣宗阳狂玩世,志求苟免,知括囊之无咎,故纵酒以自全。然不免草劝进之文词,为马昭之狎客,智虽足多,行固无取。宜其慕浮诞者,奉为宗主;而重名教者,谓之罪人矣。"④

---

① 〔清〕汪懋麟撰:《百尺梧桐阁集》,上海古籍出版社1980年版,第447页。
② 〔元〕盛如梓:《庶斋老学丛谈》,第15页。
③ 〔宋〕刘克庄撰,王秀梅点校:《后村诗话》,中华书局1983年版,第4页。
④ 〔南朝宋〕刘义庆撰,〔南朝梁〕刘孝标注,余嘉锡笺疏:《世说新语笺疏》,第636页。

当然，对阮籍持同情意见的也不乏其人，如宋景昌："康之所以被杀，就因为他反对司马氏，在政治上不屈服。籍之所以能善终，就因为他依附司马氏，在政治上屈服了。若就破坏礼教来说，籍实比康为甚，籍居丧无礼，是何等严重的事情，何曾劝司马昭'逐放之'，竟没有办到；康朋友不孝，于自己是何等轻微的事情，钟会劝司马昭'除之'，居然会生效。这就因为曾所言'阮籍以重哀饮酒食肉于公座'，是礼教问题，会所言'公无忧天下，顾以永为患耳'，是政治问题。""综以上所述，我们可以知道嵇康、阮籍反政治、反礼教的精神是一致的，不过因为境遇及性格不同，康反政治比较显著些，籍反礼教比较显著些。反礼教而不明反政治，就是言行怎样不谨慎，执政者并不在意，故籍以寿终。反礼教而又明反政治，就是言行怎样谨慎，执政者也不满意，故康卒被杀。籍破坏礼教甚于康，然无论如何是属于阴柔的，是一种消极的颓废的类型人物，康破坏礼教不及籍，然无论如何是属于阳刚的，是一种积极的孤高的类型人物。阳刚的人，不畏死，不为威武所屈。阴柔的人，保其身，不为利禄所惑，各行其宜，各随其欲，故二人的人格，是一样的高尚，二人的行为，是一样的光明，无所谓轩轾，无所谓优劣。"[①]这是从嵇、阮日常行为处世与其结局反差的角度分析嵇、阮优劣问题，作者深入人物本质，得出不分轩轾的结论，还是比较合理的。

总之，在评骘嵇阮优劣时，一部分学者认为在诗歌创作上嵇不如阮，在行己为人上阮不如嵇；一部分学者对阮籍持同情与理解态度，结合时代语境及文本细读阐释《劝进表》题旨，提升嗣宗人格。徐丽霞《阮籍研究》胪列学术界对阮籍褒贬异辙的观点，成"阮嗣宗政治立场臆测举隅表"，综合为四种意见，其中主亲曹魏派有五十五家，这一派或认为《劝进表》暗寓微讽，或回避《劝进表》问题，对阮籍人格品质持积极褒扬态度；主亲司马派有八家，包括叶梦得、王士禛、薛雪、徐昂发、潘德舆、陆侃如、何启民、冯承基等，这一派主要抓住《劝进表》污点不放，批评阮籍人格品质的不足；王瑶、

---

① 宋景昌著：《宋景昌诗文集》，河南大学出版社2005年版，第160—165页。

金达凯为非曹非马派,黄锦鋐为主亲刘汉派。无论哪一派,都是从政治意识与道德品质角度考量阮籍的人格立场,是嵇阮优劣论的焦点所在①。无论如何评价,嵇康、阮籍诗文成就、思想品格愈辩愈明,不同时代语境下总有文人学者在讨论嵇阮,引用其诗文,评论其行己处世,足见嵇阮在中国文化史上的重要意义。

三、嵇阮优劣论的原因

嵇阮优劣论由来已久,在时代的发展中争讼不断,有其内在原因。

一是嵇康、阮籍在竹林七贤中交谊最深,影响最大,是竹林七贤的核心人物,二者并称最早当源于竹林名士内部,故嵇阮并称由来已久。山涛赏识二位,在妻子面前夸此二人,虽未明确并称,但并称之意已现端倪。事见《世说新语·贤媛》第十一条:"山公与嵇、阮一面,契若金兰。山妻韩氏觉公与二人异于常交,公曰:'我当年可以为友者,唯此二生耳。'"②可见嵇阮在七贤中别是一类。另外,嵇康、阮籍互相称美,互相敬重,交游往来与他人明显区别,如嵇康在《与山巨源绝交书》指出自己与阮籍的不同之处,阮籍则通过青眼行动表达对嵇康的青睐,可推断二人内心已有并称意图。最后,在嵇阮去世后,王戎过黄公酒垆时以二者并称。种种迹象表明,竹林之游,大家是奉嵇阮为首的。也许在孙盛、陈寿、刘义庆等逐渐定型"竹林七贤"以前,嵇阮是这一集团的代称。《世说新语·言语》载周顗与王导谈论嵇阮事:"周仆射雍容好仪形,诣王公,初下车,隐数人,王公含笑看之。既坐,傲然啸咏。王公曰:'卿欲希嵇、阮邪?'答曰:'何敢近舍明公,远希嵇、阮!'"③周顗下车要倚数人而行,坐定又傲然啸咏,王导问其是否在学习嵇阮风度。从这段文字可见嵇、阮在魏晋名士中的影响。后代史家从沈约

---

① 徐丽霞著:《阮籍研究》,花木兰文化出版社2011年版,第41—50页。
② 〔南朝宋〕刘义庆撰,〔南朝梁〕刘孝标注,余嘉锡笺疏:《世说新语笺疏》,第369页。
③ 〔南朝宋〕刘义庆撰,〔南朝梁〕刘孝标注,余嘉锡笺疏:《世说新语笺疏》,第120页。

起,多以嵇阮并称,足见二者在"竹林七贤"中的突出位置。唐修《晋书》在评价竹林七贤时,亦以二者为例,并举嵇康阮籍典实曰:"嵇康遗巨源之书,阮氏创先生之传","临锻灶而不回,登广武而长叹;则嵇琴绝响,阮气徒存。"①当代学术界在"竹林七贤"内部分出不同派系,独标嵇阮品格,可见嵇阮并称在学术史上的传承。陈寅恪已指出七贤内部区别:"七贤诸人虽为同时辈流,然其中略有区别。以嵇康、阮籍、山涛为领袖,向秀、刘伶次之,王戎、阮咸为附属。"②阮忠则根据七贤人生分野分为三路,阮籍、嵇康是一路,属于放达而又痛苦一路;阮咸、刘伶属于放达之后仍然为官一路;向秀、王戎、山涛属于主动求官一路;③胡晓明据当时关于名教与自然关系问题的分派,将士大夫分为调和派、礼法派与自然派,山涛、王戎归于"主张名教与自然同"的调和派,迥异乎以阮籍、嵇康为代表的自然派;④前者受人鄙薄,后者受人景仰,"竹林七贤"未被历史遗忘,大抵因为有嵇阮在。

二是嵇、阮先后辞世,二者不同的处世方式隐藏着相通的士人心态,嵇康情结与阮籍咏怀成为二者对举比较的契合点。嵇康被杀,本应讳莫如深,不能随便谈论。然而在嵇康入狱时便有豪俊随其下狱,临刑时就有太学生请以为师事件发生,其绝命《广陵散》更被神化传播,被杀后"海内之士,莫不痛之。帝寻悟而恨焉"⑤。嵇康被刑,在当时即是重大事件,受到士人公开声援,引起社会广泛关注,连司马昭自己也感到遗憾。钟会谋反被杀,更有一批人将叔夜的冤死归咎于他。最早向秀撰《思旧赋》悼念嵇康时只能欲言又止;王戎则不断发表怀念嵇康言论,一并论及阮籍,以今昔对比痛惜嵇生之夭、阮公之亡;山涛更是以举嵇绍出仕的实际行动间接为嵇康正名;嵇

---

① 〔唐〕房玄龄等撰:《晋书》,中华书局1974年版,第1385—1386页。
② 陈寅恪:《陶渊明之思想与清谈之关系》,《金明馆丛稿初编》,生活·读书·新知三联书店2001年版,第202页。
③ 阮忠:《论阮籍、嵇康诗歌的文化品格》,《华中师范大学学报》1999年第6期,第118—125页。
④ 胡晓明:《论阮籍的根本矛盾及其诗风》,《华东师范大学学报》1994年第4期,第76—80,47页。
⑤ 〔唐〕房玄龄等撰:《晋书》,第1374页。

喜则撰《嵇康传》，为后代史家提供一手资料。至于东晋以后，与嵇康相关的玄学命题、诗文拟作、祭悼文辞、传说轶事更是丰富多彩，已然生成嵇康情结，成为一种文化现象，广为传衍。徐公持评论"嵇康情结""亦已成为不同时期时势变易人心趋向和文坛风尚的晴雨表。由于嵇康事件为司马氏一手制造，所以在两晋时期，它作为一'本朝'事件倍受人们关心，'嵇康情结'遂不绝如缕，无法割断"，是"两晋时期特殊文化心理现象"[①]。可以说，嵇康对两晋社会的影响渗透到思想深处，嵇康现象已成为士人表达对社会看法的符号。然而在阮籍身上难以发现对抗野蛮统治的有效资源，两晋士人又不敢以嵇阮对照揭其短处，多数人唯效仿其放诞行径；嵇叔良《魏散骑常侍步兵校尉东平太守碑》可能是第一个揭示了阮籍"天挺无欲，玄虚恬淡，混齐荣辱"[②]的雅操，但还没有深入到阮籍痛苦的心灵深处；随着时间推移，从颜延之、沈约开始发掘《咏怀》诗的厥旨归趣促进士人对阮籍行为的冷静思考，表面说怯言其旨、归趣难求，实则已开始揭示嵇阮不同的斗争方式，刘勰、钟嵘、萧统以诗论或选本方式总结阮籍诗文特征，为后代解说《咏怀》诗确定了基调。六朝士人以《咏怀》诗的传播阐释为切入点触及阮籍复杂心态，不同于品第嵇康时侧重轶事的立足点，体现出六朝政治文化语境下嵇阮接受的不同价值取向。然而宋代以后，士人开始对照嵇阮放诞行为下的迥异后果，品评是非，指示社会变革与动荡中士人应坚持的立场；明清以迄近现代，诠解阮诗幽旨持续学界，进一步揭示士人心态，无论玄学语境下，还是文学境阈内，抑或士人思想中，嵇阮并称遂成定论。叶梦得以为"世俗但以迹之似者取之，概以为'嵇阮'"[③]而扬嵇抑阮，许多学者则在文如其人的索引中透过现象领悟阮籍的灵魂深处，在嵇阮身上找到了殊途同归的两种处世方式，无论是非褒贬，都能以嵇阮作为范例，客观上促进了嵇阮优劣论的长期延续。

---

① 徐公持：《理极滞其必宣——论两晋人士的嵇康情结》，《文学遗产》1998年第4期，第36—45页。
② 〔三国魏〕阮籍著，陈伯君校注：《阮籍集校注》，中华书局2012年版，第426页。
③ 〔宋〕叶梦得撰，逯铭昕校注：《石林诗话校注》，人民文学出版社2011年版，第189页。

三是嵇、阮诗文在当时拔出流俗，各有所长，与其时平典似道德论的文风有别，是建安与西晋文风的转捩点。王士禛、方东树谓阮公与建安诗歌相较别是一派，道出了嗣宗诗歌独特的诗学意义；嵇康长于论辩，文体示范性强，其长篇大论有着较高的文章学意义。故后代常常以阮诗嵇文品优评劣，在文学批评史上生成一条清晰脉络，梳理这条线索则要追溯到六朝时期。

嵇阮诗文在魏晋南北朝时期就产生较大影响，锺嵘《诗品》、刘勰《文心雕龙》对二者诗文的品评，夏侯湛《猎兔赋》赋末直接袭用嵇康《赠秀才入军》诗"息徒兰圃"首成句，谢道韫、江淹对嵇康诗歌的拟作，顾恺之试图以嵇康诗句入画，鲍照、江淹、庾信等直接效拟阮诗，左思、郭璞、陶渊明等学习嗣宗深蕴幽微诗心等，都可见嵇阮文学的效果史与影响史。萧统《文选》则全方位确立了嵇康、阮籍诗文在魏晋文学史上的地位。

《文选》选录嵇康诗文共10首，其中诗7首，文3篇。选录阮籍诗文共19首，其中诗17首，文2篇。先看诗歌，阮籍、嵇康是正始诗人的代表，《文选》录阮籍《咏怀》诗五言17首，按现存87首（其中五言《咏怀》82首，四言《咏怀诗》3首，另有《采薪者歌》《大人先生歌》）看，其入选比例为19.5%；按鲁迅辑校《嵇康集》统计，嵇康现存诗歌60首，《文选》选录比例为11.7%；嵇康诗歌入选比例略低。嵇康入选诗歌全是四言诗，阮籍入选的全是五言诗。二人可以看成正始时期四言、五言诗歌的代表。

再看其他文体。《文选》选录嵇康的有赋、书、论三体，未录文体有箴、家诫两种；录阮籍的有笺、奏记二种，未录的有赋、论、书、传、赞、诔、帖、吊文等八种。从选录文体看，似乎嵇康的代表作更丰富一些。当然，也许《嵇康集》散佚过多，是否还写过哪些其他体类文章不得而知。但这至少说明《文选》对嵇康文学的高度重视，亦可见嵇康作品在魏晋南北朝相应文体中有自己的坐标。

总之，从刘勰、锺嵘为嵇阮文风定性评第，到萧统为嵇阮文章定量示范，处于文风转折点的嵇阮诗文遂被学界对举剖析，既符合文学批评内在规律，又加深文学接受史的进一步积淀，嵇阮优劣论公案传播便自有其内在必然性。当然，由于嵇阮行为处世与品质表现的不同，致不同时代接受者各取所需，嵇阮优劣论便出现抑此扬彼的观点，如需要宣扬士人气节时，便高扬嵇康；需要应对高压政治时，便同情阮籍。故嵇阮优劣论又受到接受环境的影响。

四、嵇阮诗风的双重性

对于嵇康诗歌的风格，学术界经常以刘勰的"嵇志清峻"与钟嵘的"过为峻切"做评语，其实还是有所偏颇的。刘勰说"嵇志清峻，阮旨遥深"，很明显是指嵇康、阮籍诗歌思想意旨而言，而钟嵘《诗品》所评主要指五言诗，四言诗中像《幽愤诗》这种直叙畅达的文字倒有些"峻切"之风，然这种诗风并不能涵盖嵇康全部诗歌，钟嵘也指出嵇诗有托谕清远的一面。曹旭老师《诗品集注》引日本立命馆《疏》："今所见嵇康作品六十余篇，钟嵘所品评之五言诗，仅十二首。四言之《幽愤诗》（《文选》卷二三），则可当'峻切'、'讦直'之评，而十二首五言诗则无一当其评者。或其亡佚之五言诗，当有峻切、讦直之作。"①所评甚是。先生进一步指出形成这种定评的源头在向秀的《思旧赋》："向秀《思旧赋》曰：'余与嵇康、吕安，居止接近，其人并有不羁之才；然嵇志远而疏，吕心旷而放。'是人品，亦是诗品。向谓'有不羁之才'，嵘谓'托谕清远，有良鉴裁，亦未失高流'。向谓'嵇志远而疏'，嵘谓'过为峻切，讦直露才，伤渊雅之致'。历代史臣、文评家论嵇康，均从此来，刘勰《文心雕龙·明诗》亦复如此。"②向秀总结嵇康人品，钟嵘发挥为诗品，刘勰继其余绪，遂为定论。

刘勰在《文心雕龙·时序篇》说："于时正始余风，篇体轻澹。"③"篇体轻澹"用来评价嵇康《赠秀才入军》等多数四言诗，都是比较得体的。嵇康写景往往淡笔勾勒仙远境界，写人着意刻画清高姿态，淡远的诗境与玄远的思

---

① 〔南朝梁〕钟嵘著，曹旭集注：《诗品集注（增订本）》，上海古籍出版社2011年版，第288页。
② 〔南朝梁〕钟嵘著，曹旭集注：《诗品集注（增订本）》，第273页。
③ 〔南朝梁〕刘勰著，黄叔琳注，李详补注，杨明照：《增订文心雕龙校注》，第541页。

想交融相生,由其诗可以想见嵇康远迈不群、龙章凤姿的体态。故宋人林駉《古今源流至论·后集》卷九《论诗》有"嵇阮之冲淡"[①]一说,以"冲淡"评嵇阮诗歌,得其一端。因此,论嵇康诗歌风格,当分两端,一为峻切,一为轻淡,后代陶渊明诗歌重在平淡,亦不乏金刚怒目之作,可能受到嵇康诗歌的影响。只是嵇诗的轻淡近于仙,陶诗的平淡近自然;嵇诗的峻切过于直,陶诗的金刚怒目近于豪放。

阮籍诗歌善于运用典故、神话、传说等讥刺时事、表达志向或言说玄理,旨趣遥深,具有很强的象征性、多义性。故后代学者研究阮诗,往往寻幽索隐,逆向推绎,孜孜于诗旨探索,赋予阮籍诗歌强烈的政治性与寄托寓意,不能明说时便概括为"怯言其志",没有禁忌时便罗列曹魏没落、司马氏篡政等重大时事详细对应。关于阮籍《咏怀》诗的笺注详解已非常充分,其深刻的思想性已经从颜延年、沈约、锺嵘、刘勰等笼统概括发展到史实笺证,一部《咏怀》诗笺证便是一部三国末期诗史互证史。

然而,回归文本,阮籍《咏怀》诗在结构模式、意象安排等方面却并没有刻意创新,而是非常简约,有着鲜明的时代风格。首先,在诗歌结构安排上,阮籍《咏怀》诗并没有唐诗那样的起承转合,而多数采用的是两部式结构,且反复运用一问一叹的结尾模式。如《夜中不能寐》首,第一部分写夜不能寐者的所闻所感,第二部分通过"徘徊将何见?忧思独伤心"一问一叹的模式表达对夜不能寐者行为的疑问与叹惜之情;《二妃游江滨》首先写二妃的爱情故事,接着变换叙写角度,运用典故提问并感叹:"膏沐为谁施?""如何金石交?"对不能相见者哀伤离别的事实表达惋惜之情。在这种两部式结构中,问叹模式的第二部分往往比较简短,点到即止,故而生成诗歌模糊难懂的境象格局。第一部分或叙写故实、或描摹季节的更替、或描述所见所感、或类比史实、或列举相通与相对玄理、或制造过去与现在的对比、或营构当下与未来的紧张、或思考理想奋进与幻灭退缩的彷徨、或辨析安贫乐道者

[①] 〔宋〕林駉撰:《古今源流至论》,上海古籍出版社1992年版,第298页。

与唯利是图者的是非,却在第二部分的问答中做逆向思考,强化诗歌张力,令《咏怀》诗能够做到结构简约却意旨复杂,有一种大巧若拙、举重若轻的气象。如《嘉树下成蹊》首对比桃李繁盛到飞藿飘零,在季节更替中包蕴盛衰之理;《天马出西北》首列举天马所来、春秋递变、清露凝霜、少年夕暮等四种自然规律,在恒数中思考不能永恒之理;《平生少年时》首追忆少年往事,繁华蹉跎,突然转变成"失路将如何"的思考;《炎暑惟兹夏》首描述炎暑变更、景物变化、四时更迭,均是自然常规,却在末尾契入徘徊者的伤感;《灼灼西隤日》首在描写落日、回风、寒鸟等自然景象后,突然提出"中路将安归"的人生大问题,引导诗歌旨趣急剧转向。总之,阮籍《咏怀》诗第一部分的述写是一个方向,第二部分的问叹/感叹却又是一个方向,令读者捉摸不透,正是这种看似简单的结构模式,营造了遥深莫测的诗旨。

其次,阮籍《咏怀》诗在意象安排与运用上,与《古诗十九首》有很多相通之处。如二者常以日出日落表达时事兴衰、时间推移,以岁暮、丘墓、蟋蟀、松柏、朝露、凝霜等表达生命阴郁、时间迁逝、人生苦短,以王子乔等神仙表达向仙长寿的企望,以床帷、徘徊等表达孤苦时的无奈与忧伤,以六翮、鸿鹄等表达远大志向等。同时,阮籍《咏怀》诗意象群都很抑郁、沉闷,即使是明丽的太阳、皎洁的月光,在嗣宗笔下或者披上神话的外衣而晦涩,或者伴以朔风苦雨而晦暗,缺乏乐观、积极的情绪,与其时士人忧愁终日、行为扭曲的士风密切相关。

总之,回到文字本身解析阮籍诗歌,不难见出其结构单调、意象因袭的简约风格,但这并不妨碍其诗歌表面旷达、内蕴深刻的特点。

探究嵇阮诗歌双重风格的原因,其峻切、讦直与嵇康龙性难驯的品格是相一致的,其旨趣遥深、比兴婉转是阮籍苦闷内心的诗意表达;其轻淡清婉的风格与嵇康艺术素养高、仪表形态美相关,《咏怀》诗简单的结构模式又与阮籍旷达的行为方式相一致;在这个意义上看,嵇阮诗歌都是诗如其人。同时,嵇阮诗歌均趋平淡的风格与玄学有较大关系,玄学崇尚简约,追求玄远,务求雅致。高华平概论道:"史传及《世说新语》中《雅量》等篇多记魏人临行弹曲、奔丧鼓琴、起居种竹、调侃赋诗等高雅之举,便可见务求雅致,亦是当时社会又一盛行的风尚。"① 这种风尚作为玄学简约、玄远的外在表现,反映到文学作品中就是追求轻淡、平典、古雅之风,在这个意义上,可以说嵇诗轻淡如仙、阮诗平淡说理的诗风是时代风气的产物。虽然难以摆脱时代的烙印,但与时风相较,嵇阮诗歌足以高出一格。嵇阮优劣论之所以长期持续,不仅因为二位相通相异的处世方式,还应与接受者对二者诗风的不懈发掘紧密相关。

(本文原载《上海师范大学学报(哲学社会科学版)》2017年第2期)

---

① 高华平:《玄学清谈与魏晋四言诗的复兴》,《中国社会科学》1993年第2期, 第183—196页。

詹锳先生论《文心雕龙》对桐城派文论的影响

叶当前

桐城派古文家很重视《文心雕龙》，除在文论中广泛征引外，其文论体系、理论范畴亦受到《文心雕龙》影响，是"龙学"史上不可忽视的一节。徐复观已经隐约论及这一点，其《〈文心雕龙〉浅论之三——能否解开〈文心雕龙〉的死结》一文谓："非常可惜的是，在这一古文家的序列中，并没有真正留心到《文心雕龙》的人，他们对文学的体认、感受，略见于王师季芗的《古文辞通义》及姚永朴的《文学研究法》，其中有许多与《文心雕龙》的某些地方暗合，但他们没有接上《文心雕龙》所已经提出的许多明确概念和系统。这便一面使这些古文家的文学理论停留在片断而捉摸拟议的阶段，一面使《文心雕龙》失掉了重新发现的机会。"[①] 徐氏已从整体上领悟到桐城派古文理论与《文心雕龙》的暗合之处，并对桐城派古文家论文提出了高格要求，希望他们能够自觉担当起《文心雕龙》理论阐释的重任，然而桐城派古文家更侧重于为我所用，除刘开《书〈文心雕龙〉后》一文属于《文心雕龙》本体研究外，多数文论主要通过征引、借鉴《文心雕龙》等方式建构理论体系、创造概念范畴，桐城派诸家实在没有系统的"龙学"成果。但正是桐城派古文家的征引与桐城派文论概念范畴的相通，桐城派对《文心雕龙》的接受研究、《文心雕龙》与桐城派文学思想的比较研究等相关论题已进入研究生毕业论文选题视野，当代学术界桐城派文学理论研究成果亦常常可见征引《文心雕龙》进行互文相证的。在这方面，詹锳先生较全面关注到桐城派文论与《文心雕龙》的相通之处，在阐释与校证中广泛征引桐城派文论互相

---

① 徐复观著：《中国文学精神》，上海书店出版社2006年版，第223页。

印证，相对徐复观的宏观概述前进了一大步，为《文心雕龙》对桐城派文论的影响研究开辟了道路，具有很高的学术意义。

一

詹锳先生《〈文心雕龙〉的风格学》历时性梳理了《文心雕龙》对桐城派文论的影响：

> 桐城派始祖虽然没有明白提倡《文心雕龙》，但是从姚鼐的《古文辞类纂序》中，可以明显地看出《文心雕龙》文体论的影响。《古文辞类纂序》中提出的"神、理、气、味、格、律、声、色"，姚鼐并没有作解释。到了辛亥革命以后，桐城派文人姚永朴在《文学研究法》里解释这些概念时，就是大量地引用《文心雕龙》的理论来作说明的。《文学研究法》的《格律第十七》在解释"格"时，几乎引证了《文心雕龙》文体论各篇"敷理以举统"部分的全文，可见他所阐述的"格、律、声、色"的"格"，就是《文心雕龙》中所论述的文体风格。桐城派古文家林琴南在《春觉斋论文》一书的《流别论》部分，也对《文心雕龙》的文体论作了阐发。……但这些阐述未必都合于刘勰文体风格论的精神实质。①

根据詹先生的总结，《文心雕龙》对桐城派文论的影响主要体现在三个方面，即：从姚鼐开始的桐城派文体论受到《文心雕龙》的影响，桐城派"神、理、气、味、格、律、声、色"概念在姚永朴那里引入《文心雕龙》进行阐释，林纾《春觉斋论文·流别论》对《文心雕龙》文体论作了阐发。这段简短文字关于《文心雕龙》对桐城派古文家的影响似乎一带而过，却抓住了文体论这个核心问题，从文体分类、文体风格、文体形态等三个方面为我们研

---

① 詹锳著：《〈文心雕龙〉的风格学》，人民文学出版社1982年版，第155—156页。

究《文心雕龙》对桐城派文论的影响打开了思路。

从姚鼐《古文辞类纂》到姚永朴《文学研究法》，一直延续的桐城派古文家及其理论著述的文体分类受到《文心雕龙》文体论的影响。

在文体分类方面，姚鼐力求简化，不满意《文选》《唐文粹》《宋文鉴》诸书文体分类，谓萧统《文选》对辞赋分类过于琐碎，评其"分体碎杂，其立名多可笑者，后之编集者，或不知其陋而仍之"①。故姚氏分古文辞为十三大类，每类选文大抵以作者所处时代先后排序，不做《文选》那样的二级分类，遂为后代桐城派古文家文体分类范本。

姚永朴进一步揭示《文选》选文分类"录文既繁，分类复琐"，指出其弊："盖文有名异而实同者，此种只当括而归之一类中，如骚、七、难、对问、设论、辞之类，皆辞赋也；表、上书、弹事，皆奏议也；笺、启、奏记、书，皆书牍也；诏、册、令、教、檄、移，皆诏令也；序及诸史论赞，皆序跋也；颂、赞、符命，同出褒扬；诔、哀、祭、吊，并归伤悼。此等昭明一一分之，徒乱学者之耳目。"进而指出后代选本分类标准的混乱："自是以后，或有以时代分者，或有以家数分者，或有以作用分者，或有以文法分者，众说纷纭，莫衷一是。"唯有姚鼐的分类法"辨别体裁，视前人乃更精审"，"举凡名异实同，与名同实异者，罔不考而论之，分合出入之际，独厘然当于人心"。指出梅曾亮《古文辞略》在此基础上增诗歌类，曾国藩《经史百家杂钞》十一类为三门，"分类外更揭出三门，此所以示学者，更为明白"②。钱基博综观中国文学的分类，赞同姚永朴的观点，总结姚鼐的文体分类乃"以体势分"，认为曾国藩以"古文四象"法归类鉴赏乃"以神理分"③，比较分析了桐城派文章分类法的优于前贤之处。

桐城派古文家均认为《文选》分类不科学，但《文心雕龙》文体分类与《文选》相通之处甚多，却未遭到批评；相反，姚永朴《文学研究法》"门类"

---

① 〔清〕姚鼐选纂：《古文辞类纂·序目》，中国书店1986年版，第22页。
② 姚永朴著：《文学研究法》，黄山书社1989年版，第29页。
③ 钱基博著：《古文辞类纂解题及其读法》，上海中山书局1929年版，第5—6页。

篇在解释十三类文体概念时,除序跋类、赠序类、杂记类、箴铭类未引用《文心雕龙》外,有九类征引了《文心雕龙》文体论,其中有些大类综合征引《文心雕龙》不同篇目多种文体的释义,是在对《文心雕龙》文体分类进行细致研究基础上的合理归纳,令《文心雕龙》比较繁琐的文体名目更加清晰。如奏议类综合了《文心雕龙》的《章表》《奏启》《议对》三篇,将三篇所涉及的上书、章、奏、表、议、上疏、封事、议、驳、对策、射策等11种文体归于奏议大类;书说类将《文心雕龙》的《书记》《论说》两篇涉及的书、奏书、记、笺、说等5种文体归于一类;诏令类将《文心雕龙》的《诏策》《檄移》两篇涉及的命、誓、诰、制、策书、制书、诏书、戒敕、教、檄、露布、移等12种文体归于一类;哀祭类则将《文心雕龙》的《诔碑》《哀吊》两篇所涉诔、哀、吊等3种文体归于一类。按姚永朴的说法,这些琐碎的名目是大类文体的异名,在清代仍然纷繁杂乱,"门类"篇所引曾国藩介绍的这些异名多达七十余种,像"篇、训、览、原、序、跋、引、题、读、年谱、事略、行状、招魂、愿文"等,并不见于《文心雕龙》,桐城派古文家廓清繁芜的简约分类法确有所长。姚永朴《文学研究法》"发凡起例,仿之《文心雕龙》"[①],其在姚鼐创基的分类法上对《文心雕龙》文体分类进行综合,可见其对《文心雕龙》的辩证接受,反之可知《文心雕龙》文体分类及其文体概念对桐城派文论的影响。

詹锳先生敏锐地看到桐城派古文家有意识阐释或借鉴《文心雕龙》之处,在明确指示《文心雕龙》的影响外,还在《文心雕龙义证》中广泛征引桐城派古文家文献,令读者容易看出二者互文关系。

如阐释《征圣》篇"体要所以成辞"命题时,詹先生释为"切实简要才能铸成伟辞",将"体要"与"成辞"有机贯串起来,打通理足词简的圣人之言与文章的关系,诠释了"精理为文,秀气成采"的合理性。然而,前人多重视"体要"的解释,而忽视"体要所以成辞"的生成机制。首先,《文心雕龙义证》在注前文"辞尚体要"时,突出体要之词的理足与简约:"'体要',谓切

---

① 姚永朴著:《文学研究法·序》。

实简要。《尚书》蔡传：'趣完具而已之谓体，众体所会之谓要。'集说引夏氏僎曰：'体则具于理而无不足，要则简而不至于余，谓辞理足而简约也。'又引王氏樵曰：'趣谓辞之旨趣，趣不完具则未能达意，而理未明，趣完具而不已则为枝辞衍说，皆不可谓之体。'《序志》篇：'盖《周书》论辞，贵乎体要。'即指此而言。"①接着，在注"体要所以成辞"时，征引林纾《春觉斋论文·述旨》大段为注：

《春觉斋论文·述旨》："何谓正言？本圣人之言，所以抗万辩也。何谓体要？衷圣人之言，所以铸伟辞也。然亦有难言者，文至于语录，成万古正言之鹄，皆能一一施之文间耶？无论语录，即理学先儒之与书，语语靡不当，要观朱考亭与陆象山、陈同甫诸先生书，无语不精，亦无语不要，而浅人恒苦其邃，岂朱、陆之言尚不衷于名理，而至索人之神志？纾曰：论道之书质，质则或绌于采；析理之言微，微则坐困于思。古之文章家，本尽备各体，不必各体中皆寓以理学之言。刘勰之赞此篇，亦曰：'精理为文，秀气成采。'大率析理精，则言匪不正，因言之正，施以词采，秀气自生。"②

林纾这段文字可能有借《文心雕龙》回应桐城派前贤戒语录中语之古文禁忌的主观意图，客观上却厘清了圣人语录与文学伟辞之间的关系。林纾不回避圣人之言与文章之间的矛盾，认为"论道之书质，质则或绌于采；析理之言微，微则坐困于思"，要布播大道，便不在于追求文采；要说清道理，并不在于长篇大论，而是以"体要"为务，从而导致浅人难懂；同时又指出这种析理精、言词正的文辞能够秀气自出，文章的征圣之旨水到渠成。故其关系可以梳理为：圣人之言即是体要之辞；体要之辞可能令浅人难解，却理精言正，自是伟辞；故体要所以成辞。詹先生引录桐城派古文家的解释，豁然

---

① 〔南朝梁〕刘勰著，詹锳义证：《文心雕龙义证》，上海古籍出版社1989年版，第48页。
② 〔南朝梁〕刘勰著，詹锳义证：《文心雕龙义证》，第46—47页。

贯通圣人语录与文章之间的关系,可以说解决了文体溯源的一个大问题,亦令"龙学"家长期不予关注的"体要所以成辞"问题眉目显豁;从另一个层面看,也让我们看到桐城派古文家跳过家法壁垒,对面看问题去阐释《文心雕龙》的全新视角。

二

具体到文体论篇目,《文心雕龙义证》征引桐城派文论以为义证的材料很多,特别重视林纾《春觉斋论文》"流别论"部分,引文多达38条。林纾《春觉斋论文》"流别论"部分相当于文体论,共分15节,分门别类与文体释义主要综合了《文心雕龙》与姚鼐《古文辞类纂序目》观点。林纾论文体,基本仿照《文心雕龙》文体论体例,首先征引《文心雕龙》与姚鼐文体界定以释名章义;然后接着《文心雕龙》文体发展史续补唐宋以迄近代名家,原始以表末;最后纵览古今,略作品骘,综括全篇。后来,林纾编选《〈古文辞类纂〉选本》,在姚氏选本基础上约选十卷,按十一类文体编排,每类序目基本出自《春觉斋论文·流别论》。坚持相对稳定的文体思维,亦能透露出《文心雕龙》的深刻影响。詹先生汲取《春觉斋论文》资源纳入《文心雕龙义证》,发掘了二者之间的关联,其所论、所引、所按断的吉光片羽,为当代《文心雕龙》与桐城派文论关系研究架设了桥梁。

现将诸家文体分类及互相征引对应篇名与条数列表如下:

序号	《春觉斋论文·流别论》	《文心雕龙义证》	《〈古文辞类纂〉选本》	备注
1	一(骚):《文心雕龙·辨骚》。	《辨骚》注篇引《流别论》2条。	卷十"辞赋类"序目:《流别论》"骚"。	林纾将"骚"置于文体分类,刘勰则置于文之枢纽。
2	二(赋):《文心雕龙·诠赋》。	《诠赋》篇注引《流别论》1条。	卷十"辞赋类"序目:《流别论》"赋"。	从姚鼐以迄林纾均将"骚"归于辞赋为文体论。

续 表

序号	《春觉斋论文·流别论》	《文心雕龙义证》	《〈古文辞类纂〉选本》	备 注
3	三（颂、赞）：《文心雕龙·颂赞》。	《颂赞》篇注引《流别论》1条。	无"颂赞"类。	《古文辞类纂》立"颂赞"类，选文六篇。
4	四（铭、箴）：《文心雕龙·铭箴》。	《铭箴》篇注引《流别论》4条。	卷八"箴铭"类序目：《流别论》"铭箴"。	《古文辞类纂》所立"碑志"类，被林纾并入"箴铭"类。
5	五（诔、碑）：《文心雕龙·诔碑》。	《诔碑》篇注引《流别论》1条。	卷十"哀祭"类序目：《流别论》"诔碑"。	
6	六（哀、吊）：《文心雕龙》《哀吊》《诔碑》。	《哀吊》篇注引《流别论》2条。	卷十"哀祭"类序目：《流别论》"诔碑""哀吊"。	詹先生指出林纾论哀辞"以韵胜"有语病。
7	七（传）：《文心雕龙·史传》。	《史传》篇注引《流别论》2条。	卷七"传状"类序目：《流别论》"传"。	《义证》引文略去《流别论》樊、郦、滕、灌四传中举例文字。
8	八（论、说）：《文心雕龙·论说》。	《论说》篇注引《流别论》5条。	卷一"论说"类序目：《流别论》"论说"。	《古文辞类纂》立"论辨"类。
9	九（诏、策）：《文心雕龙·诏策》。	《诏策》篇注引《流别论》1条。	卷七"诏策"类序目：《流别论》"诏策"。	《古文辞类纂》立"诏令"类。
10	十（檄、移）：《文心雕龙·檄移》。	《檄移》篇注引《流别论》9条。	无"檄移"类。	《义证》本篇注引《春觉斋论文·流别论》条目达九条。
11	十一（章、表）：《文心雕龙·章表》。	《章表》篇注引《流别论》1条。	卷三"章表"类序目：《流别论》"章表"。	《义证》指出林纾是"从反面的例证来说明'雅义以扇其风，清文以驰其丽'的"。
12	十二（书、记）：《文心雕龙·书记》。	《书记》篇注引《流别论》9条。	卷四"书说"类序目：《流别论》"书记"。	《义证》本篇注引《流别论》关于书记方面材料达九条。

续表

序号	《春觉斋论文·流别论》	《文心雕龙义证》	《〈古文辞类纂〉选本》	备注
13	十三(赠序):《文心雕龙》无。	未见《义证》征引。	卷六"赠序"类序目:《流别论》"赠序"。	
14	十四(杂记):《文心雕龙》无。	未见《义证》征引。	卷九"杂记"类序目:《流别论》"杂记"。	《文心雕龙》有"杂文"篇,但与此"杂记"不相属。
15	十五(序、跋):《文心雕龙》无。	未见《义证》征引。	卷二"序跋"类序目:《流别论》"序跋"。	《宗经》篇"论说辞序,《易》统其首"提到"序",但未专列文类。

从上表征引对应关系可以看出,《春觉斋论文·流别论》论文体时,基本按照《文心雕龙》文体论篇目顺序安排,对相关文体分类略有取舍,对文体理解亦有独到之处。

第一,《文心雕龙》"辨骚"篇居"文之枢纽"部分,把"骚"提到文章远源的高度;然而,林纾却把"骚"作为一种文体置于"流别论"之首。近代以迄当代学术界关于"辨骚"篇的位置问题曾有争论,林纾与刘师培虽未明确论及此问题,但从各自论述可见两种相对意见。刘师培《文说·宗骚篇第五》极力论证《楚辞》的文源地位,认为屈宋所创骚体"撷六艺之精英,括九流之奥旨,信夫骈体之先声,文章之极则矣",分论其乃"《易》教之支流"、"《书》教之微言"、"《诗》教之正传"、"《礼》教之遗制"、"《乐》教之遗意"、"《春秋》之精义",隐括儒家、道家、墨家、纵横家、法家、小说家等众体,"有资于读史"、"考地"、"考名物"、"治训诂","上承风诗之体,下开词赋之先"①。林纾则抓住《文心雕龙·辨骚》篇"酌奇而不失其真,玩华而不坠其实"一句展开论述,通过文本细读,从具体作品中揭示骚体文章的情感风格与结构特色,把"骚"作为文学作品来读。詹先生在注解《辨骚》篇

---

① 刘师培:《文说》,王水照编:《历代文话》(十),复旦大学出版社2007年版,第9545—9548页。

"故其述情怨……言节候,则披文而见时"一段文字时,征引林纾对《涉江》"哀南夷之莫吾知兮"一节的结构解析部分,在这里林纾充分发挥桐城派古文家结构分析特长,指出《涉江》将离居、山水、节候等悉数纳入小小篇幅,又结合屈原处境发掘诗人真挚情感,令读者直观领悟到刘勰对《楚辞》在抒情写景方面成就的总结。相对一些《文心雕龙》笺注本对这段话只是简单校勘文字或付之阙如,詹先生引用林纾文字以为注解便显更加充实。透过这段引文,我们可以认为林纾从文章学角度解读《楚辞》其实是源于《文心雕龙》,因为《辨骚》篇早就指出屈原作品在写作内容上侧重叙情怨、述离居、论山水、言节候等,颇具文学特色。刘师培因为宗骚而以学术话语总结《楚辞》,林纾因为重文而以文学批评话语解读《涉江》,各成其说。

第二,《春觉斋论文·流别论》按《文心雕龙》篇目展开文体论,不论诗歌、乐府、祝盟、杂文、谐隐、诸子、封禅、奏启、议对等篇目文体,综合姚鼐《古文辞类纂》增加赠序、杂记、序跋三类,体现了林纾发展的文体观。另外,《春觉斋论文·流别论》对文体排序没有依照姚鼐《古文辞类纂》顺序展开,名称亦略有变化,姚氏依次编排的十三类文体与林纾的编排对应为:论辨类—八(论说)、序跋类—十五(序跋)、奏议类—无对应、书说类—十二(书记)、赠序类—十三(赠序)、诏令类—九(诏策)、碑志类—六(哀吊)、传状类—七(传)、杂记类—十四(杂记)、箴铭类—四(箴铭)、颂赞类—三(颂赞)、辞赋类—一(骚)二(赋)、哀祭类—六(哀吊)。随后林纾编选《〈古文辞类纂〉选本》,虽然依姚鼐的文体排序编选,但在文体分类上有所整合,将十三类并为十一类,将"奏议"类并入新设"章表"类,将"碑志"类并入"箴铭"类,不设"颂赞"类,对文类名称稍有更改,将"论辨"类改为"论说"类,将"诏令"类改为"诏策"类。林纾文体论与姚鼐相比,虽只是排序、称名与分类上的小小变更,却可见《文心雕龙》影响的痕迹。詹先生从《春觉斋论文·流别论》中汲取注释材料,说明先生对林纾"龙学"成果的认可,亦为《文心雕龙》注释开辟了另一个资源库。

事实上,桐城派古文家一直都很重视《文心雕龙》,可能因门户之见,抑或因前期《文心雕龙》研究重在校勘,桐城派以阐释为主的"龙学"成果在早期《文心雕龙》研究史上并未引起重视;詹锳先生发现了这一重要资源,在《文心雕龙义证》中征引桐城派古文家文论条目共60条,分别为:征引林纾文论44条,主要为《春觉斋论文》;引姚鼐文论9条,主要为《古文辞类纂》;引刘大櫆文论2条,均出自《论文偶记》;引方东树文论2条,1条出自《昭昧詹言》;引姚永朴文论1条,出自《文学研究法》;引方苞文论1条,出自《望溪先生集外文·四进书文选表》;引刘开文论1条,出自《书文心雕龙后》。当然,詹先生没有对桐城派文论与《文心雕龙》相关材料竭泽而渔,进一步研究,桐城派文论在《文心雕龙》文献集成上还应有更大空间,如姚永朴《文学研究法》征引《文心雕龙》的材料就非常丰富,《文心雕龙》与桐城派古文家文论命题术语还有大量条目可以互文印证。然而,詹先生导夫先路之功应予肯定,这项工作的学术史意义值得书写。

第三,詹先生征引林纾《春觉斋论文·流别论》并不是全文照抄,而是侧重节录林氏文本解析与文体要领材料。对照上表,梳理《文心雕龙义证》文体论注释,征引林纾文体解析者计14条,涉及文本有屈原《涉江》、班固《两都赋》、张衡《二京赋》、左思《三都赋》、班固《封燕然山铭》、扬雄《九州牧箴》、隗嚣《移檄告郡国》、陈琳《为袁绍檄豫州》、钟会《檄蜀文》、桓温《檄胡文》、司马相如《难蜀父老》、孔稚圭《北山移文》、司马迁《报任安书》、杨恽《报孙会宗书》、扬雄《答刘歆书》、嵇康《与山巨源绝交书》等。这些文章都是《文心雕龙》选文以定篇的例文,詹先生出注林纾文本分析资料,有助于读者对文本的理解,亦能够帮助读者从具体文本加深对文体的认识。

如《诠赋》篇注"张衡《二京》,迅发以宏富"条,引林纾《春觉斋论文·流别论》比较分析班固《两都赋》、张衡《二京赋》与左思《三都赋》一段文字,相对于传统注释或摘录张衡传记、或摘录大赋文字、或介绍写作背景的注法,增加了文本赏析,加深了读者对文体体式的理解。

在另一个征引重点方面,《文心雕龙义证》征引了林纾关于"颂赞"语言风格论、"铭箴"大要、"碑版"文字写作要领、哀词以韵胜、论体宜破理又需义醇、诏诰要诚挚感人、檄文要领与要义、"与书"大要等文体学材料,让我们了解到古文家视角中古代文体应具的写作要领。

如《颂赞》篇注"大抵所归,其颂家之细条乎"条总结"颂赞"的体式特点,征引林纾《春觉斋论文·流别论》区别颂与赞的一段文字并随文按断:

> "林纾《春觉斋论文·流别论》三:'综而言之,……(颂赞)二体均结言于四字之句,不能自镇则近佻,不能自敛则近纤;累句相同,不自变换,则近沓;前后隔阂,不相照应,则近塞;过艰恶涩,过险恶怪,过深恶晦,过易恶俚。……文既古雅,体不板滞;下字必严,撰言必巧,近之矣。'这是林纾根据桐城派的'义法',对颂赞二体的语言风格要求,作了比较详细的规定。他又说:'赞体不能过长,意长而语约,必务括本人之生平而已,与颂略异。'这主要是就赞美人的功德的赞来说的。"①

《文心雕龙》论颂赞要义主要从其功用、语言等方面入手,符合骈文写作要求着眼,林纾则以古文作法指导颂赞写作,詹先生引"文既古雅"前省略号略去的一句话就直接提出借鉴散文的观点,谓"必运以散文之杼轴,就中变化",体现了林纾在文体写作上融散入骈的文体思想;林纾提出需要预防颂赞文体"近佻"、"近纤"、"近沓"、"近塞"等弊端,避免"涩"、"怪"、"晦"、"俚"等风格,体式上做到"文既古雅,体不板滞"等,也是桐城派"义法"与"雅洁"理论所要注意的事项;《春觉斋论文·论文十六忌》"忌庸絮"、"忌险怪"、"忌肤博"、"忌轻儇"、"忌繁碎"等禁忌亦可与此段文字对读,可见林纾对传统文体写作的新要求。这些要求未必都符合古代文体写作实际,但随着时代发展,旧文体与时俱进,体式特点逐渐衍化,也符合文学发展自身规律。《文心雕龙义证》征引林纾等桐城派古文家阐

---

① 〔南朝梁〕刘勰著,詹锳义证:《文心雕龙义证》,第350—351页。

释《文心雕龙》材料,遵循学术动态发展规律,在"龙学"史上具有方法论意义。

三

《文心雕龙义证》仅《情采》篇注释"体情"时引用姚永朴《文学研究法》"性情"目一条,但据《〈文心雕龙〉的风格学》所作总结,桐城派"神、理、气、味、格、律、声、色"等概念深受《文心雕龙》影响,在姚永朴《文学研究法》中尤其突出。故若要集注《文心雕龙》神气格律等相关范畴,姚氏著作可资引证。

姚永朴《文学研究法》专列"神理"、"气味"、"格律"、"声色"目,大量征引古代文论,建构理论体系,其中《文心雕龙》的影响尤为显著。

先看《文学研究法》"神理"目。在旁征博引阐释"神"、"理"、"机"、"气"等范畴意义及其相互关系后,姚永朴归纳"神"有两种类型,即"意在笔先"、"意在笔外",举例为证:

"是以古人精神兴会之到,往往意在笔先。如周公作《无逸》,凡七更端,皆以'呜呼'发之;其后欧阳公作《五代史赞》,每篇亦如此,是皆有无穷之意,在于笔先,有不期然而然者。《史记·管晏列传》'管仲曰吾始困时'以下数行,《屈原贾生列传》'屈平疾王听之不聪也'以下数行,其喷薄而出亦然。"

"又有意在笔外者,如《史记·伯夷列传》末,言'悲夫!闾巷之人,欲砥行立名者,非附青云之士,恶能施于后世哉',正所以见己著《史记》之为功大也;《平原君虞卿列传赞》,既叙虞卿始智终困,忽作转语云:'然虞卿非穷愁,亦不能著书以自见于后世'云,又所以寓己之感愤也;《平准书》末云:'烹弘羊天乃雨',《魏其武安侯列传》末云:'上自魏其时不直武安,特为太后故耳,及闻淮南王金事,上曰:使武安侯在者,族矣。'如此截然竟止,而余意无穷,若此者,皆神为之也。"①

姚永朴接着征引《文心雕龙·神思》篇近半篇幅,剖析神思的心理机制。前文例证是表层结构,后文引证材料是深层结构,二者表里结合,丰富了"神"范畴的内涵。反之,如果校注《文心雕龙·神思》篇,亦可以《文学研究法》的例证互补,促进《文心雕龙》理论与文学作品相结合。

再看"气味"目。姚永朴在梳理"气"范畴史时,引录《文心雕龙·风骨》篇、《养气》篇相关条目,凸显《文心雕龙》文气论在批评史上的位置,指出刘勰所论为"气之有关于文与所以无耗损之者,皆得要领。""龙学"界亦不乏从"气"的角度解读《风骨》篇者,究其原始,姚永朴创发之功不可埋没。同样道理,笺释《文心雕龙》之《风骨》《养气》篇,姚永朴《文学研究法》材料亦可互补。

再看"格律"目。詹先生已经指出姚永朴在"解释'格'时,几乎引证了《文心雕龙》文体论各篇'敷理以举统'部分的全文"。的确是这样,"格律"目征引《文心雕龙·定势》篇总论各类文体风格材料:"章表奏议,准的乎典雅;赋颂歌诗,则仪乎清丽;符檄书移,楷式乎明断;史论序注,师范乎核要;箴铭碑诔,体制乎宏深;连珠七辞,从事乎巧艳。"又征引《文心雕龙》文体论篇目文献论证分类文体风格,所涉篇目有《诠赋》《颂赞》《铭箴》《诔碑》《哀吊》《论说》《诏策》《檄移》《章表》《奏启》《议对》《书记》等。姚氏不按照《古文辞类纂》分类介绍分体文风,亦见其对《文心雕龙》的重视。

最后看"声色"目。姚永朴征引《文心雕龙》之《声律》《炼字》等篇谈声律炼字论等问题,其中有大量文章范例,可资《文心雕龙》校释选用。

当然,姚永朴《文学研究法》广泛征引《文心雕龙》,在文体论上着力尤深。詹先生已指出其关联,进一步研究亦大有作为。拙作《姚永朴〈文学研究法〉征引〈文心雕龙〉考》已在文献征引方面做过初步梳理,可佐证《文

---

① 姚永朴著:《文学研究法》,第112—113页。

心雕龙》对《文学研究法》的重要影响。

詹先生举例说明桐城派文论受到《文心雕龙》的影响，重点关注了姚鼐《古文辞类纂序目》、林纾《春觉斋论文》、姚永朴《文学研究法》等的文体论思想，指出桐城派文论是对《文心雕龙》文论的进一步阐发，只是其中融入了桐城派家法，故未必符合刘勰文论的精神实质。由于刘勰与桐城派古文家所处时代不同，文学史也在不断变化，故二者总结形成的文论范畴、创作方法与美学命题均带有一定的时代特征，两大文论体系在精神实质上存在一定区别，是符合学术规律的。《文心雕龙》是在魏晋南北朝骈文兴盛之际产生的文章理论，其列举范文多为骈文，客观存在对形式美的追求；另外，六朝是一个动荡的朝代，有志之士都崇尚建功立业，为国家统一作出贡献，因而文人爱好格调高雅、气势雄壮的风格，但在文学内在发展规律的作用下，精雕细琢形成的绮靡文风与评论家要求的遒劲风骨形成悖论，故《文心雕龙》蕴含着复杂的文学思想。桐城派文论是在清代社会兴盛衰亡的长期过程中形成的文章理论，其出发点与终结点都是古文，古文创作主要为治国理政服务，因而其理论体系更具有理性特征，后期更是在抵御外患背景下的诗学沉思，故桐城派古文家往往把可操作性的圈抹评点与文章学理论结合起来，形成宏观指导与微观辅导相结合的理论体系；另外，桐城派古文家接受《文心雕龙》的影响，既是理论家援骈入散考量的自觉行为，又是清代骈散之争语境下学术融会贯通的必然规律。桐城派古文家征引《文心雕龙》理论片断，为我所用，虽未能展示对《文心雕龙》的全面理解，但往往在命题范畴的论述中上溯刘勰，中接唐宋古文理论，下及桐城派古文家，在客观上梳理出中国文章学一条条清晰的红线，其学术意义非同凡响。

（本文原载《兰州学刊》2018年第2期）

再论"不隔":从费经虞到王国维

汪 超

王国维《人间词话》对近代词学批评影响深远,而"境界说"、"隔"与"不隔"、"有我之境"与"无我之境"也共同构成学术史的三大热点,其间不乏朱光潜、钱钟书、饶宗颐、唐圭璋、叶朗等先生各阐己见,或接着说、或自己说,推动词学理论批评的深入发展。然而,"他所说的诗词中'隔'与'不隔'的分别是从前人所未道破的"①。对于"隔"与"不隔"的理论辩析,除了阐明与"境界说"若即若离的关系,还在于深究其理论的渊源所自,不少学者依据古典诗论进行溯源,如肖晓阳认为《姜斋诗话》是《人间词话》的先声②,孙维城认为《艺概》对《人间词话》直接启迪③。也有学者如罗钢以"直观"为切入口,借鉴叔本华美学的核心术语来解读王国维的"不隔"论④。所以,梳理"不隔"作为名词或术语的所在领域与理论渊源实有必要,也对审视王国维的词学批评大有裨益。

一、"不隔"一词的术语梳理

王国维《人间词话》以"不隔"进行词学批评,众所周知不是其个人的理论创新,"'隔'与'不隔'的美学命题是静安先生融汇中西美学思想的产

---

① 朱光潜:《诗的隐与显——关于王静安的〈人间词话〉的几点意见》,《朱光潜文集》第三卷,安徽教育出版社1987年版,第355页。
② 肖晓阳:《〈姜斋诗话〉:〈人间词话〉的先声》,《船山学刊》2003年第1期。
③ 孙维城:《〈艺概〉对〈人间词话〉的直接启迪——王国维美学思想的传统文化精神》,《文艺研究》1995年第5期。
④ 罗钢:《"把中国的还给中国"——"隔与不隔"与"赋、比、兴"的一种对位阅读》,《文艺理论研究》2013年第2期。

物。一方面,它来源于西方的直觉论,即叔本华所谓'直观生活的理念';另一方面,中国传统诗学批评本身包蕴着对直觉的重视,浸润于传统文化中的王国维从中汲取了丰厚的营养。然而,从更深层次说,'不隔'来源于中国传统的心物交感的哲学思维"①。其实,"不隔"一语在古代传统话语体系里并不陌生,反复出现于佛道领域、哲学领域以及诗词作品,成为古代文献资料里较为常见的词语。

"不隔"一词较早出现在春秋战国时期的《亢仓子》:

> 祭公问贤材何从而不致,亢仓子曰:"贤正可待不可求,材慎在求不慎无。若天子静,大臣明,刑不避贵,泽不隔下,则贤人自至而求用矣。贤人用,则四海之内明目而视,清耳而听,坦心而无郁矣。"②

此处"不隔"表示不要阻隔的意思,作为动词指向较为具体的实义,而后出现在审美等领域则慢慢虚化,所指渐渐倾向于并不确切的涵义。魏晋以降佛学传入中原,"不隔"便不断出现于禅师语偈,如《黄梅山东山(法)演和尚语录》云:"古人道:'无边刹境,自他不隔于毫端。十世古今,始终不离于当念。'"③而《五灯会元》卷十三《报慈藏屿禅师》也记载:

> 僧问:"心眼相见时如何?"师曰:"向汝道甚么?"问:"如何是实见处?"师云:"丝毫不隔。"……问:"情生智隔,想变体殊。只如情未生时如何?"师曰:"隔。"曰:"情未生时,隔个甚么?"师曰:"这个梢郎子未遇人在。"④

---

① 张建斌:《"隔"与"不隔"之辨》,《合肥师范学院学报》2014年第5期。
② 张清华主编:《道经精华》,时代文艺出版社1995年版,第1292页。
③ 〔宋〕颐藏主编集:《古尊宿语录》卷二十二,中华书局1994年版,第416页。
④ 〔宋〕普济:《五灯会元》卷十三,中华书局1984年版,第845页。

古代文论　075

"隔"成为讨论心眼所见、情生未生的关键词,但是其所指"丝毫不隔"与"隔个甚么",显然刻印上佛语避实就虚的特点,一切在于悟与不悟之间。而后"不隔"也成为儒者思考哲理的重要术语,如有宋一代鸿儒朱熹讨论天理性气时云:

> 盖是理在天地间,流行圆转,无一息之停。凡万物万事,小大精粗,无一非天理流行。吾心全得是理,而是理之在吾心,亦本无一息不生生,而不与天地相流行。人惟欲净情达,不隔其所流行,然后常与天地流通耳。①

朱熹阐述天理存在于天地之间,是普遍常见流行于世的道,所以万物万事都为天理流行,而人心欲与天理生息,就要不隔其所流行,究竟如何不隔仍未明确,含有道不破的哲理意味。

同时,在古代文人所作的诗词作品里,"不隔"更是成为婉约抒怀的代名词,如南宋词人叶梦得《石林词》里多处可见:

> 花残却似春留恋。几日余香吹酒面。湿烟不隔柳条青,小雨池塘初有燕。波光纵使明如练,可奈落红纷似霰,解将心事诉东风,只有啼莺千种啭。(《木兰花》)
>
> 兰茝空悲楚客秋。旌旗谁见使君游。凌云不隔三山路,破浪聊凭万里舟。公欲去,尚能留。杯行到手未宜休。新诗无物堪伦比,愿探珊瑚出宝钩。(《鹧鸪天》)②

词人将内心婉约难言的细腻情思,用"不隔"一词恰到好处地传达,不隔的

---

① 朱杰人等主编:《晦庵先生朱文公文集》卷五十七,上海古籍出版社、安徽教育出版社2010年版,第2741页。
② 〔宋〕叶梦得:《石林词笺注》,上海古籍出版社2014年版,第151、162页。

背后似乎更是隔的无奈与苦楚,这种看似不隔实又隔不断的情感,在词这一文体得到传神地演绎。

可见,"不隔"一词无论指向实义的动词,还是虚义的名词,都被古代文人运用于多重领域,成为既熟悉其指又不明其义的词汇,但是直至王国维《人间词话》提出"隔与不隔"论,则又重新引发人们的热议,而如何跨界到词学领域,使得本来较为明晰的词意转变为模糊难辨的术语,这里虽有王国维独到的批评造诣,但仍有其他蛛丝马迹值得搜寻,其间明清之际费经虞在诗学批评的介入就不容忽视。

二、费经虞:"诗要到家,只是不隔"

费经虞(1599—1671),字仲若,崇祯十二年(1693)举人,后受知云南昆明。作有《毛诗广义》二十卷、《字学》十卷、《雅伦》二十卷等,其间尤以《雅伦》最为著名,陆时雍在《重修〈雅伦〉跋》云:"费氏著书三十余种,其登诸梨枣者,如《荷衣集》、《汉诗说》、《掣鲸堂集》、《贯道堂集》诸书,已不胫而遍宇内矣。《雅伦》一书,尤为当世艳称。……余则曰:'诗歌之科律,莫《雅伦》若矣。'"[1]费经虞在《雅伦》自序也简单梳理其读书生涯:

> 经虞性鲁劣,未能承先人之学,惟手诗传注,家世旧业,少诵习之。年十八,颇好古学,遂稍用志经史。在诸生间,二十余年,甫得待次公车,邀一命,远宦南荒。遽丁世变,解组还蜀,行年五十矣。还蜀数载,乱不可存,乃避地远出,羁旅沔县。客中为饔餐计,复授徒村塾,经书之外,无可观者。[2]

费氏家族是四川新繁县的儒学世家,自幼接受正统教育从事注诗经志,

---

[1] 周维德集校:《全明诗话》,齐鲁书社2005年版,第5091页。
[2] 周维德集校:《全明诗话》,第4438页。

虽然仕途不算顺利,但也能避祸于世安得生计。所以,在费经虞的诗学主张中,传统的政治教化依然成为遵奉的信条,"诗者,上自天子,下至庶民,皆得有焉。所以化风俗而成政教,先王遗泽也。……学者时当自省,非上有关于君德王道,下有系于风俗教化,立身修德者不载,以不徒编诗事而已"①。但是,费经虞《雅伦》立足明代诗学辨体批评的时代背景,阐发其自树一帜的诗学审美思想,并且思路清晰、体制规范,按《自序》所言共分十四部分:源本、体调、格式、制作、合论、工力、时代、针砭、品衡、琐语、题引、盛事、音韵、诗余,基本模式都是先引述前人之论,最后点题阐明自己的观点,其间既有对前人观点的评议,又有自我对此问题的再论。

然而,《雅伦》更值得关注的还是《琐语》部分,"观先贤诗话,经虞偶获一二语,遂钞成帙,名曰《琐语》。费经虞记"②。虽然谦逊出言只是一二偶获,但所涉诗论主张不乏真知灼见,体现在《琐语》的"可取之语"则是提出诸多新的诗学观念,费经虞对于明人诗歌拟古之风保持着谨慎的态度,并对盛唐与宋元的诗歌有着清晰的认识:

> 又大都尊唐而卑宋、元,殊不晓晚唐亦有如许不佳处,宋、元亦有如许合作处。宋粗元俗,约略之辞,高篇妙什,非尽绝也,但当持择耳。所谓不佳,字陋句鄙,俚索铺陈,言无余味,声无余韵,读之不能爽人神思是也。所谓合作,秀润温厚蕴藉,高洁闲雅,不涉议论,使人悠然自适是也。③

其打破以时代先后评议诗歌的复古范式,认为有明一代尊崇的晚唐时期也有"不佳"之作,卑视的宋元时期也有"合作"之篇,将评价诗歌的标准从以时代为准,转变而为风味、韵度等审美上来,从而回到诗歌自身来讨论诗学。

---

① 周维德集校:《全明诗话》,第4957—4958页。
② 周维德集校:《全明诗话》,第5026页。
③ 周维德集校:《全明诗话》,第4826页。

其中,费经虞以一介布衣的身份,从"隔"的角度论述复古思潮尤为关注,是其诗论阐发不可回避的关键词。

首先,以"隔"为关键词论诗分为宏观的审美层面与微观的具物层面。一方面,费经虞认为"诗有是而工者,有是而未工者,有远隔而未是者,有似是而非者,惟似是而非最难辨"①。从模拟学习的角度而言,并非只有复古派所强调的汉唐时代的宏观风尚,还存在"似是"与"远隔"诗艺创作的微观层面,即使去努力刻意地模拟范铸,但终究存在"未工"与"而非"的状态。所以,费经虞进一步指出"明人诗,非不具体唐人,只未到融金为液,鍊玉为浆,终觉隔一层"②。江西诗学强调为诗要融会前人,进而"点铁成金",这种拟古之作在费经虞看来仍是"终觉隔一层",将诗论从取盛唐抑或宋代、学格调抑或声律中解放出来,转折至"隔"与"不隔"的审美层面,从而开拓出一条新的思考路径。

为此,费经虞接着总结"诗之大端无他,一言以蔽之,曰'透过'。不透过,终隔一层,非是作者语"③。"透过"就是消解中间的障碍,从而顺利到达所要实现的境界,也就是打通人与我之间的隔阂,帮助读诗、解诗者正确理解作诗者的情感思想。所以,"透过"实则是作诗与读诗的重要杠杆,打通语言、时代、情感诸多因素的阻隔,就会达到实现诗歌创作的真谛。这一术语也为清代诗人沈德潜借鉴论诗,其《唐诗别裁集》卷七评《夜闻觱篥》诗下注:"本言行路之难,而以干戈之满,形之不见其难矣。透过一层,家乡既荡尽,远近理亦齐,用意亦复尔尔。"④透过不同的层面就会达到不同的境界,从而实现丰富多元的诗学理想。

另一方面,"隔"的诗学理想又进一步被具体细化,"近世鄙人诗文,辄曰'门外汉'。安岳张象枢云:'人能至门外汉,颇近矣。所隔止一户限,堂

---

① 周维德集校:《全明诗话》,第5037页。
② 周维德集校:《全明诗话》,第5037页。
③ 周维德集校:《全明诗话》,第5026页。
④ 〔清〕沈德潜选编,刘福元点校:《唐诗别裁集》,河北人民出版社1997年版,第160页。

中物事,亦皆望见,但身未实入耳。只恐尚隔一道大城,或尚在大江大河之外。然学者每以隔江隔河之物,自以为升堂入室之事,往往而误也。'"①费经虞借用他人之论,从门外之隔的角度来批评时人诗作,认为所隔之度不仅有堂户与江河的大小之别,而且还有眼见熟悉之物与遥不可及之物的区分。所以,"不隔"最初指向的就是目前所见的不隔之物,描写熟悉的目之所见、耳之所闻,而不是向古人诗歌去求材、寻趣。

费经虞特别钟情以日常熟悉的不隔之物来评诗,"古人诗有个大法,有个傍法。大法一定不移,傍法偶一为之。大法如住宅,妻子奴婢所居,蓄积所在;傍法如别业,时一登眺游览,与款客而已。大法如鸡豚鱼羊,酒饭之物,日日供馈;傍法如山珍海错,偶一设之而已。"②对于"大法"与"傍法"的辨析,择取大家熟悉的居住与饮食素材,运用贴切形象的比拟方式进行描述,将单一的诗法理论阐述得生动具体,"不隔"既是对诗歌描写对象的创作要求,又是对诗歌批评的再次升华。

其次,费经虞将"不隔"与"到家"联系起来,"诗要到家,只是不隔。旅中房屋,器用饮食,虽济楚,毕竟隔一层。若到家,即竹树鸡豚,皆自家物。风雅但要如此。"③"到家"一方面指向日常不隔的真实场景,是一种顺其自然的生活状态;另一方面指向真实亲切的文学场景,是一种水到渠成的写作状态。那么,"到家"与费经虞强调的另一关键词"家数"是否一致呢?"家数"的概念最早形成于诸子百家,强调古人学行皆为家数之列,而被引至文学领域则成为各自流别演变的规范,如吴自牧《梦粱录》介绍"小说讲经史":"说话者谓之'舌辩',虽有四家数,各有门庭。"④南宋严羽论诗更是明确"家数"之别,如《答吴景仙书》:"世之技艺,犹各有家数,市缣帛者,必分道地,然后知优劣。"就是强调技艺的自是一家,具体到论诗法则为"辨家

---

① 周维德集校:《全明诗话》,第5031页。
② 周维德集校:《全明诗话》,第5033页。
③ 周维德集校:《全明诗话》,第5035页。
④ 〔宋〕吴自牧撰:《梦粱录》,中国商业出版社1982年版,第181页。

数如辨苍白,方可言诗。注:荆公评文章,先体制而后文之工拙。"①"家数"的内涵从整体的风格特征涵盖至具体的篇法技巧等,其突出者如元代杨载《诗法家数》就专门讨论诗学正源、作法准绳等。

费经虞在《体调》论及诗体时也直承严羽《沧浪诗话·诗体》的观点,按照时代不同、宗派不同、家数不同予以区分,"有家数不同,如曹、刘备质文之丽,靖节为冲淡之宗,太白飘逸,少陵沉雄,昌黎奇拔,子瞻灵隽,此家数不同也。诗之不通过,如人之面。学者能辨别其体调,分其高下,始能追步前人"②。只是其延续严羽诗学思想的同时,提出辨别"家数"不囿于清新、雄浑等风格的限定,如果一味拘泥则又陷入模古泥古的境地,从而突破一味追求某一家数的束缚。而费经虞突破这一评判的标准,就在于重新塑造"到家"的理论,"诗家数甚多。清新也可,雄浑也可,古奥也可,幽细也可,只要是到家句"③。"到家"似与"家数"不是同一层面的意思,"家数"延续严羽的诗学辨体理论,指向诗歌风格的范畴,而"到家"却是诗歌写作状态的描述。可见"到家"是对"家数"的突破与超越,明代复古理论强调模仿既成风格的"家数",而费经虞则志在打破这种界限,一方面强调"若要成家,不可随人转动,又不可妄自主宰"④。另一方面也强调"自家诗,果是个并铁刀剑,番玉桄楪,秦汉印章,柴哥窑器皿,即一时没人识,千百年后,必有个鉴赏家把做性命。"⑤只要是按照"不隔"的写作状态,就会创作自我"到家"的诗文作品,突出诗歌写作的个体化和个性化,从而成就一家之诗的人生理想,显然是晚明心学思潮影响下的产物。

所以,布衣文人费经虞开拓了明代诗学辨体的理论,立足诗歌创作的范畴,围绕"不隔"的诗学概念,提出"到家"的诗学理论,从而突破严羽的"家数"观点,从模拟复古的陈规套路中解放出来,是对明代复古思潮的

---

① [宋]严羽著,郭绍虞校释:《沧浪诗话》,人民文学出版社1961年版,第251、136页。
② 周维德集校:《全明诗话》,第4462页。
③ 周维德集校:《全明诗话》,第5026页。
④ 周维德集校:《全明诗话》,第5030页。
⑤ 周维德集校:《全明诗话》,第5029页。

有力反拨，其提出诗文创作的个体审美追求，更是对明代诗学批评的有益突破。

三、王国维："语语皆在目前，便是不隔"

从明末清初的费经虞到晚晴时期的王国维，围绕"不隔"进行诗学批评也偶有间出，如为《雅伦》作跋的陆时雍在《古诗镜》评《入西塞示南府同僚》："露清晓风冷，天曙江光爽，薄云岩际出，初月波中上。黯黯连嶂阴，骚骚急沫响，迥楂急碍浪，群飞争戏广。"后附小字"起四语物色诗情，一丝不隔，是为妙手。"①同样基于诗外之物与诗内之情的毫无遮蔽，强调诗歌创作的顺其自然，对于诗法艺术的追求可谓草蛇灰线、伏脉千里。

王国维对于"不隔"一语的钟情之至，首先表现在诗词作品的嵌入表达，其所作《浣溪沙》："似水轻纱不隔香，金波初转小回廊。离离丛菊已深黄。"又《浣溪沙》："烧后更无千里草，雾中不隔万家鸡。风光浑易去年时。"②就表现出对于"不隔"之境的别有情怀。而王国维非常欣赏的清代词人纳兰性德，其词如《采桑子》："天样红墙，只隔花枝不隔香。"《荷叶杯》："化作彩云飞去。何处。不隔枕函边。一声将息晓寒天。肠断又今年。"等句③，"不隔"仿佛也是这位婉约词人抒情敞怀的标签。

王国维在《人间词话》里更是将"不隔"列为与"境界"同等重要的关键术语，只是其论"不隔"的语境发生变化，内涵也随之丰富起来，具体指向语言的明白晓畅、结构的自然清新、典故的贴切运用、情感的真挚动人等方面，而这大概呈现于以下四个层面：

第一层为"不隔之语"。初刊本第三六则云："美成《青玉案》词：'叶上初阳干宿雨。水面清圆，一一风荷举。'此真能得荷之神理者。觉白石《念

---

① 周维德集校：《全明诗话》，第367页。
② 萧艾笺校：《王国维诗词笺校》，湖南人民出版社1984年版，第149、132页。
③ 夏承焘主编、冯统编校：《饮水词》，广东人民出版社1984年版，第283、86页。

奴娇》、《惜红衣》二词,犹有隔雾看花之恨。"①抛开王国维对于周邦彦的其他微词不论,这里高度肯定其用"一一"这般不隔之语,来摹写夏日荷塘不隔之景,"不隔"就是用明白晓畅的语言来进行表达。而姜夔词作则将写人与写荷融为一体,难以清晰地予以辨认赏析,所以犹有"隔雾看花"的感觉,虽然这也是别样的审美境界和人生感受,但王国维从"不隔"的角度进行否定也在情理之中。

第二层为"不隔之景"。初刊本第三九则云:"白石写景之作,如'二十四桥仍在,波心荡、冷月无声','数峰清苦,商略黄昏雨','高树晚蝉,说西风消息',虽格韵高绝,然如雾里看花,终隔一层。梅溪、梦窗诸家写景之病,皆在一'隔'字。北宋风流,渡江遂绝。抑真有运会存乎其间耶?"②此处进一步辨析姜夔咏物写景之作,虽然在格韵方面较北宋词篇略胜一筹,但是从"不隔"角度而言又输三分,并且成为南宋诸家写景词篇的通病,也是王国维扬北宋抑南宋在"不隔"问题的再现。

第三层为"不隔之体"。初刊本第四十则明确论述"不隔":

> 问"隔"与"不隔"之别,曰:陶、谢之诗不隔,延年则稍隔已;东坡之诗不隔,山谷则稍隔矣。"池塘生春草"、"空梁落燕泥"等二句,妙处唯在不隔。词亦如是。即以一人一词论,如欧阳修《少年游》咏春草上半阕云:"阑干十二独凭春,晴碧远连云。千里万里,二月三月,行色苦愁人。"语语都在目前,便是不隔。至云"谢家池上,江淹浦畔",则隔矣。白石《翠楼吟》"此地。宜有词仙,拥素云黄鹤,与君游戏。玉梯凝望久,叹芳草、萋萋千里",便是不隔。至"酒祓清愁,花消英气",则隔矣。然南宋词虽不隔处,比之前人,自有浅深厚薄之别。③

---

① 彭玉平编著:《人间词话》,第57页。
② 彭玉平编著:《人间词话》,第62页。
③ 彭玉平编著:《人间词话》,第64页。

此处论"隔"与"不隔"有诗体与词体之别。论诗分别从诗人和诗篇入手，其中评诗人陶渊明、谢灵运、苏轼、黄庭坚等则稍显笼统，何为"不隔"？又何为"稍隔"？只是一种感知式的整体印象，既未进行细致具体地阐释，又未注意到诗人创作的多元化特征。而评"池塘"和"空梁"二句诗篇，"妙处唯在不隔"，如费经虞所言一样，指出诗歌描写日常生活的即目所见、即兴之感，从而表现得如在目前、真切自然。王国维论词体则要比诗体丰富，注意从词作结构的上下半阕细致分析，认为欧阳修与姜夔两词上半阕直写目前之景，故而明白晓畅；下半阕曲用典故，则要细加体味，才能深入其旨，显然与王国维强调的"不隔"之旨有所不同。

第四层为"不隔之情"。初刊本第四一则云："'生年不满百，常怀千岁忧。昼短苦夜长，何不秉烛游'，'服食求神仙，多为药所误。不如饮美酒，被服纨与素'，写情如此，方为不隔。'采菊东篱下，悠然见南山。山气日夕佳，飞鸟相与还'，'天似穹庐，笼盖四野。天苍苍。野茫茫，风吹草低见牛羊'，写景如此，方为不隔。"① 此处从写情与写景来细说"不隔"，实际上是对"不隔"理论的完整补充。《古诗十九首》非常直接地表达出东汉末年文人的时代之感，以及最为真实亲切的生命体悟，这已经不是区别于传统比兴手法的写作状态，而是传达出超越时空的人生状态，表现出文人内在生命的真实体验，恐怕也是王国维所言"不隔"的终极旨归。

王国维不仅于"不隔"的内涵不断深入丰富，而且围绕"不隔"不断修订自我的批评理念，《人间词话》有两处改动的地方值得注意：其一为《人间词话》（初刊本）即王国维手稿本中选录六十三则并补写一则，刊发于1908与1909年之交的《国粹学报》，从其手稿的改动之中隐约可见王国维思想观念的转变；其二为《人间词话》（重编本）将初刊本和手稿本重新斟酌调整为三十一则，刊发于1915年的《盛京时报》，同样可见王国维前后不同阶段词学观念的转型。

---

① 彭玉平编著：《人间词话》，第66—67页。

其一，手稿本由"直观"向"目前"的术语调整。从王国维《人间词话》手稿明显可见，原稿最初作"语语可以直观"，而后改为"语语都在目前"①。"直观"作为叔本华美学思想的关键术语，早年王国维潜心于叔本华哲学研究，于1904年发表《叔本华之哲学与教育学说》一文就将"直观"视为叔本华哲学的"全体之特质"，"美术之知识，全为直观之知识，而无概念杂乎其间，故叔氏之视美术也，尤重于科学"，"美术上之所表者……在在得而直观之，如建筑、雕塑、图画、音乐等皆呈于吾人之耳目者，唯诗歌一道，虽藉概念之助，以唤起吾人之直观，然其价值全存于能直观与否"②。所以，此际王国维对于叔本华美学思想的接受批评，直接影响其以此反观中国古代文学，如以悲剧来解读小说《红楼梦》(1904)，以"直观"来审视历代词体(1908年)，存在着特殊时代背景下的特殊语境。

"目前"作为古代文学批评的特殊术语，禅宗里常见"目前法""目前意""目前机"等词，所指都含当下即见之意，如黄龙祖心禅师曰："若也单明自己，不悟目前，此人有眼无足。若悟目前，不明自己，此人有足无眼。"③同样，唐代王维也将"目前"一语引入画论，"夫画道之中，水墨最为上，肇自然之性，成造化之功；或咫尺之图，写百千里之景。东西南北，宛尔目前；春夏秋冬，生于笔下"④。而宋代欧阳修引梅尧臣语用之论诗："状难写之景，如在目前；含不尽之意，见于言外。"⑤"目前"即是眼前所见的真切之景与情，如同费经虞所说竹树鸡豚等家物，作者与读者之间无所阻隔，自然也就是"不隔"的境界。由此可见，王国维将叔本华所言之"直观"，改为古代批评常见之"目前"，其间隐约可见其思想左右之痕迹，以及回归古代诗学批评体系来论古典诗词的意图。

---

① 王国维著：《人间词　人间词话手稿》，浙江古籍出版社2005年版，第78页。
② 王国维著：《王国维遗书》第3册，上海古籍出版社1983年版，第410页。
③ 〔南唐〕静、筠禅僧编，张华点校：《祖堂集》卷十七《处微和尚》，中州古籍出版社2001年版，第559页。
④ 〔唐〕王维撰，王森然标点注释：《山水诀　山水论》，人民美术出版社1962年版，第1页。
⑤ 〔宋〕欧阳修著，〔宋〕姜夔著，〔宋〕王若虚著，郑文等校点：《六一诗话》，人民文学出版社1962年版，第9页。

其二,《人间词话》(重编本)三十一则对原有词论内容的删减调整。初刊本论述"不隔"分别有三六、三九、四〇、四一这四段文字,而重编本则有一九、二四、二六这三段文字,其中原三六则论述周邦彦与后一九则的内容基本一致,原三九则论述姜夔与后二四则的内容也几乎相同,其间变化最大的就是重编本的第二六则:

> 问"隔"与"不隔"之别,曰:"生年不满百,常怀千岁忧。昼短苦夜长,何不秉烛游","服食求神仙,多为药所误。不如饮美酒,被服纨与素",写情如此,方为不隔。"采菊东篱下,悠然见南山。山气日夕佳,飞鸟相与还","天似穹庐,笼盖四野。天苍苍。野茫茫,风吹草低见牛羊",写景如此,方为不隔。词亦如之。如欧阳修《少年游》咏春草云:"阑干十二独凭春,晴碧远连云。千里万里,二月三月,行色苦愁人。"语语皆在目前,便是不隔;至换头云:"谢家池上,江淹浦畔,吟魄与离魂。"使用故事,便不如前半精彩。然欧词前既实写,故至此不能不拓开。若通体如此,则成笑柄。南宋人词则不免通体皆是"谢家池上"矣。①

本则将初刊本第四〇和四一则进行重整,从结构上明显可见王国维有意识地整合"不隔"之论,减去陶柳与苏黄诗歌的例证,删去"不隔"与"稍隔"较为抽象的内容,直接从写情到写景进行阐释,再落实到欧阳修《少年游》词的具体分析,可以说如此论证"不隔"在思路上更为缜密完整。而所举词例去掉初刊本二四则同样论述的姜白石词,避免了重复论述的毛病,把重点放到论述欧阳修词,认为后半阕的稍隔具体为"用故事",使得所写之情与景不在目前之真,对于"不隔"的理解也更圆融合理,并非停留于前面所论模糊的"稍隔"。所以,佛雏《人间词话手稿整理琐议》也说:"王氏辑录

---

① 彭玉平编著:《人间词话》,第198页。

于《二牖轩随录》之自选《人间词话》条目,其中"问'隔'与'不隔'之别"条,合原词话二条为一,而有增删。其所增处,如"南宋人词,则不免通体皆是'谢家池上'矣"诸语,极为直截锐厉。王氏论词所以尊五代北宋而薄南宋以下,于此条中可以深究其故。"此为该二条之最后定稿,此条虽不够'旧',以价值及重要性论,实均超过了原稿与定稿。"①

同时,从初刊本到重编本整体内容也呈现出不断精简的趋势,"王国维的有些修订可能也带有将西方理论渊源隐性化的意图在内。譬如第三三则论有我之境与无我之境,原稿在此则后面概况为'此即主观诗与客观诗之所由分也'。王国维稍后将此句删除,主观上或有隐没西方痕迹的意思"②。不过有些偶有增加的部分尚需注意,如重编本第二则云:"言气格,言神韵,不如言境界。境界,本也;气格、神韵,末也。境界具,而二者随之矣。"③"气格""神韵"等都是古代诗学理论的重要术语,这里强调标举"境界"与其对应,再次呼应了王国维回归古代诗学批评体系的意图。又第三一则论元曲套数也是后面增加的内容,自《人间词话》的"词论"转向《宋元戏曲考》的"曲考",仅从学术研究的思路方法而言,就折射出王国维后期学术观念的慢慢转型,如果说"时报本的学术取向确实带有比较明显的'去西方化'色彩"④,还不如说是王国维有意识地回归古典诗学批评。

四、费经虞与王国维的同异解读

以上针对诗词批评的"不隔"之论,目前没有确切的资料表明王国维直接受到费经虞的启发影响,但是我们深入辨析二者的理论批评,发

---

① 佛雏:《人间词话手稿整理琐议》,吴泽主编、袁英光选编:《王国维学术研究论集》(三),华东师范大学出版社1990年版,第346页。
② 彭玉平:《王国维对〈人间词话〉手稿的修订略说》,《文学与文化》2010年第4期。
③ 彭玉平:《〈盛京时报〉本〈人间词话〉校订并跋》,《中山大学学报》2008年第3期。
④ 彭玉平:《被冷落的经典——论〈盛京时报〉本〈人间词话〉在王国维词学中的终极意义》,《文学遗产》2009年第1期。

现他们之间存在着许多有趣的话题,既有针对不同时代的文学现象有感而论,又有心有灵犀式的殊途同归,共同指向诗词文学的内在审美和品性趣味。

首先,立足依据的时代背景不同,"不隔"之说的内涵也有所别。费经虞生活于明末清初之际,其诗学思想明显受到明代复古思潮的影响,《四库全书总目提要》卷一百九十七评曰:"是书详论历代之诗,分源本、体调、格式、制作、合论、工力、时代、针砭、品衡、盛事、题引、琐语、音韵十三门。……琐语类中,皆经虞之笔记,间有可取之语。大致于古宗沧浪,于近人宗弇州也。"①费经虞详述《格式》等部分就不遗余力地征引严羽与王世贞的诗论,也基本证明对于二人诗论的认同,而《体调》列举16种体调风格如"建安体"、"元祐体"等,从时代划分而言唐以前有8个,唐代有7个,宋代仅为1个,宋以后则没有,显然也折射出受严羽诗论影响的痕迹,正如其孙费锡璜《汪慎皎诗序》云:"昔先子授锡璜诗法,始令读天宝以前诗,天宝以后诗不令读。"②

但是,费经虞身居晚明文坛的变革之间,虽然诗论学习严羽宗尚盛唐,但又不是一味求法,也体现出变通反思之处,显然又受到晚明诗学革新理论的影响,如针对明代复古流派尊古卑今的倾向,费经虞认为"明人鄙薄宋人。须要知宋人于唐人外,另立规模。明人却步步依仿,声色臭味,皆求合古人,然反不及宋人。"③"古人所见也是这些道理,所遇也是这些事物,所入也是这些意思,所用也是这些字眼,何以古人便高妙,后人便卑鄙?"④如此大胆的言论可谓公安派的余响,所以费经虞重新树立"不隔"的审美标准,力求打破复古流派对于"家数"的遵循,强调"只要到家"的文体要求,以及诗文写作的主体个性,从而创作出自成一体的"自家诗"。

---

① 〔清〕永瑢等撰:《四库全书总目提要》卷一百九十七,中华书局1965年版,第1804页。
② 〔清〕费锡璜撰:《贯道堂文集》卷一,国家图书馆馆藏清刊本,第25页。
③ 周维德集校:《全明诗话》,第5031页。
④ 周维德集校:《全明诗话》,第5027页。

王国维《人间词话》初刊于1908—1909年之交，既是晚晴向近代的转型，又有西学东渐的交替，成就了王国维论"不隔"内涵的复杂深邃。一方面，王国维论词之"不隔"有着强烈的现实之感，尤其是针对清代"近人词"批评严厉，其"未刊手稿本"第三一则曰："近人词如复堂词之深婉，彊村词之隐秀，皆在吾家半塘翁上。彊村学梦窗，而情味较梦窗反胜。盖有临川、庐陵之高华，而济以白石之疏越者。学人之词，斯为极则。然古人自然神妙处，尚未梦见。"① 谭献和朱祖谋作为晚清四家词的代表，他们词作主学南宋姜夔之法，也是王国维论"隔"指摘较多之处，与其倡导的"自然神妙"相差甚远，所以被视为"学人之词"自在情理之中。此后第五八则也曰："竹垞以降之论词者，大似沉归愚，其失也枯槁而庸陋。"② 针对另一位清代词学大家朱彝尊所论严苛，其"枯槁而庸陋"同样也是远隔"自然神妙"。所以，王国维以"不隔"论词的时代背景即在于，有感于谭献等近人词主尊南宋，强调寄托遥深的词旨风格，从而有意推尊北宋词以正其弊，也再次迎合其自然的审美理想。

　　另一方面，王国维论词受到西学思想尤其是叔本华哲学思想的影响，其《静庵文集续编自序》云："余之研究哲学，始于辛壬之间，癸卯春，始读汗德之《纯理批评》，苦于不可解，读几半而辍，嗣读叔本华之书而大好之。自癸卯之夏以至甲辰之春，皆与叔本华之书为伴侣之时代也。……去夏（1904年）所作《红楼梦评论》，其立论虽全在叔氏之立脚地，然于第四章中已提出绝大之疑问，旋悟叔氏之说，半出于其主观之气质，而无关于客观的知识，此意于叔本华与尼采一文中始畅发之。"③ 试图以"直观"等观念来解读古典诗词，而最为直接的反映就是"未刊手稿本"第一〇则："叔本华曰：'抒情诗，少年之作也；叙事诗及戏曲，壮年之作也。'余谓：抒情诗，国民幼稚时代之

---

① 彭玉平编著：《人间词话》，第145页。
② 彭玉平编著：《人间词话》，第180页。
③ 王国维著：《静庵文集》，辽宁教育出版社1997年版，第159页。

作；叙事诗，国民盛壮时代之作也。"①直接借鉴叔本华的批评语言，嫁接转述形成自我的思考，这与前论手稿"语语皆在直观"的解释保持一致。在当时西方文学观念不断引入中国的背景下，王国维试图借助西方视角来审阅当时文学之发展，以及中国文学之特质，有意在词论方面超越浙西词派和常州词派的局囿，较为自然地融进比较新颖的西方理论，无疑为当时词学批评注入新的活力，从而被其他研究者不断放大和强化，然而王国维自己早已意识到这种倾向的偏颇有失，所以从"不隔"的讨论里即已发现其对传统诗学批评的回归，立足传统的词话形式和概念术语，才是阐释古典文学不可回避的路径。

所以，费经虞论"不隔"立足从生活状态到写作状态的不同，王国维"引进西方美学，以整理我国文学遗产，并使之与传统诗论互相'化合'，以'境界'阐明诗的本质，从而构成一家的较有体系的审美观者，正式地讲当自王国维始"②。其站在近代中西方文学思想呼应的转折点，自觉作出自己的诸多思考和反省，深入语、景、体、情等批评层次，从写作状态又提升至人生状态，不仅批评体系显得丰富深邃，而且内涵得到极大程度地升华。

其次，秉持"自然"与"真"的追求，"不隔"之说的旨趣殊途同归。费经虞《雅伦》多处论及"自然"，这一方面指向经典诗句的自然浑成，如"古人所传警句，皆天然浑成，无牵强者"③。"天然去雕饰之谓自然。出语圆活，下字平贴，对法流动，若不曾用一毫意。然而对法亦精工，下字亦超别，成句亦独诣。孟襄阳而外，罕见其匹矣。"④从明代复古流派反复强调的字句格律角度，主张实现语式不隔的理想状态。另一方面又指向整体风格的天然真趣，如"《颂》如对官长之言，简直而正；《大雅》如朋友之言，入情而文；《风》如家人妇子之言，无文无体，而自然中节也"⑤。尤其是其所称道的唐代诗人

---

① 彭玉平编著：《人间词话》，第119页。
② 佛雏：《王国维诗学研究》，北京大学出版社1999年版，第283页。
③ 周维德集校：《全明诗话》，第5026页。
④ 周维德集校：《全明诗话》，第4908页。
⑤ 周维德集校：《全明诗话》，第5030页。

孟浩然,"孟浩然诗,自然之极,天真独出,雅致无双。杜少陵、李太白极推服之,有以也"①。则又延伸至诗歌风格的层面,在格律声色的基础上融合气味韵度的审美标准。

王国维论词更是频频出现"自然"之眼,其初刊本第五二则云:"纳兰容若以自然之眼观物,以自然之舌言情。此由初入中原,未染汉人风气,故能真切如此。北宋以来,一人而已。"②王国维非常欣赏纳兰性德,以"自然"来评其词,与"不隔"有异曲同工之妙。"以自然之眼观物",不仅是描写真实的自然外物,而且还有真实的自我个体、真实的内心情感,这是一种完全超脱的、直接透过的纯粹状态,这或许是王国维努力强调的生命观照吧。这也可与第五六则互相印证曰:"大家之作,其言情也必沁人心脾,其写景也必豁人耳目,其辞脱口而出,无矫揉妆束之态。以其所见者真,所知者深也。诗词皆然。持此以衡古今之作者,可无大误也。"王国维进而论"不隔"与"真"联系密切,《人间词话》第六则曰:"故能写真景物,真感情者,谓之有境界;否则谓之无境界。"③都非常明确地表达出对于真情真景的感叹赞赏,所以近人钱振鍠深有体会地说:"静安言词之病在隔,词之高处为自然,予谓隔只是不真耳。"④"不隔"与"真"融为一体,成为王国维思考人生状态的终极写照。

最后值得一提并极为有趣的是,费经虞《雅伦》也提出"境界"一语,"学诗如酿酒,自晒稻、舂米、蒸饭、拌麯,历多少境界,而后酒成。尚窨如许岁月,而后酒美,皆非一日可至。诗至成酒,上天下地,横说竖说,无所不可。酿而不成,酒必把作不良也"⑤。只是未如王国维一样依此作为词学批评的核心观念。

---

① 周维德集校:《全明诗话》,第4476页。
② 彭玉平编著:《人间词话》,第83页。
③ 彭玉平编著:《人间词话》,第9页。
④ 周锡山编校:《人间词话汇编汇校汇评》,太岳文艺出版社2004年版,第104页。
⑤ 周维德集校:《全明诗话》,第5036页。

五、结　语

钱钟书曾论及王国维之境界曰:"'不隔'不是一桩事物,不是一个境界,是一种状态(state),一种透明洞澈的状态——'纯洁的空明',譬之于光天化日;在这种状态之中,作者写的事物与境界得以无遮隐地暴露在作者的眼前。作者的艺术的高下,全看他有无本领来拨云雾而见青天,造就这个状态。"① 如果说费经虞力在改变明代复古流派创作诗歌向古人求诗材的现象,提出"到家"的"不隔"理论,从而拉回至现实生活的目前之景,抒发诗人自我的内在真心,可以说"不隔"概念衍生而出的是一种生活状态,进而形成一种写作状态;而王国维身居晚清朝代更替、西学东渐的特殊背景,围绕"不隔"术语打造"境界"理论,从语、景、体、情等多层次强调"不隔"的体系,完成词体创作的多重构建,可以说又重新塑造一种写作状态,进而形成一种人生状态,一种沉郁透脱的人生状态。

总之,选择"不隔"的术语来梳理费经虞与王国维的诗词批评,不是强调其对王国维词学批评的先声或引导价值,而是旨在以此契机打通历来文人的理论探索,从魏晋的钟嵘谈"直寻"到晚明的公安派倡"性灵",从费经虞说"到家"到王国维论"不隔",都直指古代诗词文体的审美核心,尤其是王国维立足中西文论思想交汇的时代背景,其所作出的选择与回归是对当下的最好启示,这也是致力于梳理从费经虞到王国维的意义所在。

(本文原载于《词学》2018年第7期)

---

① 钱钟书:《论不隔》,《写在人生边上》,生活·读书·新知三联书店2001年版,第95—98页。

明代书画家的笔墨形式论

郭青林

对书画创作来说,由不同的笔墨使用方式所创造出来的笔墨形式,决定了书法、绘画语言的造型效果与空间表现,是影响书画作品艺术成就中的带有根本性的因素。这里所谓的"笔墨形式"不是指书法或绘画作品呈现于视觉的艺术形象,而是指由笔和墨的不同运用方式形成于纸、绢等媒介上感性形态,如笔锋运动形成的线条,泼墨方式所形成的墨迹等。笔墨形式的审美效果取决于作者所运用的笔墨技法,因此,讨论笔墨形式必须从笔墨技法的角度来展开。历代书画家对笔墨的运用非常重视,他们往往结合自己的创作活动进行探讨,总结出一些非常宝贵的艺术经验。对此,明代书画家在总结前人关于笔墨使用经验的基础上,作了进一步发挥,由此形成的关于笔墨形式的诸多看法,是明代书画思想的重要组成部分。本文拟从笔锋的运用及笔墨关系两个方面对此进行讨论,以揭示其特征及意义。

一、正以立骨,偏以取态

"书法以用笔为上"[1],从赋形这个角度说,书法创作以"线"为主,"字"之形体、情态等主要通过"线"的设计来传达。"线"有一定的质感,不同的线条造型,给人带来诸如轻快、稳重、艰涩等不同心理感受,具有丰富的表情性。这种"表情"性取决于书画创作中"笔法"和"墨法"的控制。"笔法"控制着"线"的运动节奏、方向和力度,"墨法"则控制着线条墨色浓度、渗

---

[1] 崔尔平选编、点校:《历代书法论文选续编》,上海书画出版社2012年版,第179页。

化状态。就"笔法"来讲,又有正锋、中锋、偏锋、侧锋之说,书家运用不同的笔法,使得书体呈现出不同审美风貌。因此,清代周星莲在《临池管见》中说:"书法贵用笔,用笔在用锋。"①对于正锋和偏锋,明"后七子"代表王世贞指出:

> 正锋偏锋之说,古本无之。近来专欲攻祝京兆故,借此为谈耳。苏黄全是偏锋,旭素时有一二笔,即右军行草中亦不能清废。盖正以立骨,偏以取态,自不容已也。②

"正锋"又叫"中锋",从运笔动作来看,在行笔过程中尖锋主毫要始终走在笔画的正中。因墨汁可以顺着笔毫比较均匀地注入纸中,所以写出的点画边缘光滑,饱满圆浑。"正锋"笔迹沉稳、庄重,适宜字体间架的结构,所以说"正以立骨";"偏锋"也叫"侧锋"、"侧笔",指在行笔过程中尖锋主毫偏在点画的一侧③,如同树之枝叶,从旁逸出,笔迹显得轻捷飘逸、活泼洒脱,因此说"偏以取态"。在王世贞看来,"正锋"、"偏锋"在字体营造及审美表现上各有各的功能,是不可偏废的。对于"正锋",赵宧光说道:"锋不正,不成画,画不成,字有独成者乎?"认为"正锋"主要的书写功能是"成画",即承担笔画的造型,完成字体的结构,所谓"锋正则四面势全也"④。主要意思与王世贞相近。

对于偏锋,丰坊指出:"古人作篆、分、真、行、草书,用笔无二,必以正锋为主,间用侧锋取妍。分书以下,正锋居八,侧锋取二,篆则一毫不可侧也。"⑤认为古人作书,以正锋为主,而侧锋间或使用,目的是增加字的妍美效果,即"取妍",为晋人所常用,清代朱和羹《临池心解》称:"正锋取劲,侧

---

① 潘运告主编:《晚清书论》,湖南美术出版社2004年版,第108页。
② 〔清〕孙岳颁等编:《佩文斋书画谱》,浙江人民美术出版社2014年版,第218页。
③ 启功、秦永龙著:《书法常识》,中华书局2017年版,第8页。
④ 毛万宝、黄君主编:《中国古代书论类编》,安徽教育出版社2009年版,第74页。
⑤ 毛万宝、黄君主编:《中国古代书论类编》,第106页。

笔取妍。王羲之书《兰亭》，取妍处时带侧笔。"①王世贞所说"偏以取态"是说偏锋的运用旨在丰富字的情态，丰坊之意也与此相近。对偏锋的审美表现力，宋代姜夔在《续书谱》论真书笔画结构时说："晋人挑剔或带斜拂，或横引向外，至颜柳始正锋为之，正锋则无飘逸之气。"②晋人写"挑剔"笔画，"或带斜拂"，或"横引向外"，均是偏锋之运用，具有飘逸之风致。唐代颜真卿、柳公权开始以正锋来写，虽应规入矩，却无飘逸之气。从笔墨形式看，偏锋比正锋更具有审美表现力。王世贞说"偏以取态"是符合书史创作实际的。

此外，倪后瞻还有"侧笔取势"之说：

> 此外则"侧笔取势"，晋人不传之秘。盖侧笔取势者，于结构处用笔一反一正，所谓锋锋相向也。此从运腕得之。凡字得势则活，得势则传。"徐"、"欣"二字转左侧右，可悟势奇而返正。③

从笔锋运行状态来看，侧锋尖毫偏于点画一侧，有倾欹之势，速度较之正锋轻快，易于造成不平之运动态势，倪后瞻所说"侧笔取势"即是描述这种状态。侧锋破除正锋笔画稳定、平衡的状态，使得字体具有灵动之趣。所以说"凡字得势即活"，由此可见，"侧笔取势"也是为了生成字的审美形态，即"偏以取态"之意。

对王世贞的观点，明代书家也有不同的看法，如汤临初说道：

> 锋在画中，则左右皆无病，此书家精一之传也。作篆隶于此法，更不容毫发假借。惟大篆下笔须尖，及收笔又须锋出，则知一得笔行，便收归画中，发为掣笔之地，盖起伏转换自然之势如此。今观二王落笔

---

① 潘运告主编：《晚清书论》，第145页。
② 上海书画出版社编：《历代书法论文选》，上海书画出版社2012年版，第385页。
③ 毛万宝、黄君主编：《中国古代书论类编》，第60页。

处，多有侧锋向外者，昧者但谓"侧以取妍"，不知落笔稍偏，正所以济正锋之不及，末几而卒归于正。间有一画全偏者，随以正锋承之，所谓出奇应变，偶一为之耳。若谓侧笔专以取妍，则是藏锋书决无姿态矣，可乎？①

他不同意"侧笔取妍"之说，认为王羲之父子书作多用侧锋，意在"济正锋之不及"，即"以偏救正"。作书仍以正锋用笔为主，侧锋是用来补救正锋之不足。这种看法注意到了书法创作中从落笔到收笔过程中，笔锋尖毫运动的变化轨迹，对偏锋的作用作了新的解释，具有一定的辩证精神。但是，从书写线条的运动形态看，以"正锋"运笔，线条运动沉着舒缓，笔迹方正圆整，而以"偏锋"运笔，线条运动迅捷轻盈，笔迹纤细纵逸。从审美效果看，"偏锋"运笔克服了"正锋"运笔所形成的板滞不灵，更能展现线条运动所带来的生机和气势，从而赋予书体以妍美的姿态。因此"侧笔取妍"之说是不可以轻易否定的。

绘画领域也有正锋、偏锋之说，明代画家注重侧笔的运用，以获得"秀峭"的审美效果。董其昌说道：

> 作云林画须用侧笔，有轻有重，不得用圆笔，其佳处在笔法秀峭耳。宋人院体皆用圆皴；北苑独稍纵，故为一小变。倪云林、黄子久、王叔明皆从北苑起祖，故皆有侧笔，云林其尤著也。②

倪瓒的画因富有"逸气"，深为明文人画家所推崇。他的画在创作上的主要特征是使用侧笔，侧笔"佳处在笔法秀峭"，偏锋构图有俊秀峭拔之态，这对无意于精细刻绘，专以表现胸中"逸气"为主的文人画创作来说有着重要的作用。这里所提到的"圆笔"即"正锋"，为宋代院体画家所常用，院体画家

---

① 毛万宝、黄君主编：《中国古代书论类编》，第110页。
② 潘运告主编：《明代画论》，第201页。

作画追求工整细致，逼似实物，"正锋"笔画圆整方正，在对物象形体的精确传达上具有优势。而文人画是以表现画家的胸襟怀抱为创作目的，笔画形式的营构是基于情感表现的需要，这与院体画家以再现对象的形体不同，因此"不得用圆笔"。侧锋所形成的一面光滑，一面成锯齿状的形态有利于文人画家内心情感体验的传达，因此文人画在创作上多用侧笔。作为明代文人画的倡导者，董其昌的话是具有代表性的，侧笔的"笔法秀峭"之特点，是王世贞"偏以取态"的论断在画学上体现。

二、隐藏气脉，露耀精神

笔锋的"正"与"偏"，是书家的运笔方式，笔锋运动方式是正，是偏，直接影响到线条的外在感性形态。笔锋的"藏"与"露"则是书家书写动作，书家对笔锋的处理，直接影响线条的内在审美意蕴。"藏"与"露"是指"行笔的起止如何处理笔的锋芒"，"起笔和收笔时，有意顺势将笔的锋芒显露在点画之外，叫做露锋；设法将笔的锋芒隐藏在点画之中，叫做藏锋。"从笔毫的运动状态来看，"露锋须逆锋起笔，顺锋收笔；藏锋则须逆锋起笔，逆锋收笔"[①]。对笔锋作"藏"与"露"的处理，使得线条呈现出不同的审美特征。对此，明代书论家有着清晰的认识。如丰坊就指出：

> 学书者必先审于执笔，双钩悬腕，让左侧右，虚掌实指，意前笔后，此要诀也。用笔必以正锋为主，又不必太拘，隐锋以藏气脉，露锋以耀精神，乃千古之秘旨。[②]

作书先要知道如何执笔，次要掌握如何用笔，在丰坊看来，用笔以正锋为主，但不能过于拘束，笔锋该隐的要隐，该露的要露，这是作书的"秘旨"。他

---

① 启功、秦永龙著：《书法常识》，第9页。
② 毛万宝、黄君主编：《中国古代书论类编》，第309页。

认为"隐锋"的目的是为了隐藏"气脉","露锋"的目的则是闪耀"精神"。"气脉"与"精神"都与书家主观的性情相联系。因为书家情感的运动和线条的律动是一致的,线条形式实际上是书家情感流动的物化形态。所谓"气脉",是指线条运动所形成的气势,隐藏"气脉"是书家通过笔毫控制线条运动方式,使得气势不外露,进而控制情感表达,使其含蓄不露。所谓"精神"则是指线条运动所呈现的生机、活力,显耀"精神"也是书家通过笔毫控制线条运动方式,使得生机焕发,进而放纵情感,使其神态毕现。一露一隐,一放一收,使得字体姿态横生,自具风韵。倪后瞻也有近似看法:

> 大抵用笔有急有缓,有有锋,有无锋,有承接上字,有牵引下字。乍徐还疾,忽往复收,缓以仿古,急以出奇。有锋以耀其精神,无锋以含其气味。横斜曲直,钩环盘纡,皆以熟为主。①

"有锋"即"露锋","无锋"即"隐锋",体现在笔墨形式的审美特征上与丰坊的观点一致,"含其气味"即"以藏气脉"之意。"露锋"和"隐锋"书写的线条虽各具情态,但不宜偏废,须结合着使用。王世贞说道:

> 先民有言:"用笔不欲太肥,肥则形浊;不欲太瘦,瘦则形枯。肥不剩肉,瘦不露骨,乃为合作"、"又不欲多露锋芒,露锋芒则意不持重,又不欲深藏圭角,藏圭角则体不精神"。斯言当矣! 愚以谓如不得已,则肉胜不如骨胜,多露不如深藏,犹为彼善也。②

这里所引出自姜夔《续书谱》,为王世贞所认同。他认为"露锋"过多,线条显得轻浮,字体不够稳重;但如"隐锋"太深,线条没有棱角,字体则显得臃肿,没有生气。"露"与"隐"应酌情使用,如果遇到"不得已"的情况,则

---

① 〔清〕孙岳颁等编:《佩文斋书画谱》,第221页。
② 毛万宝、黄君主编:《中国古代书论类编》,第107页。

"多露不如深藏",宁可多使用隐锋,而不能多使用"露锋"。可见,在笔墨形式的情感表现上,王世贞还是倾向于"隐锋"用笔所形成的含蓄持重的审美效果。在这一点上,徐渭则与其意见不同,他说:

> 古人论真行与篆隶,辨圆方者,微有不同。真行始于动。中以静,终以媚。媚者,盖锋稍溢出,其名曰姿态。锋太藏则媚隐,太正则媚藏而不悦,故大苏宽之以侧笔取妍之说。赵文敏师李北海,净均也,媚则赵胜李,动则李胜赵。夫子建见甄氏而深悦之,媚胜也,后人未见甄氏,读子建赋无不深悦之者,赋之媚亦胜也。①

徐渭论书推崇二王以来的妍媚书风,故在笔墨形式的创造上重视"媚"的表现。在他看来,"露锋"正适合表现"媚"的姿态。所谓"锋稍溢出"就是指收笔时顺势将笔锋带出,使线条显出飘逸之态。如果使用"藏锋",线条沉稳持重,"媚"则隐没在点画之中,因此说"媚隐",使用"正锋"结果是"媚藏",审美效果同"藏锋"一致。徐渭对"露锋"和"侧笔"的重视与其重个性、重真情的艺术观念相关,这与持儒学正统观念的王世贞不同。从王世贞和徐渭对书法用笔的不同认识中,我们可以看出,笔墨形式的背后往往是书家思想观念在起着作用。

徐渭对"露锋"的重视,并不是说他对"藏锋"的排斥。在《论执管法》中说道:

> 故执之在手,手不主运;运之在腕,腕不知执。执虽期于重稳,用必在于轻便。然而轻则须沉,便则须涩,其道以藏锋为主。若不涩,则险劲之气无由而生,至于太轻不沉,则成浮滑,浮滑则俗。②

---

① 〔清〕孙岳颁等编:《佩文斋书画谱》,第17页。
② 毛万宝、黄君主编:《中国古代书论类编》,第72页。

执笔要稳重,但运笔要轻便。要处理好运笔过程中,"轻"与"沉"、"便"与"涩"之间的关系,主要在于"藏锋"的运用。"藏锋"是变"轻"为沉,化"便"为"涩"的重要方式,是书体产生"险劲之气",避免"浮滑"的重要手段。"浮滑"是笔墨形式缺乏"精神"的症候之一,由此可见,徐渭对"藏锋"的认识,也含有"隐锋以藏气脉,露锋以耀精神"之意。对"藏锋"在书法创作中重要性,董其昌指出:

> 书法贵藏锋,然不得以模糊为藏锋,须有用笔如太阿剸截之意,盖以劲利取势,以虚和取韵。颜鲁公所谓如印印泥,如锥画沙是也。①
>
> 书无笔迹,非谓其墨淡模糊而无分晓也,正如善书者藏笔锋,如锥画沙,印印泥耳。书之藏锋在手,执笔沉着痛快。②

以为"藏锋"用笔,是书法创作重要方式,但是要认清"藏锋"运笔的特点,不是拖沓用笔,使笔墨含糊不清,而是要果断利落,使线条沉稳有力。这里所提到"印印泥,锥画沙"系褚遂良最先提出,后被颜真卿所引述。"用笔当如印印泥,如锥画沙,使其藏锋,书乃沉著,当其用锋,常欲透纸背。"③此处"藏锋"是指笔锋藏于笔画之中,如同印体沉陷印泥之中,笔迹沉稳不浮,又如以锥画沙,笔迹尖利显豁。董其昌对"藏锋"的认识,旨在倡导字迹鲜明,沉着痛快的书风。

三、清浊在笔,隐现在墨

陈继儒在论文人画时指出:"文人之画,不在蹊径而在笔墨。"④对文人画

---

① 〔清〕孙岳颁等编:《佩文斋书画谱》,浙江人民美术出版社2014年版,第221页。
② 潘运告主编:《明代画论》,第205页。
③ 〔清〕孙岳颁等编:《佩文斋书画谱》,第171页。
④ 俞剑华编著:《中国古代画论类编》,人民美术出版社1998年版,第758页。

创作来说，关键在于笔墨的运用，而不是绘画门径。画家表现空间形象，运笔用墨必须恰到好处，方可做到生动传神。在画史上，"笔"不只是创作工具，还可以指勾勒、皴点等各种笔法；"墨"不只是创作材料，也可以指浓淡干湿，自然润化的效果及其运用，如破、积、烘、染等墨法。"笔"和"墨"的关系，是画家里临画之前必须思考的问题。宋代韩拙说："笔以立其形体，墨以别其阴阳，山水悉从笔墨而成。"①"笔"和"墨"在绘画表现上各有分工，各有其用。

但就实际的创作活动来看，"笔"和"墨"俱为一体，不可截然分开。清代画家石涛说："墨之溅笔也以灵，笔之运墨也以神。""笔"和"墨"相互为用，相辅相成。潘天寿指出："笔不能离墨，离墨则无笔；墨不能离笔，离笔则无墨。故笔在才能墨在，墨在才能笔在，盖笔墨两者相依则用，相离则俱毁。"正因为"笔"和"墨"不能分开，所以在绘画创作过程中，应该有"笔"有"墨"，要正确处理好用笔和用墨之间的关系，拿捏好分寸，以获得最佳表现力的笔墨形式。

明代画家尤为重视笔墨关系的处理，强调笔与墨的结合。沈灏在《画麈》中指出："笔与墨最难相遭，具境而皴之，清浊在笔；有皴而势之，隐现在墨。"②"皴"是画家根据各种山石的不同地质结构和树木表皮状态，创造出来的绘画表现方法。一般先以线条勾勒轮廓，后以干墨细描，是画家表现山石树木的脉络、纹路、质地、阴阳、凹凸、向背的主要手段。董其昌说，"盖大家神品，必于皴法有奇"③。如何运用"皴"法成为影响画家绘画创作水平重要因素。沈灏所说的"具境而皴之"是指画家用"皴"法来表现意境的创作活动。因为"皴"的动作是通过笔锋的运动来进行的，线条痕迹是鲜明还是模糊取决于用笔，所以说"清浊在笔"。仅有"皴"法还不够，还要表现出绘画对象的态势，需要用墨来传达，因此说"隐现在墨"。绘画的关键在于笔

---

① 俞剑华编著：《中国古代画论类编》，第674页。
② 俞剑华编著：《中国古代画论类编》，第774页。
③ 潘运告主编：《明代画论》，湖南美术出版社2002年版，第188页。

和墨的运用,有笔无墨,有墨无笔都不是最佳的,沈灏说的"笔墨最难相遭"实是其甘苦之言。

笔墨须臾不可分,那么什么是"有笔有墨"?什么是"无笔无墨"?对此,顾凝远认为:

> 以枯涩为基而点染蒙昧,则无墨而无笔;以堆砌为基而洗发不出,则无墨而无笔。先理筋骨而积渐敷腴,运腕深厚而意在轻松,则有墨而有笔。此其大略也。若夫高明隽伟之士,笔墨淋漓,须眉毕烛,何用粘皮搭骨!①

"无墨无笔"有两种形态,一是"以枯涩为基而点染蒙昧",一是"以堆砌为基而洗发不出",无论是"点染蒙昧",还是"洗发不出"均是说笔、墨使用不当导致形象模糊不清,缺少立体感。在绘画创作中,"笔"的作用主要是立其"筋骨",须"运腕深厚",用笔持重有力;"墨"的作用现其"血肉",需随意点染,用墨洒脱不拘。能做到这两点就"有墨而有笔"。顾凝远对笔墨用法的诠释还有点含混,不太好理解,董其昌的话就清晰多了,他说:

> 古人云:"有笔有墨。""笔墨"二字,人多不晓。画岂无笔墨哉?但有轮廓而无皴法,即谓之无笔;有皴法而无轻重、向背、明晦,即谓之无墨。古人云:"石分三面。"此语是笔亦是墨,可参之。②

"无笔"就是只有"轮廓"而没有"皴法",有"皴法"却没有"轻重、向背、明晦",就是"无墨"。换句话说,有"轮廓"又有"皴法"就是"有笔",有"皴法"又有"轻重、向背、明晦"就是"有墨"。董其昌对"有笔有墨"的解释,继承了韩拙的"笔以立其形体,墨以别其阴阳"的画学思想,也与沈

---

① 〔清〕孙岳颁等编:《佩文斋书画谱》,浙江人民美术出版社2014年版,第427页。
② 潘运告主编:《明代画论》,第124页。

灏、顾凝远的观点相近,体现了明代画家对笔墨价值的高度重视。此外,董其昌还指出实际创作中笔墨使用的另一种情形,即"有笔无墨"或"有墨无笔":

> 荆浩,河内人,自号洪谷子,博雅好古,以山水专门,颇得趣向。为云中山顶,四面峻厚。自撰《山水诀》一卷,语人曰:"吴道子画山水有笔而无墨,项容有墨而无笔。吾当采二子所长,为一家之体。"故关仝北面事之。世论荆浩山水为唐末之冠。盖有笔无墨者,见落笔蹊径而少自然;有墨无笔者,去斧凿痕而多变态。①

结合董其昌对"无笔"、"无墨"的认识,"有笔无墨"的特点是,用笔勾勒对象轮廓,然后用皴法表现对象形体特征,但对象的轻重、向背、明晦等特征却不能表现出来。这种创作方式,因为追求形似,势必讲究各种运笔技巧,对对象作精细描摹,刻画痕迹明显,缺少自然之态。但其优点在于表现对象轮廓鲜明,细腻传神。而"有墨无笔"的特点是,有皴法且能表现出对象的轻重、向背、明晦,虽无刻画痕迹,却多变化之态。其缺点在于对象轮廓不鲜明。

四、结　语

明代书画家对笔墨形式的讨论,汲取了书学、画学史上荆浩、姜夔、韩拙等书画家艺术思想,体现了他们对笔墨运用及其造型功能的深刻理解,对清代书画理论及创作产生重要影响。如从艺术创作来看,任何形式的创造是和主体的思想、情感的表达相联系的,艺术形式承载着主体的精神,积淀着主体的个性、情感和人生经验,是"有意味的形式"。明代书画家对笔墨形

---

① 潘运告主编:《明代画论》,第177页。

式的讨论，虽然有"气脉"、"精神"这样主观性质的表述，仍是偏重描述主体的视觉感受，并非是对笔墨形式的主观意蕴的诠释。因此，明代书画家对笔墨形式的讨论，主要停留在技法层面，注重笔墨形式的物理性质，侧重从主体的审美感官的视觉感受来讨论笔墨形式的创造。正如卡西尔所说，"在艺术中，我们专注于现象的直接外观，并且最充分地欣赏着这种外观的全部丰富性和多样性。"① 书画作为艺术，它的笔墨形式的"丰富性"、"多样性"正是美感的源泉，是作品生命力之所在。但是，这种"丰富性"、"多样性"有赖于形式本身的审美创造。就此而论，明代书画家对笔墨形式的讨论，正是注意到了艺术接受"专注现象直接外观"的这一特征，并从笔墨的运用及其审美表现的角度对笔墨形式的创造进行了探究，总结了笔墨形式创造的历史经验，深化了人们对书画创作活动本质的认识，无疑具有理论建设和艺术实践的双重意义。

（本文原载《中国美术研究》2018年第3期）

---

① ［德］E.卡西尔著，甘阳译：《人论》，上海译文出版社1985年版，第215页。

文学基本理论与西方文论

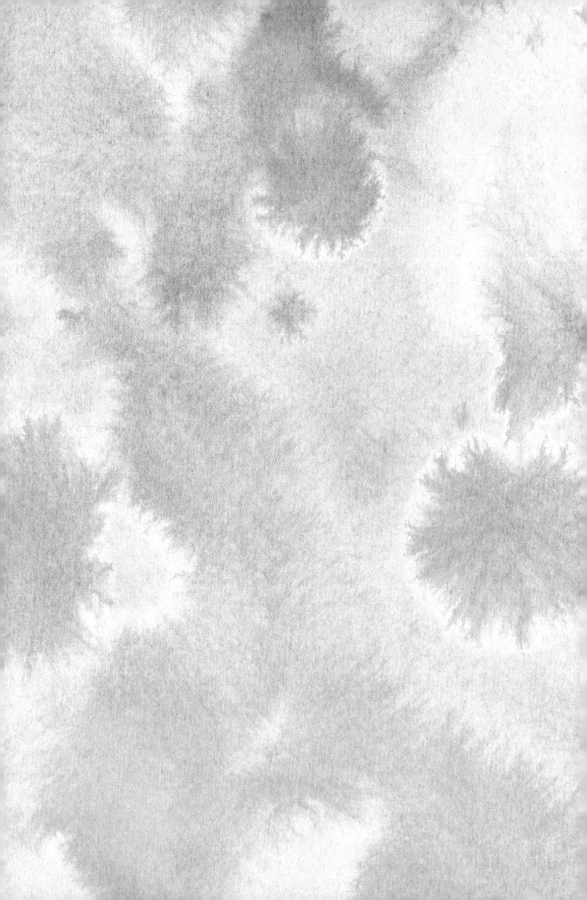

"在家"：一段德国思想史

王广州

年初以来，新冠肺炎肆虐全球，在有效疫苗研制成功之前，禁足成为很多疫区国家与个人的自觉或无奈的选择。4月18日，在世界卫生组织和全球公民公益组织的合作下，美国著名歌手Lady Gaga策划发起了名为"One World: Together At Home"（一个世界：一起在家）的大型线上特别慈善音乐会，参与度与募集资金皆创世界新纪录。

"一个世界"，确实，在新冠病毒面前，所有国家被还原为一个世界，所有种族被还原为人，所有区隔被还原为人类生活与命运的共同体。"一起在家"，为了自我，也为了他人，大多数人关上院门，居家避疫。尽管可以"网"上教学，可以在"线"办公，可以"云"游天下，但如果我们在这个世界上的全部生活只是"在家中在世"，那显然不是常态，而只是当代意大利哲学家吉奥乔·阿甘本所谓的"例外状态"。在文明时代以前，人类先民尽管拥有世界，但他们没有家；所以，人类的天性需求还是要到世界中去存在，去生活，并且还要能在世界中就像在家里一样。而"在世界中在家"，这正是自17世纪以来德国思想史上独特的"在家"隐喻叙事所孜孜以求的理想。

较早将"在家"隐喻的主题引入思想史视野的，是德国17世纪上半叶的诗人弗雷德里希·冯·洛高。其诗集《德国格言诗三千首》中有两首意味隽永的短诗，其一为《一个世界公民》："谁想要投身大城市，投身这个世界/就必须在所有地方在家，并成为所有人的一切"；其二为《被驱逐者》："谁拥有美德和才艺，就永不会被驱逐/无论在哪里，他都如同在家"。显而易见，在现代德语成型期，通过对在世界上所有地方都能如同在家的那些人的想象，洛高超越了当时尚属狭隘的时代精神，洞见了一种现代"世界公民"的远景，也成为引领此后18世纪德国"世界主义"思潮和"在家"叙事的先驱之一。

到18世纪后半期，后进的德国迎来了自己的"哲学突破"和启蒙时代，赫尔德成为此一时期较早地频繁运用"在家"表达的哲学家，且贯穿在其整个写作生涯。在早期的《论语言的起源》中，赫尔德认为人类的语言就是整个地球的语言，原因之一就是人类不像动物那样只能囿居一地，而可以生活在地球上的任何地方，"我们四顾所及之处，人类都在那里在家"。在《论人类心灵的认知与感觉》中，赫尔德也描述了人类探索自然的伟大进程，智者们惊奇地仰望天空，历数繁星，整个世界成为他们心灵的对象，所以他们在任何地方都像是在自己的祖国和城市一样，是"在家"的。追问星空的同时，人类也在大地之上漫游，当时的德国正在兴起一种科学与文化考察的风潮，赫尔德也曾在1769年前往法国进行过一次重要的游历；所以他在《人类历史哲学观念》中从旅行的角度表达了这一开阔的世界主义的时代胸襟，他说："当我们踏上长长旅途，我们的心灵却常常在家。"而在《批评之林》"第四林"中，赫尔德从现实领域转入到艺术领域，进一步认为美学家是没有祖国的，不管是在任何一个国度，无论意大利或中国，只要找到了音乐的旋律，他们就是"在家"的；在他看来，音乐艺术给人所带来的精神力量足以消除地理空间上的陌生感，使人在任何地方的存在都像是在家里一样。在洛高那里，"在家"还仅仅意味着一种在特定地理空间的居住行为，正是赫尔德把它抽象化和心灵化了，用以表达那种无论是在空间维度还是在艺术作品的精神维度中，人的心灵都悠游自在、毫不疏离的感觉，也就是"在家感"。而"在家"之谓也就从最初的对实事状态的描述变为一种修辞，一个隐喻，它说的是"……像在家里一样"的感受情态。因此，对于整个"在家"隐喻的叙事谱系而言，赫尔德意义重大。

根据以赛亚·伯林在《浪漫主义的根源》中的观点，康德和赫尔德才是浪漫主义的真正父执；而赫尔德与稍晚的费希特，以及与受费希特影响的早期浪漫派的渊源关系，恰好可以从"在家"隐喻叙事的角度加以佐证。在

1798年出版的《以知识学为原则的伦理学体系》中，费希特讨论了文学艺术家的职责问题，他也认为美的精神的活动领域是人的内心世界，所以美的艺术能"引领人进入自身之中，使人在那里在家"，并可以进一步促进人理智与心灵的完美统一。这一思路与赫尔德关于音乐能使人"在家"的观点很类似，不过，费希特更进一步，把"在家"的场域从洛高的地理空间和赫尔德的音乐艺术明确地扩大到了全部艺术与人的心理和精神领域。

作为深受赫尔德与费希特影响的德国早期浪漫派及其周边人物，荷尔德林与诺瓦利斯将"在家"隐喻拓展到整个文化与哲学的精神意识中。荷尔德林在《许佩里翁》中认为当时德国人的生命和存在已经是贫乏之极，支离破碎，"你看到的是手艺人，但不是人；是思想家，但不是人；是牧师，但不是人；是主子和奴才，但不是人；是少年和成人，但没有人"，这是他从文化批评的角度重描了席勒在《审美教育书简》中曾批评过的时代精神状况。在荷尔德林看来，人的真正存在就是不用去"成为什么"那种纯粹存在，但是当人丧失这种本质存在时，也就在实际上丧失了世界本身，于是"他们在世上，就像在自己家的陌生人"。在自己家却像是陌生人，这就意味着人在其中没有"在家感"，是"丧家"的。如何寻找并获得"在家感"？荷尔德林似乎提出了一个至关重要的时代问题。

而诺瓦利斯则在一种更高的哲学论域中深化了"在家"主题，似乎同时也回应了荷尔德林的问题。在一条著名的哲学断片中，诺瓦利斯写道："哲学是真正的乡愁——要在所有地方在家的冲动"。看起来，诺瓦利斯是把哲学的使命规定为对"在"的探索与解决，以此突出了"存在"命题的意义，并刻画了"存在"的理想状态，即"在家"。诺瓦利斯还将"在家"的场域从空间推进到时间或时代的历史性维度。在小说《亨利希·冯·奥夫特尔丁根》中，诺瓦利斯借助主人公父亲之口，描述了一个充满理想色彩的老者形象，说他"在异教徒时代，就像在家一样，以不可思议的热情渴望回到这个灰色的时代"。对于某些特殊的精神个体来说，他在当前的贫乏文化里可能格格不入，所以他需要"回到"某个较有生气的昌明时代，在那里他才能像在家里一样自在自然。因此,对于诺瓦利斯来说,为了真正地去存在,必须回家,而且尤其是要"回"到那种精神与文化意义上的"家"。所以小说中有一句满富象征意味的问答:"吾侪何之?永向家园"。这种家园的理想也被诺瓦利斯浪漫地称为童话,他在《逻辑断片》中说:"所有的童话都只是对无处不在而又一无所在的家园之熟悉世界的梦想",而问题的关键在于何以进入这个童话的梦想世界,也即是说:何以为家?如何在家?

诺瓦利斯在《断片与研究》中用几乎相同的"在家"表述给出了一种非常哲学化的回答,即依据哲学自身,依据理解和知识。他说:"没有比这更大的乐事了:能够理解每个事物,因而能够在每个地方在家"。因此,诺瓦利斯的"在家"乃是一种精神活动的结果,通过哲学的追索和思悟,理解世界上的每一事物,在思想中把握世界的普遍性,从而使世界上的每一地方或整个世界都能成为熟悉的和可以安居的家,那么家园也就是无所不在的,处处可家;反之,家园也就一无所在了,无处可家。于是,对家园的欲求就变成了对哲学本身的欲求,哲学又转而引导人去寻找家园,这也就是诺瓦利斯把哲学称为乡愁的原因所在,也可以看成是他对笛卡尔"我思故我在"的别致阐释。

在耀眼而短暂的早期浪漫派之后,黑格尔是赫尔德之外又一位频繁而大量使用"在家"隐喻的哲学家,而且他结合自己的哲学理念与原则,将其进一步地综合与升华,为之注入了新的思辨内容。在《法哲学原理》的导论中,黑格尔将意志作为法的一般基础和起点,而且把意志当作一种特殊的思维形态;他认为人的思维能够透过事物的现象和感性因素,把它们化作为内在的知识,进而整个世界都能够以这样的方式被人所把握。所以黑格尔说:"当我知道这个世界,尤其是当我理解了这个世界的时候,我就在世界中在家(in der Welt zu Hause)"。此前的洛高、赫尔德或诺瓦利斯的"在家"更多是说"所有地方"或"无论哪里",而并没有捅破层纸,直接地说出"世界"这个词来,正是黑格尔在这里明确地将"世界"与"家"这两端在字面上对等化了:在家是在世的在家,以世界为家;而在世是在家地在世,如在家般自在。而且这时的世界不再只是一个地理概念,不是"所有地方"中的一个"地方","无论哪里"的一个"这里"或"那里";它已经超越了所有这些客观实在性,不再仅仅是赫尔德笔下的"地球",而就是"世界":地球不完全是人类的地球,而世界则一定仅仅是人类的世界。最终,黑格尔使这个隐喻一跃而变为具有俨然之形式的哲学命题:"在世界中在家"。

不仅如此,黑格尔还别出心裁地将"在家"隐喻与自己哲学体系的根本理念与原则结合起来,而成一奇观。众所周知,黑格尔的哲学体系预设了一个阿基米德式的支点,即绝对精神或绝对理念,它处于一种圆圈式的运动模式中,从自身出发,历经一系列的变易与扬弃,最终又回归自身,黑格尔把精神回到自己的这种状态也称之为"在家"。例如在《逻辑学》的导言中,黑格尔把逻辑学称作是一个阴影王国,在那里,纯粹的思想能够摆脱所有的直观性和感性,从而获得自己的自在独立,在抽象的概念世界中"在家"。同样,在《法哲学原理》结尾的"世界历史"这一部分中,黑格尔将精神的现象学转化为世界历史的现象学,他认为在绝对精神达到其最后也即最高的阶段时,扬弃了自己与客观世界之间的对立,与之达成和解,也就"在客观世界中在家"了。这样,黑格尔哲学的整个结构性、历史性与逻辑性就都被他纳入"在家"隐喻中来了,这也是他为这个隐喻叙事所拓展出来的深层领域。

此外,在黑格尔去世之后才编辑出版的各种大量的讲演录中,尤其是在《美学讲演录》中,他更是频繁地运用了"在家"隐喻,主要涉及三类主题。第一类是人在地理空间中的生存,即人与客观环境的关系,这是洛高与赫尔德式的运用。例如黑格尔认为"无知者是不自由的,因为和他对立的是一个陌生的世界",为此人必须在认识和实践两个方面上把握客观世界,才能实现与感受自己的自由,从而在周围的世界环境中"就像是在家里(zu Hause)一样"。第二类主题涉及艺术的功能价值问题,这是费希特式的运用。黑格尔认为艺术具有解放人的性质,这种解放感和自由感就是"一种特别的在家的感觉和感受",这也是对席勒审美教育理念的再度强调。第三类主题涉及绝对精神或理念自身的圆圈式运动问题，这才是真正黑格尔式的运用。我们知道，黑格尔的美学其实是艺术哲学，而他又把这个艺术哲学处理成人类的艺术史；根据精神理念与材料的相结合的不同程度，黑格尔把人类艺术分为三大历史阶段，同时也是三种类型：在象征型与古典型这两种艺术中，理念都不可避免地要与材料和形式打交道，只有在浪漫型艺术中，精神才从感性材料和物质形式中脱出身来，回到精神自身之中，与自身和解，此时艺术的理想"才初次完全地在家了(zu Hause zu sein)"，因为精神只有在自身那里才能找到真正存在。因此，一如黑格尔在整个德国古典哲学中所具有的意义一样，他也同样是"在家"隐喻叙事的最后和最高的环节。

  黑格尔的另一大贡献是为"在家感"提供了一个情态描述的具体概念，这就是他在《美学讲演录》中给出的一个海德格尔式的概念：亲挚(Innigkeit)，而海德格尔也确实在他自己的哲学中沿用了这个概念。亲挚有亲密、亲切之意，又因"亲"而生出"熟悉"之意；因此，亲挚是一种亲切而熟悉的感觉或状态，也就像人在自己家里所有的那种感觉或状态。在黑格尔看来，最能给人以"在家"和"亲挚"感的艺术是浪漫型艺术。以绘画为例，黑格尔认为绘画所要表现的就是精神在艰难劳动和斗争之后所达到的那种和解与亲挚；为了表现这种"亲挚"性，近现代绘画主要采用三种题材。第一种是宗教，在信仰活动中，人为了神而舍弃了自己，从而摆脱了自己的肉体有限性，进入到与神互为一体的无限之中，继而又能在神身上找到自己，回到自身，由此感受到诚挚的喜悦。黑格尔认为"这就是爱的本质，就是真正的亲挚"。因此，受时代和历史文化的影响，黑格尔倾向于认为绘画作品中最成功和享有盛誉的作品都是基督教题材的。第二种是自然风景，黑格尔首先认为大自然本身是冷漠的，但是绘画艺术可以把它们作为独立的对象表现出来，显示出其中的自由生命的气息，从而与人的心灵相契合，人就能在这种"第二自然"中感受到一种在家般的亲挚。第三种是平凡、琐屑或偶然的人类生活，这些东西本身同样没有什么深刻意义，但由于这种生活就是人自身精神和力量的结果，所以人能在其中感受到一种与自身的和谐，而对他来说"这种和谐也是一种亲挚"。为了说明后两种题材的绘画，黑格尔在美学讲演中对17世纪的荷兰风俗画进行了多次细致而动人的分析，他认为荷兰人通过与西班牙殖民者和低地国家自然环境的艰苦斗争，获得了珍贵的政治自由和丰裕的世俗生活，这一切都表现为他们在自己所创造的生活世界中的那种亲挚的在家心情。

作为康德哲学乃至整个启蒙运动的异议者，赫尔德在文化领域用差异和感性反对同一和理性，强调感觉对于个体生存的意义，所以他呼吁"心！温情！血！人性！生活！"，并高喊"我感觉！我存在！"可以说赫尔德借此开启了一个朴素的存在论，并把它融入自己的"在家"隐喻的内涵之中。而当黑格尔将其升华为"在世界中在家"的命题时，它就仿佛具有了令人目即而心会的巨大力量，似乎隐约具有一种欲说还休的哲学旨趣："在世界中在家"，首先意味着"在世界中存在"，存在论的意味再次显出，而且人的存在被置于必然的世界之中；再者，"在世界中在家"，还意味着要"像在家一样"地"在世界中存在"，这构成了一个理想而具有浪漫色彩的规划；它不只是伽达默尔所说的修辞意义上的"美妙的表达"，同时也是黑格尔对现代性"散文世界"的积极回应。所以，在德国启蒙大传统之下，"在家"隐喻构成了一个隐秘的浪漫存在论的小传统，借助它人们得以窥见那一理性主义时代的思想场的复杂面貌。

如果说从洛高到黑格尔的"在家"叙事还仅仅是一种修辞式的存在主义意绪，只有当海德格尔接续这一隐喻的时候，才真正把它发皇为哲学的存在论。在前期的《存在与时间》中，海德格尔把黑格尔"在世界中在家"的命题一分为二，拆解为"在世界中存在"和"在家"两个主题，然后又以"此在"为媒介去探讨真正的"存在"问题，展开为直接的基础生存论。不过，在现代技术框架的世界中，海德格尔看到的是"在家"隐喻的反面，他认为"不在家"（Nicht-zuhause-sein）或"无家可归"（Unheimlichkeit）才是人在世界中存在的常态。所以后期的海德格尔才从荷尔德林诗歌中拈出一句"人诗意地/栖居在这片大地上",对其生发议论;而"在大地上诗意栖居"不过是"在世界中在家"的又一种演绎,除了其中明显的存在论主题之外,更加地富有浪漫甚至是神秘而空灵的气息。或许正是在此意义上,汉娜·阿伦特说海德格尔是"德国最后一个浪漫派"。

(本文原载《读书》2020年第8期)

文学意义的生成：重审雅各布森与里法泰尔、卡勒之争

江 飞

作为 1960—1970 年代美国结构主义语言诗学的领军人物，罗曼·雅各布森（Roman Jakobson，1896—1982）从语言的对立与对应、对称与反对称、对等形式与凸出对照等特点出发，以其丰富而详尽的诗歌批评实践，[①]对诗歌结构进行了娴熟解剖，为我们理解文学意义生成的文本"深层结构"迈出了重要一步。这一深层结构不仅显示出每个层面的秩序化，而且还可能对智力本身（包括天赋的和人为的）的运作提供某些证据。但正如欧陆结构主义语言学一开始遭遇到美国本土结构主义语言学的抵抗一样，雅各布森语言诗学的方法和实践同样也遭到立场各异的文学批评家的质疑和抨击，这其中尤其以美国哥伦比亚大学法语教授米歇尔·里法泰尔（Michael Riffaterre）、美国学者乔纳森·卡勒（Jonathan Culler）为代表。在他们看来，雅各布森对诗歌语法的"微观分析"无异于"活体解剖"，是"空空洞洞"的，是"读者无法领悟"的，是"失败"的。

姑且不论欧陆传统与英美传统之间的差异和对抗，雅各布森与卡勒、里法泰尔之间的论争与其说是两个阵营的对垒，不如说是一个战壕里的内讧，其结果一方面促进了雅各布森的语言诗学在美国乃至欧洲诸国的进一步传播和影响，另一方面也促使雅各布森后来在更宽广的文化符号学领域中探

[①] 在 1960—1970 年代，雅各布森分别与各语种的专家合作，对二十余位不同时期、不同风格的诗人诗作进行了诗性功能的语言细察，涉及俄国、英国、法国、德国、葡萄牙、波兰、罗马利亚、保加利亚、希腊等近二十个（种）国家和语言，甚至还对中国的古典格律诗和日本古典诗歌进行了深入研究。其研究时空跨度之大（近十三个世纪，横跨欧亚），内容之丰富，分析之细致，令人惊叹，至今无人能出其右。

求"文学性"存在的可能空间。在今天,反思他们之间颇有意味的批评和反批评,不仅有利于我们更辩证地理解雅各布森语言诗学的利弊得失,更有利于我们从中获得借鉴和启示,以更包容的心态和更科学的诉求推进中国诗学的跨学科研究。

一、"读者反应"与"文学能力":里法泰尔和卡勒的批评

首先发难的是美国的法语教授、结构主义文学理论家里法泰尔,他在《描述诗歌结构:对波德莱尔〈猫〉的两种研究》(1966)这一长达43页的长文中,对雅各布森和列维-斯特劳斯分析波德莱尔诗歌《猫》的著名文章(1962)进行了批评。他的根本论点在于:雅各布森和列维-斯特劳斯仿佛"超级读者"(superreader)或"原读者"(arthireaders),将这首诗歌建构成了一首"超级诗歌",没有把读者能够领悟到的和不能领悟到的语言特征区别开来,读者无法做出反应的音位和语法等各种对等成分,只能是与诗歌结构(poetic structure)相异的成分,而能够引起读者反应的成分,才是诗歌结构所包含的成分;而且,雅各布森也并没有告诉我们他所描绘的语法结构在诗歌与读者之间建立了怎样的联系,因此,"一首诗歌的语法分析至多不过是告诉我们那首诗的语法而已","这些手法的共性在于:它们被设计安排,为的是引起读者的反应——不管他的注意力如何散漫,不管代码如何演化,不管审美趣味如何变换",[①] 概而言之,雅各布森所揭示的语法是与诗歌"无关的语法",读者的反应是文学研究应当考虑的。

可以看出,里法泰尔所坚持的是"读者反应"的批评立场,但又与费什的"读者反应文体学"不同,他并不认为文学研究就是要记录读者阅读文本的一系列原始反应,而是强调文本自身作为一个既定结构的自主性和自律性,以及在意义生成过程中的客观规定性,可以说,他徘徊于读者和文本之

---

① Riffaterre, Michael. "Describing Poetic Structures: Two approaches to Baudelaire's les Chats." *Structuralism*, New Haven: Yale University Press, 1966, pp.213-214.

间,文本是先于读者的首要"结构"。在他看来,"结构是一个由几个成分构成的系统,改变其中的任何一个成分都必然要对其他成分产生影响,这个系统就是数学家们所说的'不变量';系统内部的转变会产生一组同一形态的模式(即机械的互变形式)或变量"①。很显然,这种"结构"观念与雅各布森的别无二致,雅各布森的语法分析所做的也正是在诗歌结构中寻找变量中的不变量,即在不同语言层面上发现对等和平行的关系系统,因为这种种关系在诗歌中形成层层编织的系统,而在非诗歌语言中则是难以想象的,因此在雅各布森看来,对等原则为识别诗性功能提供了一个客观标准。但问题也正如里法泰尔所质疑的:这些精微的语法关系系统是大多数的普通读者所无法领悟到的,他们只能根据其自身的阅读经验,发现一些显而易见的对等结构(如词语重复、押韵等)而已,这该如何解释呢?

有意思的是,在雅各布森做出回应之前,卡勒在其《结构主义诗学》(1975)第三章中,一边对"雅各布森的诗学分析"提出批评,一边又替他回应了里法泰尔的批评:

> 他(里法泰尔——笔者注)所声称的"领悟的规律"并不能推进他的论点,也不能区分诗歌结构与非诗歌结构的方法,理由很简单,因为指明某一具体的系统,然后断言它不能为读者所领悟,这是极为拙劣的方法。另一方面,我们又不能以读者业已领悟的东西作为标准,这首先是因为读者自己并不一定知道哪些成分或系统导致所体验到的诗歌效果,其次,我们在原则上并不愿意剥夺批评家指出我们在文本中没有见到的东西的可能性,而批评家之所见,我们是愿意承认其重要性的;第三,这又因为倘若要把雅各布森之辈从各行其是的读者圈中逐出,我们势必又得另立其他种种相当随意性的标准和原则。②

---

① Riffaterre, Michael. "Describing Poetic Structures: Two approaches to Baudelaire's les Chats." *Structuralism*, New Haven: Yale University Press, 1966, p.201.
② [美]乔纳森·卡勒著,盛宁译:《结构主义诗学》,中国社会科学出版社1991年版,第110—111页。

卡勒的意思很明确：读者无法将其领悟到的东西与体验到的诗歌效果相对应，并做出判断，因此，读者的反应和"领悟"不能作为标准来区分诗歌结构与非诗歌结构，更何况，批评家有指明文本中各种存在可能性的权利和义务，他们作所建立的阐释标准和原则是具有相当的严肃性和科学性的。卡勒的回答无疑是切中肯綮的，但是，我们也不难发现，他其实并未否认读者的权利和重要性，更准确地说，他比里法泰尔更强调读者在"诗歌效果"（即整体意义）生成过程中所发挥的功能，而将文本结构置于"等待被阅读"的地位，在卡勒看来："作品具有结构和意义，因为人们以一种特殊的方式阅读它，因为这些潜在属性，隐含在客体本身的属性，要在阅读行为中应用话语的理论，才能具体表现出来。"① 换言之，没有读者的阅读行为，文本的结构和意义无法自动生成，由隐而显，读者的阅读是使这些潜在属性具体表现的根本原因：这自然是一种"以读者为中心"的论调。但我们的疑惑在于：读者以怎样"一种特殊的方式阅读"，又如何"应用话语的理论"？对此，卡勒胸有成竹地提出了所谓"语言学应用的最佳方案"：

> 恰如以某种语言说话的人吸收同化了一套复杂的语法，使之能将一串声音或字母读成具有一定意义的句子那样，文学的读者，通过与文学作品的接触，也内省地把握了各种符号程式，从而能够将一串串的句子读作具有形式和意义的一首一首的诗或一部一部的小说。文学研究与具体作品的阅读和讨论不同，它应该致力于理解那些使文学之所以成为文学的程式。②

在这里，我们不难发现乔姆斯基"生成语法论"的回声，事实上，卡勒在第二章便仿照乔姆斯基的"语言能力"而提出"文学能力"（literary competence）的概念。所谓"文学能力"指阅读文学文本的一套程式系

---

① ［美］乔纳森·卡勒著，盛宁译：《构主义诗学》，第174页。
② ［美］乔纳森·卡勒著，盛宁译：《构主义诗学》，第16—17页。

统,具有该能力的读者相当于内化了一种文学的"语法",使其能够把语言序列转变为文学结构和文学意义,把一个语言信息纳入文学传统中进行理解和阐释,换言之,他们是有经验的、训练有素的"理想的读者"。和里法泰尔一样,卡勒同样认为读者的这种阐释不是主观想象,但不同的是,他没有将这种阐释的主动性交予文本结构本身,也没有还给作者,而是让读者牢牢抓住,因为在他看来,"真正的创作活动,都是由掌握了加工这些语句的巧妙办法的读者完成的"。这套阅读程式或文学语法,是读者面对某个文学文本时便已经具备的先在条件,是读者通过不断接触文学作品而"内省地把握"了的符号程式,这正与雅各布森所强调的对具体文本结构的语法分析是背道而驰的:前者相信读者作为认识主体,具有理解文学效果、阐释文学意义的先验能力,而后者则相信文学文本是相对自足的意义结构体,细致的语法分析和批评实践能够使意义生成的规则程式凸显出来,换言之,读者阐释与语言阐释在文学意义生成过程中孰先孰后,孰轻孰重,是他们争论的焦点。

毫无疑问,"文学能力"是卡勒结构主义诗学的核心,这一立论是与索绪尔乃至康德以来的先验认识能力的传统一脉相承的。从这一"先验认识能力"出发,读者的理解程式成为"使文学之所以成为文学"的必要条件和充分条件,是文学研究的对象:这就与雅各布森所主张的诗性功能占主导的"文学性"形成了尖锐对立。于是,卡勒对雅各布森的诗学分析便有了如此断定:

> 雅各布森提请人们注意各式各样的语法成分及其潜在功能,这对文学研究是一个重要贡献,但是,由于他相信语言学为诗歌结构的发现提供了一种自动程序,由于他未能认识到语言学的中心任务是解释诗歌结构如何产生于多种多样的语言潜在结构,他的分析实践是失败的。①

---

① [美] 乔纳森·卡勒著,盛宁译:《结构主义诗学》,第120页。

卡勒先扬后抑地表明了这样的意思:雅各布森虽然用语言学方法揭示出了诗性功能在文本中表现的各种语法结构及其功能,但并未解释这些语法结构是如何使诗性(文学性)得以实现的。在他看来,恰恰是掌握了"文学语法"的读者使语法结构转换为诗歌结构,换言之,雅各布森只是以语言语法解释了一首诗的语言系统(语言理解),而并未理解和阐释这首诗的文学系统(文学理解),这两者是有实实在在的区别的,说得更直白些,如果没有"理想的读者"对文本的"文学理解","超级读者"对文本的"语言理解"是无效的,是失败的。因为卡勒认为"文学是一种以语言为基础的第二层次上的符号系统",所以,他机械地也是理想化地将文学文本的理解分为语言理解和文学理解两个层面,雅各布森的语法分析只是在语言层面的运作,而具有文学能力的读者则是在文学层面进行理解和意义阐释,按此说来,文学意义似乎是一个与语言意义界限分明的独立系统,但显而易见的是,这二者是一枚硬币的正反面,彼此依存、不可分割,否定其一或厚此薄彼都是错误的。卡勒先验地认定存在着一种独立自主的"文学意义",这注定了他的"结构主义诗学的视角是颠倒的,它的研究对象是从已知的文学效果出发,追溯到产生该效应的阐释程式"[①],这与英美文学传统尤其是新批评的阐释传统相一致,却与雅各布森由文本阐释到文学效果的语言诗学构成镜像关系。

在这重大的差异之上,卡勒通过考察雅各布森对波德莱尔《忧郁》组诗之一以及对莎士比亚第129首十四行诗的分析,认为:雅各布森在诗学分析中,过分看重奇数与偶数的数字对称,而这些对称恰恰是毫无意义的,因为"在这首特定的诗歌中,只要你想找到哪种组织结构类型,就一定能找到",所以,按照此种方法在诗歌中所发现的结构根本不具有独特的特征,而且,雅各布森究竟要为自己的分析方法引出什么样的结论,始终语焉不详。卡勒甚至亲自上阵,以雅各布森《诗学问题》一书散文体的"跋"为例,仿效后

---

① [美]乔纳森·卡勒著,盛宁译:《结构主义诗学》,第12页。

者的语法分析方法，寻找对称和反对称等语法结构，证明"相似成分的重复在任何文本中都可能看到"，"这种数字上的对称本身并不能作为语言的诗性功能特征的界定"。由此，他提出了自己的构想：

> 把雅各布森关于诗学语言的论述作为读者在语法成分的指引下自己进行辨义运作的理论，它才能最大限度地发挥作用。侈谈文学文本中存在着大量的平行对称和重复，既没有意思，更无释义价值。关键问题是语言系统会有什么样的效果，我们只有在自己的阅读理论中把读者如何处理文本的结构成分的过程具体化，才能得到真正的解答。①

这种想法不啻为调和文本论与读者论的中庸之法。然而，有意思的是，卡勒在这里还是不知不觉地绕回到了他所反对的立场上，即承认了雅各布森的诗学分析对读者辨义或释义的先在的指引作用，强调了文本结构的具体分析对读者阅读理解的重要价值。

总之，里法泰尔和卡勒都在文本之外提供了新的值得关注的对象——"读者"，前者秉持法国结构主义的立场，对读者的权利有所保留，文本结构依然是文学研究的重心所在，而后者则在英美新批评传统的包裹下，将重心移向了读者的阐释和评价。不管怎样，里法泰尔老成稳重的批评，卡勒年轻气盛的挑战，引起了雅各布森的高度关注，并随后进行了反批评。

二、"语言学拥抱诗学"：雅各布森的反批评

早在《结束语：语言学和诗学》(1958)的结尾，雅各布森便预料到必然会有一些批评家反对语言学和诗学的联姻，他说：

---

① [美]乔纳森·卡勒著，盛宁译：《结构主义诗学》，第116页。

语言学家和文学史家都逃避诗歌结构问题的时代,现在已经完全落在我们身后了。确实如Hollander所说,"似乎没有理由企图把文学与整个的语言学区分开来"。如果仍有一些批评家怀疑语言学拥抱诗学领域的能力,那么,我相信,那是因为一些心胸狭隘的语言学家对诗歌的无能为力,被误解为语言科学自身的一种不足。当然,在这里,我们都明确认识到:一个对语言的诗性功能耳聋的语言学家,和一个对语言学问题漠视且不熟悉语言学方法的文学学者,都是相当明目张胆的错误。[①]

果不其然,文学学者里法泰尔和卡勒以"读者"的名义对主张"联姻"的雅各布森提出了抗议。他们并非对诗歌结构问题有所逃避,而是从根本上怀疑以语言学"拥抱"文学(文本)的有效性和客观性,他们认为:"诗歌可以包含某种结构,这种结构作为一个文学艺术作品的功能和效果中不起任何作用"。[②]即雅各布森所揭示的文本的语言结构并不等于全部的诗歌结构;"从诗学的观点看,需要解释的并不是文本本身,而是阅读、阐释文本的可能性,文学效果和文学交流的可能性"[③]。即诗学的焦点由语言阐释转向读者阐释,文本自身的权利旁落到文本之外的读者:这些自然都是雅各布森无法认可的。为此,他不顾年老体衰,在与泼墨斯卡的《对话》"诗歌与语法"一节中,以及长文《对诗歌语法讨论的补充说明》(1980)中,对里法泰尔、卡勒以及美国文学批评家博萨尼(Leo Bersani)、法国语言学家穆南(Georges Mounin)等人的批评予以回应,这实际上也是对诸多心存疑虑者共同关心的一些焦点问题的答复。

　　其一,语言学立场。针对里法泰尔"语言学与诗学实现共存了吗"的

---

① Jakobson, Roman. *Language in Literature.* eds. Krystyna Pomorska and Stephen Rudy, Cambridge: The Belknap Press of Harvard University Press, 1987, pp.93-94.
② Riffaterre, Michael. "Describing Poetic Structures: Two approaches to Baudelaire's les Chats." *Structuralism*, New Haven: Yale University Press, 1966, p.202.
③ [美]乔纳森·卡勒著,盛宁译:《结构主义诗学》,第92页。

疑问，雅各布森再次重申了他在《语言学和诗学》中的观点，即语言学和诗学联姻、诗歌的语言学研究是合法且十分必要的；通过援引梅洛-庞蒂、罗兰·巴尔特、戴维·洛奇、洛特曼等人的相关言论，他更加强硬地表达了"语言科学"渗透语言艺术是不可阻挡的趋势：

> 我做这样的补充说明是为了表达这样的希望，即强力推进语言科学的一种彻底渗透，语言艺术的科学将不再理会任何削弱或破坏二者联合趋势的所有借口。[1]

在他看来，语言学享有开拓诗歌问题的权利，语言科学和文学科学的联合是大势所趋，这是无可争辩且任何人都无法阻挡的。而反对者要么怀着各种"过时的偏见"，要么对当代语言学及其全景有所误解，因而把语言学当作一种封闭的学科，将其限制在研究"句子"的狭隘领域中，导致语言学家不能检测语言艺术的组成。雅各布森的自信和强硬不是凭空而来的，也不仅仅是语言学家的强烈学科意识使然，而是因为他清楚地看到了语言学在人类的社会交往结构中确实承担着重要功能。比如，在《语言学和其他科学的关系》(1970)中，他详细阐述了一种内在的规范模式，即语言学处于中心，涵盖广泛的人文和社会科学，并拓展到与其他科学的交往。在他看来，语言学在人文社会科学中的地位，如同数学在自然科学中的地位，甚至它还可以拓展到自然科学。语言学模式在人工智能语言的开发和研究中的应用，以及在法国结构主义者手中作为无往而不胜的文化分析和批判的利器，便充分说明了语言科学在1960年代以来势不可挡的强大力量。而这背后的推手便是被罗蒂称之为"语言学转向"(the linguistic turn)的哲学潮流，按其所言，这一转向的巨大意义"在于促成了如下转变，那就是从谈论作为再

---

[1] Jakobson, Roman.. *Selected Writings III: Poetry of Grammar and Grammar of Poetry.* ed. Stephen Rudy, The Hague, Paris and New York: Mouton Publishers, 1981, p.790.

现媒介的经验,向谈论作为媒介本身的语言的转变"[①]。而一旦索绪尔所开启的现代语言学的独立规则得以确立,语言学就会凭借其严格、高度的形式化,影响或渗透其他学科,文学作为语言艺术,自然最早受其影响。因此,这种转变和渗透在雅各布森的结构主义语言诗学中表现得非常明显,甚至可以说,自索绪尔之后,雅各布森便以其卓越的语言学和诗学研究参与并有力推动了"语言学转向"的整个进程。

其二,读者期待和能力培养。读者在诗学研究和文本意义生成的过程中究竟居于怎样的地位,发挥怎样的作用?对两位批评家共同关注的这一问题,雅各布森的回答是一分为二的:

一方面,雅各布森从未否认读者在语法分析过程中的存在,相反,他认为"读者"一直在积极地对文本语言的各个层面做出相应理解和期待。比如他认为,"诗歌的读者显然'可能不能把数字的频率'与格律的构成部分联系起来,但只要他理解到诗歌的形式,他不知不觉地就会获得它们'等级秩序'的一种暗示。"[②]也就是说,重读和非重读音节的出现频率作为诗歌格律的重要构成形式,为读者提供了某种音乐效果和语义暗示,由此,读者自然就会形成某种期待,正如俄语诗歌的听众或读者常常以相当高的可能性,期待着在四音步诗行的任何偶数音节上遇到一个词语重读,但帕斯捷尔纳克的某些诗歌常常剥夺词语重读,从而使读者期待受挫。

另一方面,雅各布森的诗学分析之所以揭示文本的语法结构,并非要剥夺或嘲弄一般读者的领悟能力,按其所言,"语法结构,和诗歌的许多其他方面一样,只是一般性地为普通读者提供一种艺术感知的可能性,并不需要他们去进行科学分析,也不赋予他们这样的能力。"[③]对比卡勒的读者阐释观点,可以看出:雅各布森的语法分析虽然不能使读者具备像他一样的科学

---

① Rorty, Richard. ed., *The Linguistic Turn*, Chicago: Chicago University Press, 1967, p.373.
② Jakobson, Roman. *Language in Literature*. eds. Krystyna Pomorska and Stephen Rudy, Cambridge: The Belknap Press of Harvard University Press, 1987, p.75.
③ Jakobson, Roman With Pomorska, Krystyna. *Dialogues.* New York: Cambridge University Press, 1983, pp.116–117.

分析能力，但他所揭示出的语法结构，无疑为读者更充分地感受和理解诗歌提供了巨大支持，不仅使读者"知其然"（意义），更知其"所以然"（意义如何生成），这显然正是培养普通读者具备"文学能力"和"文学语法"的必经之路。相较而言，卡勒一味强调读者的"文学能力"对文本意义的决定作用，而"文学能力"如何获得倒显得格外迷惑，里法泰尔把诗歌想象为"读者的反应"，而读者如何做出反应和对什么做出反应则令人生疑，他们所批评的雅各布森诗学分析倒正是答疑解惑之方。正如杰弗森、罗比所言，"雅各布森不只是描述或解释读者的有意识的理解过程，而且还从技术上解释诗歌语言的整体效果"[①]。由此来看，孰先孰后，孰对孰错，不言而喻。

其三，语法结构研究的正当性。批评者认为雅各布森诗学分析把文学作品的诗歌结构降减为语法结构的研究，认为他把诗歌的富于暗示性的力量只归因于语言形态层次之间的相互关系，以及句法平行或对照。对此，雅各布森在《对话》中做了正面回应。他认为，批评家的这种看法是"毫无根据的幻想"，因为：

> 我们研究韵律，但没有人说诗歌就等于韵律，正如我们永远不会把诗歌降减为一个隐喻系统，或是一个诗节综合体，或是其他任何形式及其各种效果。但是，对韵律、比喻、诗歌节奏和"语法修辞"的研究，构成了诗歌分析的一些重要目标。而很长时间以来，诗歌结构都未得到缜密的分析。[②]

在这里，雅各布森简明而直接地表明了两层意思：第一，自己进行诗学分析

---

① [美]安纳·杰弗森、戴维·罗比等著，包华福等编译：《西方现代文学理论概述与比较》，湖南文艺出版社1986年版，第50页。
② Jakobson, Roman With Pomorska, Krystyna. *Dialogues*. New York: Cambridge University Press, 1983, p.118.

的出发点和目标在于，力图以缜密科学的诗歌语法结构研究，来改变印象式的、价值评判性的传统研究的现状。长期以来，传统的诗歌研究专注于诗歌之外的功能和价值，而对诗歌的语法分析一直到雅各布森所处的1960—1970年代才被提上日程，且仍未得到深入勘探，从这个意义上说，雅各布森的开拓精神和科学实践的成效是不容抹杀的；第二，语法结构研究只是诗歌研究的组成部分，正如韵律并不等于诗歌，而是诗歌的组成部分，他所强调的是：对某一具体诗人或诗歌传统进行韵律系统、语法修辞等规则的研究是一项非常有意义的工作，诗歌的本体研究必然以韵律、比喻、节奏以及"语法修辞"等为重要目标，而且，"诗歌中的任何单一现象其本身都不能被视为终极目标，而且诗歌结构中的所有方面都是相互关联进而构成一个独特整体的"[①]。可见，雅各布森并未以部分代整体，或是将整体消减为部分，而是格外突出诗歌结构的整体性和内部特性的彼此关联，而这些特性对诗歌作品的总体"效果"起何作用，则是另一个相对独立的问题。由此，雅各布森对卡勒追求所谓的"文学（诗歌）效果"也提出了批评，"从结构语言学和诗学的视角来看，以诗歌'效果'的决定来开始分析，这是一个严重的错误，因为不懂得手段的问题而做出这样的一个决定，只能导致幼稚而主观的研究"[②]。不知手段，焉知效果？相信任何了解诗歌、有文学阅读经验的人，都无法否认雅各布森的这一观点及其基础研究的合理性与巨大贡献。

其四，诗性功能占主导。与上述批评相关，雅各布森认为，诗歌结构研究包括对诗歌语言表现的多种功能的研究，但占主导的诗性功能应当是诗学研究的重心，诗性结构的主导地位不可动摇，因此，不存在与诗歌"无关的语法"，也不存在"不起任何作用"的某种结构，任何语法和结构都受诗性影响，并在诗性结构中承担相应功能：

[①②] Jakobson, Roman With Pomorska, Krystyna. *Dialogues*. New York: Cambridge University Press, 1983, p.119.

虽然诗学通过语言之棱镜来阐释诗人的作品，并研究诗歌表现的主导功能——诗歌阐释的起点，但是，它的其他价值——心理学的、精神分析的或社会学的，依然可以进行研究，当然，是由上述学科真正的专家来研究。同时，这些专家必须考虑到一个事实：主导功能把它的影响强加于其他功能之上，其他光谱必须服从于这首诗的诗性肌质的光谱。①

这是雅各布森反复强调的一个问题。诗学的主要任务就是通过语言学方法（"语言之棱镜"）来研究诗歌表现的主导功能即"诗性功能"（poetic function），诗歌表现的从属的、非诗性的功能和价值属于其他学科的研究域，可被其他学科的专家所研究，但不可否认的是，在诗歌中，诗性的光普照耀（"主导"）着诗歌结构的每个角落，任何非诗性的结构、与诗歌无关的语法都是不可思议的。诗人自身对语法的领悟也可以终结上述批评者的幼稚推测，比如波德莱尔，他对语言充满着敏锐的洞察力和自信，他说："语法，贫瘠的语法，它自身却变为了一种唤起魔力的东西"，在《恶之花》中诗人正是以诗性语言实现了这种"唤起魔力"的想法，"存在于世界上，在动词中，阻止我视其为偶然的一种纯游戏的神圣的东西。自由地操纵语言是为了唤起魔力的一种实现"②。在这里，诗人有意否定了偶然的语言游戏，诗歌中的任何语法都是"唤起魔力"的神圣技艺，按照他的意思，十四行诗所必需的就是一种结构性的、网络式的语法设计（design），波德莱尔研究专家戈蒂耶已有力地证明了诗人这种高超的"设计"正是其诗歌中"不足与外人道"的隐秘印记。③

其五，诗学分析的客观性。批评者认为：雅各布森的诗学分析带有"先

---

① Jakobson, Roman. *Selected Writings Ⅲ: Poetry of Grammar and Grammar of Poetry*. ed. Stephen Rudy, The Hague, Paris and New York: Mouton Publishers, 1981, pp.766—777.
② Jakobson, Roman. *Selected Writings Ⅲ: Poetry of Grammar and Grammar of Poetry*. ed.Stephen Rudy, The Hague, Paris and New York: Mouton Publishers, 1981, p.769.
③ ［法］戈蒂耶著，陈圣生译：《回忆波德莱尔》，上海译文出版社2011年版，第46—52页。

入为主的、先验的"主观倾向,也因此而只专注于寻找一系列的二元对立,卡勒甚至认为无论在诗歌还是在散文(prose)中,"只要你想找到哪种组织结构类型,就一定能找到"。果真如此吗?

首先,雅各布森自表心迹:"当我在研究诗歌文本的语法之时,我总是试图保持一种最大的客观性。"[1] 在他看来,语法范畴的分布对整首诗歌的整体和部分的艺术个性化作出积极贡献,这是不难看出的,并且易于对所选择的语法按统计学的方法检测其可能性和准确度。而在非诗歌文本中,语法范畴则是消极的,难以检测的。更为重要的是,雅各布森身体力行地对宗教、哲学、玄言、战争、革命甚至情色等各种风格、主题、流派和文学传统的诗歌作品进行了深入细致的分析,并且,为保证客观和可靠,凡是歌谣都以诵读的诗歌代替,凡是口语的皆以书面作品代替,而"当我研究的诗歌是用我所未掌握的语言写成的时候,我一般会与以这种语言为母语的专家合作。在任何情况下,我都向我所分析的诗人的同胞求证,以此来小心地检测我的研究成果"[2]。正因如此,我们在雅各布森的著作中发现了大量的合作文章,这可以说是一个学者严谨、认真、"大胆假设、小心求证"的精神体现,而决不能被误认为是缺乏个人独创性的表现。

其次,雅各布森诗学分析的方法和步骤严格遵循结构主义原则,"一切从文本出发"、"一切从关系出发"成为其恪守的准则。他对自己的分析方法有着清晰的认知和表述:

> 分析诗歌的语法结构,解析诗节的结构,这只是第一步。之后要对整个诗篇中那些被选定的语法范畴的区别做出解释:为何那样分布?又达到怎样的目的?尽管这样,在我自己的实践中,我还尽可能地在开始语法分析时就拟定出语义阐释的方向,对所发现的语法现象进行意

---

[1][2] Jakobson, Roman With Pomorska, Krystyna. *Dialogues*. New York: Cambridge University Press, 1983, p.117.

义上的解释。①

相较于卡勒将文本解释的权利拱手送给"读者",雅各布森则更关注形式与意义之间密不可分的联系,文本意义的生成首先应取决于文本自身的语言结构和语法分析,在此基础上才谈得上读者的解释。这种理论和实践的合理性、客观性和科学性,显然胜过卡勒所信赖的读者阐释的主观性和任意性。

再次,正因为做到"具体文本具体分析",雅各布森的语法分析结果也与文本自身的特性相对应,而并非无意义地、无限制地任意寻找各种对立、对称或"拼凑数字"。如其所言:

> 尽管我的批评者们努力了,但他们在我的语法分析实例中没能找到一个重要的语言学错误。诗歌显示出所有种类的对称结构:除了直接对称,我们还发现了所谓的镜像对称(mirror symmetry)和精巧的反对称;你还可以在诗歌的韵律分析中发现相似分配的广泛应用。众所周知的押韵形式——换韵、交韵、抱韵(aabb、abab、abba)——在语法修辞中也可找到相近的平行类型。例如,在一首四小节的诗歌中,这些修辞可以将前后两节或奇偶两节区分开,或最终将内部两节与外部两节区分开。那种认为想要发现多少对称范畴就能发现多少的想法,是和具体的分析经验完全矛盾的。②

在诗歌中,我们能观察到各种语法对称结构,这种对立的分布有着严格的规律性,其存在基础又是一种层级秩序的语言客观性,可以说,它们是明显属

---

① Jakobson, Roman With Pomorska, Krystyna. *Dialogues*. New York: Cambridge University Press, 1983, p.119.
② Jakobson, Roman With Pomorska, Krystyna. *Dialogues*. New York: Cambridge University Press, 1983, pp.117-118.

于诗歌语言的资源，对立要素的差异产生诗歌的全部价值，而在日常语言和新闻、法律或科学的散文语言中是几乎找不到的，因此，卡勒所谓的"我们能任意地生产分布范畴"无疑是天真的。事实上，那些想在报纸或科学文章中找到像诗歌语法一样的对等结构的企图，都以失败告终，他们的努力只不过是"科学著作的无用而拙劣的模仿"罢了，正如卡勒在对雅各布森《诗学问题》的"跋"进行语法分析时，一开始便"将过于简短的第一句撇开"，这种"粗枝大叶的处理"（卡勒批评雅各布森语）恰恰暴露其随意取舍的主观态度，是与语言科学的科学诉求格格不入的。

最后，从"作者"角度来说，雅各布森认为，文本中语法对立的系统安排并非研究者主观赋予的，而是作者"无意识"地组织语法要素的结果。虽然作家和诗人一般不会提及他们先前的创作草稿，但是他们在运用语言材料的时候，确实经常表现出对潜在的语言运用方法的真正理解，如其所言，"语法的诗歌及其文学产品，诗歌的语法——尚未被批评家们所知，绝大多数语言学家也是不顾的，但却被创造性的作家娴熟地掌握了"[①]。在雅各布森看来，波德莱尔、赫列勃尼科夫等便是这样的"创造性的作家"，此外，他对叶芝诗歌《爱的悲哀》前后跨越近六十年的两个版本的语法分析（1977），对屠格涅夫在私人聚会上"无意识"地脱口而出的七个词的诗句分析（1979），都充分证明了他们也同样掌握了诗歌语法的奥妙。[②] 当然，雅各布森也同时指出，尽管他们能够"无意识"地运用语言中所内含的一套复杂的语法关系系统，但却不能分离和界定这套语法关系，因此，这项任务有待于语言分析去完成：这正是雅各布森的语言诗学理论与语法批评实践所承担的核心任务。

实际上，这种"无意识"的、直觉式的理解和运用，归根结底是由语法结构的强制性所决定的，这种强制性使普通读者能够敏感地觉察到诗歌中的

---

① Jakobson, Roman. *Language in Literature*. eds.Krystyna Pomorska and Stephen Rudy, Cambridge: The Belknap Press of Harvard University Press, 1987, p.90.
② Jakobson, Roman. *Language in Literature*. eds.Krystyna Pomorska and Stephen Rudy, Cambridge: The Belknap Press of Harvard University Press, 1987, pp.216-249.

言语区别。这好比听音乐，一个嗜好十四行诗的读者，能够体验和感觉到两个四行句或三行句的相似，而一个没有经过特殊训练但具有"语言能力"的读者，同样会指出这些句子之间韵律和谐的某些隐在要素，因此，这种理解程度的差异，并不能否定普通读者对语言科学所揭示的言语区别所具有的敏感性。对此，雅各布森在《诗歌中的潜在系统》（1970）中做了更明确的说明，"在个性化诗人的作品中，直觉（intuition）可以作为复杂的语音结构和语法结构的主要的（并非罕见的）甚至唯一的设计者。这些结构，在潜在层面具有特殊的强大力量，不需要任何逻辑判断和专门知识的辅助就能发挥能动功能，无论是在诗人的创造活动中，还是在敏感的'作者的读者'的感知中。"[①]可以说，这些潜在系统——语音结构和语法结构，被个性化诗人直觉地应用于创作，也被敏感的读者直觉地感知和把握。

三、打破"结构"：从语言诗学走向文化诗学

综上所述，雅各布森以其对语言诗学的绝对忠诚，对语法分析的结构主义科学梦想，对里法泰尔和卡勒等人的批评进行了义正词严的反批评。最后，雅各布森也对他们做了总体评价：里法泰尔自己对波德莱尔文本的"描述"态度是任意的，他所设想的"一种纯粹虚幻的客观主义"是不存在的，因为虚幻的超级读者的解析装备根本无法开辟一条真实可信的处理文本的道路；而卡勒则忠实地遵从于过时的偏见，其文章"相当自负和外行，证明其无力抓住法语诗的本质以及一首诗的总体结构。卡勒所构想的自身批评任务只是批评和摈弃一切进入到诗歌作品的解析探究的基本原理，而他们自身则不采取任何积极的措施。"[②] 当然，雅各布森也特意表明，他的目的并

---

① Jakobson, Roman. *Language in Literature*. eds.Krystyna Pomorska and Stephen Rudy, Cambridge: The Belknap Press of Harvard University Press, 1987, p.261.
② Jakobson, Roman.. *Selected Writings Ⅲ: Poetry of Grammar and Grammar of Poetry*. ed. Stephen Rudy, The Hague, Paris and New York: Mouton Publishers, 1981, pp.785-788.

非是要把反对者的努力最小化,而是要"追求和捍卫对'语法的诗歌'问题和'诗歌的语法'问题的一种系统探究"。实际上,雅各布森还是应当感谢里法泰尔尤其是卡勒的批评的,因为"大多数读者对雅各布森的了解是通过卡勒的批评,而非直接阅读雅各布森本人的著作"[①]。

对照上述批评与反批评,一方面,我们必须承认:雅各布森的语言诗学理论及其语法分析实践,在传统文学研究的庙堂之外,矗立起一座宏大而精致的现代风格的结构主义圣殿,语言学者和文学学者怀揣着语言的通行证,耽溺于字句声色的悦耳之音,游走于纵横交织的语法网络之中;另一方面,我们也不可否认,里法泰尔和卡勒的批评使"读者"从文本背后脱颖而出,犹如一道利光,映照出结构主义的语言封闭和自足自乐的文本愉悦,也照亮了接受美学和解构主义的前行之路。无论雅各布森承认与否,他作为一个"专业读者",其对诗歌的语法结构的阐释本身,便已经证明了读者阐释在文本意义生成过程中的重要作用。当然,"文学性"的语言学立场促使其将文学研究的视域聚焦在文本的语法性之上,在文本意义的语法阐释与读者阐释之间,他毫不犹豫地选择了前者;而卡勒和里法泰尔则选择了读者阐释,试图从接受者一方来解释语言特性如何在诗里起作用,按他们的意思,"文学性"一如文学效果(意义),没有读者的理解和阐释便无法"使一个作品成为一个文学作品"。

其实,撇开分歧来说,他们三人又何尝不是"结构主义"阵营中的亲密盟友呢?都是"一种旨在确立生成意义的条件的诗学"(卡勒语),都视文本为可分析的语言结构,都相信并借用语言学的魔力,都对科学地确定和分析文学的根本特性怀有信心,等等。此外,三人都不同程度地流露出在二十世纪六七十年代结构主义"转向"时期,也即德里达、福柯等后结构主义的"法国风"登陆美国之前的一种典型的暧昧态度。这种暧昧表现出他们在欧陆新观念与英美批评传统的持守与变通之间的态度:雅各布森无疑是葆

---

① Bradford, Richard. *Roman Jakobson: Life, Literature, Art*. London and New York: Routledge, 1994, p.88.

有欧陆本色的学者,即使在美国哈佛大学多年也一心专注于结构主义语言学的诗学研究,对当时已占据文化传统主宰地位的"英美新批评"理论既吸纳又保持距离;而卡勒则在英美传统的文学批评观(以阐释和评价为使命)的影响下,将新批评与结构主义这一外来思潮融合起来,由此而形成了其"新瓶装旧酒"式的结构主义诗学。里法泰尔则介于两者之间。

通过评述和反思这场诗学之争,我们不难发现:雅各布森对"文学性"、文本自足的语言结构、文学意义生成等问题理解的合理性与局限性(一定程度上表征了结构主义诗学的困境),也不难看出,在日益兴起的美国"读者反应批评"和德国接受美学影响下,文学研究从"以文本为中心"的形式批评向"以读者为中心"的接受批评转变的必然趋势,以及后期结构主义者力图打破封闭性"结构"的努力和可能。然而,颇具吊诡意味的是,一旦"认定文本意义由读者内化了的阅读和理解程式所决定,这就剥夺了文本自身具有意义的可能性,作为文学研究最重要对象的作品也就无形之中降格,甚至被逐出结构主义的文学研究领域"[①](卡勒8),这正是卡勒结构主义诗学的缺陷所在,后来随着"从作品到文本"的转变、"文本"概念的扩张、意义的"延异""撒播"以及读者"漫游"式阅读的兴起等,这种情况变得更加一发而不可收拾。尽管如此,雅各布森的语法分析还是可以找到有效的理论支持的。比如德国接受美学理论家瑙曼等人就借鉴英伽登的观点,认为作品生产过程中蕴涵着针对读者的"接受导向"(Rezeptionsvorgabe),即读者在接受过程中固然有着一定的自由取向和兴趣爱好,但是他的任何阐释和艺术体验只能在作品允许的范围内,也就是说,作品所能达到的效果,只能首先来自作品本身的结构、思想和艺术品质(即它向读者发出的信息),尽管"有一千个读者就有一千个哈姆雷特",但读者读出的终究是哈姆雷特而不是哈利·波特。[②] 如此看来,雅各布森认为作品的语法结构可以"为普

---

① [美]乔纳森·卡勒著,盛宁译:《结构主义诗学》,第8页。
② 方维规:《"文学作为社会幻想的试验场"——另一个德国的"接受理论"》,《外国文学评论》2011年第4期,第137—152页。

通读者提供一种艺术感知的可能性"就不是虚妄之言了。

总之,他们三者之间并无根本矛盾,最好的解决方式莫过于彼此融通,即运用雅各布森的语言诗学理论来培养读者的"文学能力",提高"读者反应"水平,以至于成为"超级读者",最终较为客观合理地解释诗歌效果:这显然代表了结构主义诗学后来演变的方向,即打破文本相对自足的语言结构,向作为社会性和历史性而存在的"读者"开放,向意义的各种生成可能开放,这就为"语言诗学"走向更加开阔的"文化诗学"提供了预设和前景,为更加科学地理解文学意义的生成提供了新的可能。

(本文原载《文艺理论研究》2016年第5期)

回到语言：文学阐释学建构的若干问题

江 飞

当代中国阐释学和文学阐释学的建构已经提上了历史日程，其倡导者张江教授先是有力地批判了当代西方文论"强制阐释""以理论为中心"的缺陷，及其背后的绝对唯理论和相对主义的思维方式与逻辑演绎方式，后又提出"公共阐释"，确立了当代中国阐释学的基本框架、基础问题、核心范畴、方法路径和远景目标，旗帜鲜明地表明了一种在不确定的、分裂的、私人理性的世界重建确定性、总体性和公共理性的坚定意愿。当然，西方阐释学和中国古典阐释学的漫长历史告诉我们，当代中国阐释学的建构必将是一个长期且艰难的过程。

值得注意的是，在最近发表的《中国阐释学建构的若干难题》中，张江又特别提出了"汉语言文字研究与阐释学的关系"问题，指出："无论是在本体论还是方法论意义上，语言研究永远是阐释研究的根基"[①]，要继承和发扬训诂学、文字学、音韵学等中国语言学传统，对此笔者深以为然。阐释是语言的阐释，语言是阐释的语言，当代中国阐释学的建构离不开语言研究；文学作为语言的艺术，文学阐释学的建构更需要对语言问题进行深入剖析和探究。由此，本文试图回到语言，提出和回答文学阐释学建构的若干问题，从语言的视角思考文学与阐释如何存在、文学意义如何生成以及文学的公共阐释如何可能等基本问题，不揣浅陋，以就教于方家。

---

① 张江：《中国阐释学建构的若干难题》，《探索与争鸣》2022年第1期。

一、回到语言：文学与阐释如何存在

为什么要回到语言？这是由语言对于文学、对于阐释的意义决定的。文学阐释学自然要以"文学"作为阐释对象来进行理论建构，但显而易见的问题是，当我们谈论"文学"时，我们究竟在谈论什么？古往今来的文学研究者给文学下了无数的定义，但真正的"有效阐释"又有多少呢？在我看来，"文学是语言的艺术"[①]既是一种基本常识，也是一种有效阐释。

首先需要声明的是，我们既可以从方法论的角度看待语言，也可以从本体论的角度看待语言。本体论与方法论始终都是统一的，不可割裂的，没有与本体论相割裂的孤立的方法论，也没有不具备方法论意义和作用的本体论，因此，本体论与方法论理应并重，方法论优先，应作为我们建构中国阐释学和文学阐释学的基本原则。

文学首先是作为语言而存在的艺术，语言性是文学区别于音乐、舞蹈、绘画、建筑、雕塑等其他艺术门类的"文学性"之所在。在"文学性"（literariness）概念的提出者罗曼·雅各布森（Roman Jakobson）看来，只有"文学性"才是文学的根本特性，是区分文学与非文学的标准，是文学研究的真正对象，按其本意来说，"使一部作品成为文学作品"的"文学性"只存在于文本的语言层面，说得更具体些，"文学性"就在于文学语言对日常语言的变形、强化和扭曲，就在于"对普通语言有组织的破坏"[②]。尽管我们可以对"文学性"作超越语言学的多义理解和文化阐释，但归根结底是语言使文学得以存在，语言性理应视为文学的第一性。

从方法论角度来说，语言向来被视为反映世界和表达思想、精神、生命

[①] 一般来说，"语言"不包括记录语言的"文字"，但就文学而言，"语言"与"文字"是不可割裂的，语言形之于文字，才使得文学与相声、小品、脱口秀等"语言的艺术"相区别，故有学者认为"文学是借助文字来发挥语言奥妙的艺术"（参见郜元宝著：《不如忘破绽——郜元宝文学批评自选集》，作家出版社2021年版，第351页）。本文遵循惯例，沿用"文学是语言的艺术"这一并不完全的定义。

[②] 江飞著：《文学性：雅各布森语言诗学研究》，人民出版社2019年版，第34页。

的工具和手段。比如,在语言学家洪堡特看来,语言是精神力量的主要表现形式,不同的语言和民族都是人类精神不同的显现结果,语言是一种精神的不由自主的流射和创造,语言的这种创造性是类似于艺术创作一般的超规则、难预测、难限定的创造。[①]施莱尔马赫认为,"语言是解释学唯一的预设条件,包括客观的、主观的前提在内的一切东西惟有在语言中才能实现"[②];而在狄尔泰那里,语言是表达精神内容、解释世界和生命的重要手段。总之,语言作为阐释学首要唯一的预设条件和表现手段而存在。

从存在论立场揭示语言和文学的关系、语言和理解与阐释的关系,是哲学阐释学留给我们的宝贵遗产。在伽达默尔看来,文学以文字性的语言文本形式得以存在和流传,既诞生于特定的历史文化语境之中,又是一种承载和见证历史的"历史流传物"。历史流传物构成人类历史文化的基础和根基,"对于世界史全部历程的理解只能从历史流传物本身才能获得"[③],而"流传物的本质就在于通过语言的媒介而存在"[④]。在他看来,解释学中关于理解对象的规定正是语言或语言性,事物的本质和世界的意义正是通过语言或语言性而得以显露和涌现,"语言能让某种东西'显露出来'(entbirgen)和涌现出来,而这种东西自此才有存在"[⑤]。可见,真正的历史流传物便是一种语言性文本,我们之所以能够进行理解和阐释,历史流传物之所以能进入理解炳得以传承,关键就在于语言性,"如果我们对于某种文化根本不占用其语言流传物,而只占有无言的文物,那么我们对这种文化的理解就是非常不可靠的和残缺不全的,而我们也不想把这种关于过去的信息称为历史"[⑥]。而且,语言可以沟通历史和当下,"视域融合"由此在语言中

[①] [德]威廉·冯·洪堡特著,姚小平译:《论人类语言结构的差异及其对人类精神发展的影响·译序》,商务印书馆2010年版,第48页。
[②] F. Schleiermacher. *Hermeneutics: The Handwritten Manuscripts*. Edited by Heinz Kimmerle and translated by James Duke and J. Forstman. Montana: Scholars Press, 1977, p.50.
[③] [德]汉斯-格奥尔塔·加达默尔著,洪汉鼎译:《真理与方法》,上海译文出版社1999年版,第257页。
[④] [德]汉斯-格奥尔塔·加达默尔著,洪汉鼎译:《真理与方法》,第497页。
[⑤] [德]汉斯-格奥尔塔·加达默尔著,洪汉鼎译:《真理与方法》,第489页。
[⑥] [德]汉斯-格奥尔塔·加达默尔著,洪汉鼎译:《真理与方法》,第498页。

得以完成。总之,对于文学和阐释而言,语言性具有哲学本体意义,伽达默尔因此直截了当地提出,"能被理解的存在就是语言"①。

正因为理解和阐释都需要语言,语言是理解和阐释的共同载体,所以西方阐释学并未严格区分理解与阐释,阐释学也因此被称为"理解和解释的科学或艺术"。而张江则明确指出理解与阐释的区别,并指明阐释必须遵循语言逻辑,我认为这是十分必要和正确的。一方面,理解不同于阐释,理解是一种个人的内在心理活动,是理性与感性、意识与无意识的混合;而阐释是借助外在的语言文字对理解进行传达,是面向公众的公共言说。就逻辑论,理解在先,阐释在后;但就实际阐释过程而言,理解与阐释常常相伴相随,理解须经阐释才得以显明,阐释须以理解为前提才得以传达。另一方面,作为人类交际工具的语言或言语,其构成和应用都离不开理性逻辑的规范与约束,"无逻辑的语言不被接受,无逻辑的阐释无法实现"②。因此,阐释必须遵循语言逻辑,必须追求阐释语言的澄明。一言以蔽之,语言决定思维,思维决定阐释,语言决定了阐释的路径与方式,使阐释成为阐释,使阐释的公共性逐渐显露,使"形之于心"(理解)到"形之于手"(阐释)顺利实现。

阐释的根本目的在于揭示阐释对象的意义,而意义的揭示同样离不开语言。在中国古典的"言意之辨"里,无论是"言尽意"还是"言不尽意",语言都被视为表达意义的工具和手段,"尽意莫若象,尽象莫若言""意以象尽,象以言著","言""象""意"被认为是由表及里的层次结构,"言"为表,"意"为里,语言是"筌",意义是"鱼",无论是作者的创作还是读者的阅读,"得鱼忘筌""得意忘言"都被认为理所当然。这种在中西方长期占据主导地位的工具论语言观看似有理,实则割裂和对立了语言与意义的关系,轻视和贬低了语言存在的价值。直到20世纪,哲学的"语言学转向"赋予语言以本体论地位,才重新确立了语言与意义之间的关系。正如伊格尔顿所指出的,"20世纪的'语言学革命'——从索绪尔到维特根斯坦直到当代文

---

① [德]汉斯-格奥尔塔·加达默尔著,洪汉鼎译:《真理与方法》,第606页。
② 张江:《阐释逻辑的正当意义》,《学术研究》2019年第6期。

学理论——的标志即在于承认,意义不仅是某种被在语言中'表达'或'反映'出来的东西;意义其实是被语言生产出来的。我们并不是先有意义或经验,然后再着手为之穿上语词;我们能够拥有意义和经验仅仅是因为我们拥有一种语言以容纳它们。而且,这就意味着,我们作为个人而拥有的经验归根结底是社会性的;因为根本不可能有私人语言这种东西,而想象一种语言就是想象整个一种社会生活"[①]。人是语言的社会的动物,人类生活的经验和思维都离不开语言,如维特根斯坦所阐发的,语言的边界就是思想的边界、世界的边界,"当我用语言思想,语词表述之外并不再有'含义'向我浮现;而语言本身就是思想的载体"[②]。语言生产了人类的思想和意义,人类生存的世界和本质寓于语言之中,如海德格尔所言,"人就在语言中"[③],"语言是存在之家,因为作为道说的语言乃是大道之方式"[④]。

要之,语言是存在的语言,使文学得以存在,使理解和阐释得以存在,使意义得以涌现出来。因此,回到语言,就是回到文学和阐释的根本,回到文学阐释学的根本。

二、"四素一质":文学意义如何生成

文学意义的生成是文学阐释学关注的根本问题,那么,文学意义是如何生成的呢?顾名思义,文学阐释必须要以"文学"作为阐释对象来阐明其意义,在我们看来,以语言阐释的角度和方法切入总体性的作为语言艺术的文学,使理解的整体性意义经由整体性的语言阐释而得以完整涌现和表述,无

---

① [英]特雷·伊格尔顿著,伍晓明译:《二十世纪西方文学理论》,北京大学出版社2007年版,第59页。
② [英]路德维希·维特根斯坦著,陈嘉映译:《哲学研究》,上海人民出版社2005年版,第125页。关于语言与思想相互依存的关系,施莱尔马赫也指出,"语言只能通过思想而存在,反过来思想也只能通过语言而存在;每一方都只能借助于对方而完成其自身。"(转引自金慧敏:《在言词与意义之间——施莱尔马赫解释学的解构之维》,《文艺研究》2002年第5期。)朱光潜也认为,"语言与情感思想同步一致""思想就是使用语言"(参见朱光潜:《思想就是使用语言》,《哲学研究》1989年第1期)。
③ [德]马丁·海德格尔著,孙周兴译:《海德格尔选集》,上海三联书店1996年版,第1121—1122页。
④ [德]马丁·海德格尔著,孙周兴译:《在通向语言的途中》,上海三联书店1997年版,第269页。

疑有利于我们审视和总结文学意义的生成特点和规律。

自艾布拉姆斯提出艺术活动四要素以来,"文学"一般被视为由世界、作品、作者和读者四要素所构成的整体活动,文学意义的生成离不开四要素的联合与互动,这也就意味着,文学阐释应当以世界、作者、作品、读者四位一体的文学活动为阐释对象,探求其整体性的文学意义生成过程和结果,而不应当只以某一要素为中心进行意义阐释。然而,西方文学阐释学的发展历程却恰恰走的是后一条路线,即从"以作者为中心"到"以文本为中心"再到"以读者为中心",分别聚焦"作者意图""文本意图""读者意图",只见树木,不见森林,犹如盲人摸象。张江已明确指出强制阐释的一个基础性错误,在于否认文本结构的整体性及对文本阐释的整体性[1],这里需要进一步指出的是,对于文学阐释来说,仅仅强调文本的整体性意义是不够的,还必须强调文学的整体性意义以及文学阐释的整体性意义——这是建构文学阐释学的第一块基石。立足于整体性思维的基石之上,我们再来分别探求语言与各要素的关系以及语言阐释与意义生成的关系。

(一)世界与语言

在艾布拉姆斯看来,这个比"自然"含义更广的中性词"世界"(Universe),指的是作品直接或间接导源于现实事物的主题,是作品总会涉及、表现、反映某种客观状态或者与此有关的东西,由人物和行动、思想和感情、物质和事件或者超感觉的本质所构成。[2] 显然,这是一个主客一体的无所不包的"世界",作者、作品和读者都含纳其中。用海德格尔的话来说就是,人"在世界之中存在","我居住于世界,我把世界作为如此这般熟悉之所依寓之、逗留之"[3]。在海德格尔基础存在论意义上,世界因语言而存

---

[1] 张江:《再论强制阐释》,《中国社会科学》2021年第2期。
[2] [美]M.H.艾布拉姆斯著,郦稚牛、张照进、童庆生译:《镜与灯:浪漫主义文论与批评传统》,北京大学出版社2004年版,第4页。
[3] [德]马丁·海德格尔著,陈嘉映、王庆节译:《存在与时间》,上海三联书店,第62、64页。

在，人在语言之中活动。但就马克思主义唯物论而言，世界无疑是第一性的，先于人和语言而存在，"语言介于人与世界之间，人必须通过自己生成的语言并使用语言去认识、把握世界。语言记录下人对世界的看法和存在于世的经验，加之又有自身的组织和规律，于是，它逐渐成了一种独立自主的力量，一个相对于使用者的客体，或者说，形成一种独特的'世界观'"①。从这个意义上来说，人–语言–世界三者构成三位一体的"命运共同体"。

就文学论，在世界之中的作者通过自己习得的语言和由此而形成的世界观，有组织有规律地使用语言去记录自己对世界的看法和存在于世的经验，这一"世界的语言化"过程就是作者的文学创造，创造的结果就是以语言结构而成的文本，其效用就是使共在于世界和语言之中的读者阅读和接受语言文本中所蕴含的作者的世界经验，以丰富或修正自己的世界经验。总之，世界不仅仅是作者再现和表现的对象，更是人（作者与读者）依寓逗留之所，世界的意义必须依存于语言并经由语言阐释而获得揭示和接受。

（二）作者与语言

历来对作者和作者意图的理解与阐释总是忽视作者与语言的双向关系，而在两极之间摇摆：要么相信作者意图与语言之间的确定性，如中国"经典"阐释学和西方《圣经》阐释学，字斟句酌，苦心求证"神圣作者"的意图，以作者意图等同于作品意义，读者"所寻找的正是言说者所意欲表达的那一思想"②；要么相信作者意图与语言之间的不确定性，如英美新批评和接受美学，批判"意图谬误"，认为作者原意只可意会不可言传，读者可以不顾作者原意而任意阐释。这两种文学阐释显然都失之片面。

首先，显而易见的常识是，作者之为作者，即在于他是世界的领会者和

---

① 威廉·冯·洪堡特著，姚小平译：《论人类语言结构的差异及其对人类精神发展的影响》，"译序"，第48—49页。
② Friedrich Schleiermacher, *Hermeneutics and Criticism and Other Writings*, Cambridge: Cambridge University Press, 1998, p.233.

作品及其自在意义的创造者,无论读者如何再创造、阐释者如何阐释文本,都不可能消解作者作为"话语创始人"的主体性和创造性。正如张江所言,"文本具有自在意义,这个意义由文本制造者赋予。无论他表达的是否清晰与准确,我们目及任何文本,包括阐释者的阐释文本,皆为有企图和意义的文本……说作者死了,文本与作者无关,意图无法找到或找到也无意义,可以是一种趣味,但这绝不意味着它没有"①。因此,作者不能死也死不了,他会一直"活"在文本语言中,活在与读者的对话里;作者意图如同"一根可以钉进文学里去从而为它赋予一个固定意义的钉子"②,读者可以松动它,却不可以拔出它。

其次,"言为心声","在心为志,发言为诗",语言是作家表达情感思想、企图和意义的上手工具和另一种形式的生命存在,形象地说,"作家的语言是作家的一种内分泌"③,是构成作家身体与心灵的不可或缺的一部分,语言使作家成为一个完整的人,并使"真实作者"化身为"隐含作者"。

再次,作家既被动接受共性的语言,又主动创造个性的语言。一方面,作者要受到语言的限定与约束;另一方面,作者既被语言塑造,又能动地反作用于语言,正是在与语言的双向关系中,作家拥有相对自由的创造权利。这种"相对自由"还意味着,作者对语言的使用必然受到包括语境、心理等在内的文化背景的影响和制约,"语言的使用涉及使用者、接收者、特定的语境以及各种心理的知识(经验的)背景等等广泛的文化范畴。换言之,语言的使用及对语言意义的追求,是以使用者已有的文化背景为前提的"④。因此,作家使用语言传达意图,既要遵从基本的语言社会约定俗成性、语言逻辑和文化背景,又力求把普遍的、公共的语言改造为特殊的、私人的文学语言,把主体性的情感思想转译为语言符号,在语言符号的共性中显示个性的

---

① 张江:《论阐释的有限与无限》,《探索与争鸣》2019年第10期。
② [英]特雷·伊格尔顿著,伍晓明译:《二十世纪西方文学理论》,第86页。
③ 王尧著:《在汉语中出生入死:关于汉语写作的高端访谈》,春风文艺出版社2005年版,第46页。
④ 江怡:《对语言哲学的批判:维特根斯坦与康德——兼论英美与欧洲大陆哲学的关系》,《哲学研究》1990年第5期。

差异,在不自由中实现自由。

最后,语言共性的和字面的含义生成相对稳定的言内之意,保证意图阐释的确定性;而语言选择与组合的个体性和情感思想的复杂性以及特定语境中生成的言外之意,导致意图阐释的不确定性;后者以前者为基础并受其规约,无论言外之意还是言内之意,总体上都要受制于语言本身和作者意图;即使存在着某些读者理解而作者却无法说清的某些意图,也是作者"无意识"灌注的、直觉地组织语法要素的结果。

总之,无论是罗兰·巴特的"作者之死",还是赫施的"保卫作者",作者在文学活动中的地位及其意图的阐释都是不能被轻易否定的;不能以作家使用语言的自由来否定语言和世界对作者的制约,也不能以意图阐释的不确定性来否定作者赋予语言与文本以意义的确定性。一方面,作者原意不等于作品意义,更不等于文学意义,如伽达默尔所言,"作者的思想绝不是衡量一部艺术作品的意义的尺度"[①],另一方面,作者原意一定是作品意义和文学意义的重要组成部分。古典阐释学之"知人论世""以意逆志"的合理性在于,作者及其所欲言说的"世界"都直接或间接地存在于语言之中,语言阐释就是"沿坡讨源""披文以入情",揭示和阐明作者或明或暗之"志"。

(三)作品与语言

作品即文学阐释的文本,是文学意义的核心产地,因而成为"强制阐释"和"公共阐释"争夺最激烈的战场。问题在于,如何理解作为文学阐释对象的"文本"?

首先,文本是语言构成的文本,语言性是文学文本的首要特性,不能以内容与形式的二分法来断言语言只是文本的"形式"。汪曾祺曾在耶鲁和哈佛大学的演讲上专门谈中国文学的语言问题,他说:"语言不只是一种形式,一种手段,应该提到内容的高度来认识。……语言不是外部的东西。它和内容

---

① [德]伽达默尔:《真理与方法·第二版序言》,洪汉鼎主编:《理解与解释——诠释学经典文选》,东方出版社2006年版,第174页。

同时存在,不可剥离的。语言不能像橘子皮一样,可以剥下来,扔掉。世界上没有没有语言的思想,也没有没有思想的语言。……语言是小说的本体,不是附加的,可有可无的。从这个意义上说,写小说就是写语言。"① 在汪曾祺看来,语言不是小说(文学)的形式,不是表达思想的工具,而就是内容,就是本体,思想与语言是同步生成、不可割裂的。"思想在语言中生成,语言在思想中展开,彼此相互刺激、相互接替、相互依赖,语言表达与意义产生是同步的。"② 就此而论,确实如马克思所言——"语言是思想的直接现实"③。由此,文本阐释既是思想意义阐释,也是语言阐释,语言阐释是文本阐释的题中应有之义,那种试图僭越语言去阐释文本思想和意义的做法显然是一厢情愿。

其次,文本既是封闭的、静态的,又是开放的、动态的,结构主义者立论于前者,解构主义者立论于后者。在伽达默尔看来,文本不是一件现成的完成品,而是一个未完成的语言性结构,因为文本作为历史流传物,其意义是在文本与理解者、文本的历史视域以及理解者的现时视域的交互作用中生成的,文本意义与理解者互相影响的"效果历史"决定了文本的未完成性。理解的历史性在赋予文本以开放性的同时,也赋予了理解者理解和阐释的任意性,由此影响了接受美学的发展并使其走向极端,文学阐释随之走向了"以理论剪裁文本,以文本比附理论"的"强制阐释",文本被颠覆和解构,文本意义成为读者任意解读的、不断延异消解的能指游戏。事实上,文本的"未完成性"只是为文本的开放性和文本意义的不确定性提供了可能,而蕴含了作者意图的"语言性"结构则是相对稳定的、已完成了的,俄国形式主义、英美新批评以及法国结构主义等"以文本为中心"的形式主义文学阐释论,已充分证实了通过对语言性结构的语言学阐释与批评(比如瑞恰兹的语义批评、雅各布森的语法批评)理解作者意图、确定文本意义的合理性与有效性。

当然,也有论者如克里斯蒂娃试图以"文本间性"(inter-texuality)消

---

① 《汪曾祺文集·文论卷》,江苏文艺出版社1993年版,第1—2页。
② 吴子林:《"在汉语中出生入死"——"毕达哥拉斯文体"的语言阐释》,《学习与探索》2020年第7期。
③ 《马克思恩格斯全集》第3卷,人民出版社1980年版,第525页。

解文本及其意义的确定性。但事实上,特定语言文本不仅不会因为文本间性而消解掉客观性、自足性和意义的自在性,反而因为吸收和转化了其他文本携带的话语意义而变得更加意蕴丰厚,正如张江所言,"文本的意义和价值不是外在的赋予,而是自身和内在的'有'(存在),是你终于发现了它,或者按照海德格尔的说法,是随着你一次又一次与文本的思想对话,由文本自身显现或呈现出来的"[①]。需要补充的是,与文本的思想对话也就是与文本的语言对话,使文本的自在意义得以显现出来。

最后,"并不是我们赋予文本意义,而是文本在召唤我们"[②],文本的开放性、历时性是相对的,而不是绝对的,稳定性、共时性的语言结构使艾柯为纠正文本的开放性而提出的"作品意图"成为可能,它确保了文本意义和作者意图的自在性,捍卫了文本的自主性,避免了阐释者随心所欲的"强制阐释"或"过度阐释"。

(四)读者与语言

阐释学意义上的读者不是普通读者,而是专业读者即阐释者。普通读者一般止于对文本的私人理解,了然于心即可,不需要进行阐释;阐释者则必须将自己的理解进行语言阐释,公布于众。接受美学和读者反应理论,提升了读者在文学活动中的地位和作用,是功不可没的,但是,把文本意义乃至文学意义生成的最终决定权都交给读者则是过犹不及的。"一千个读者就有一千个哈姆雷特"的经典命题,在凸显读者阅读和理解权利的同时,其实就已经暗含了文本语言结构对一切读者的规约性和"接受导向"[③],因为

---

① 张江、奥特弗莱德·赫费:《"原意性阐释"还是"理论性阐释"——关于阐释边界的对话》,《学术月刊》2019年第10期。
② 张江、安德鲁·本尼特、尼古拉·罗伊尔等:《意图岂能成为谬误——张江与本尼特、罗伊尔、莫德、博斯托克英国对话录》,《学术研究》2017年第4期。
③ 德国接受美学理论家瑙曼等人借鉴英伽登的观点,认为作品生产过程中蕴涵着针对读者的"接受导向"(rezeptionsvorgabe),即读者在接受过程中固然有着一定的自由取向和兴趣是爱好,诞生他的任何阐释和艺术体验只能在作品允许的范围内,也就是说,作品所能达到的效果,只能首先来自作品本身的结构、思想和艺术品质(即它向读者发出的信息)。转引自方维规:《"文学作为社会幻想的试验场"——另一个德国的"接受理论"》,《外国文学评论》2011年第4期。

任何读者都无法把莎士比亚的"哈姆雷特"理解和阐释成"哈利·波特"。

在乔纳森·卡勒看来,"作品具有结构和意义,因为人们以一种特殊的方式阅读它,因为这些潜在属性,隐含在客体本身的属性,要在阅读行为中应用话语的理论,才能具体表现出来"①。而读者之所以能够阅读和理解作品的潜在结构和意义,是因为他具备了"文学能力"(literary competence)。所谓文学能力是指阅读文学文本的一套程式系统,具有该能力的读者相当于内化了一种文学的"语法",使其能够正把语言序列转变为文学结构和文学意义,能把一个语言信息纳入文学传统中进行理解和阐释。②很显然,这是卡勒所设想的"理想读者",而不可能是"普通读者"。如果真有如此"理想读者",那只可能是专业读者——阐释者,换言之,阐释者只有先在地具备了这种理解和阐释文本语言结构与文学意义的"文学能力",阐释才成为可能。

阐释者不仅需要具备比普通读者更专业的"文学能力",同时也要具备相应的专业方法,比如语法解释和心理解释。在施莱尔马赫看来,理解的出发点是"语法解释",即通过对词句的语义和结构的语法分析,准确理解词句的意义,并寻找未知的语言使用方法和新的解释方法,从而获得对文本总体性意义的理解和解释;"心理解释"就是从作者角度理解文本语言中所蕴含的作者的时代语境、精神和心理状态。心理解释可以弥补语法解释客观却可能表面化的局限性,语法解释可以弥补心理解释主观却可能随意化的局限性,二者相辅相成、相互循环。这就对阐释者提出了两点基本要求:

其一,阐释者必须具备基本的乔姆斯基所谓的"语言能力",能正确理解语言的历史意义和理解当时该语言的形式和风格特点。只有如此,阐释者才会将华兹华斯诗句"A poet could not but be gay"中的"gay"正确解释为"快乐"而非"同性恋";其二,阐释者必须与作者处于共同理解的"语言圈"(sphere of language),熟悉并能正确理解作者个性化的语用

---

① [美]乔纳森·卡勒著,盛宁译:《结构主义诗学》,第174页。
② 江飞著:《文学性:雅各布森语言诗学研究》,第34页。

习惯、语言风格以及与其生命、思想的意义关联。总之,作为专业读者的阐释者,需依赖文学能力、共同的语言圈和语言能力作为"阐释背景",聚焦文本语言并借助语言,交互运用语法解释和心理解释方法,才能避免"感受谬误",实现阐释主体与创作主体的对话,甚至"超乎言说者本人对他自己的理解的理解"①。

综上所述,文学是由世界、作者、作品、读者四要素构成的整体性活动,各个要素的功能发挥离不开语言,语言成为每个要素的"基础存在",并使它们彼此紧密关联,统一为一个相对稳定的整体结构。从这个意义上说,语言构成文学活动的至关重要、不可或缺的"第五要素"②。借用格式塔心理学的术语来说,语言是文学之为文学的"格式塔质"(Gestalt qualitat)③,它不是"客体中的某种结构、关系在人的知觉中的呈现"④,而是在各要素结构关系之中并使各要素联合成为"文学格式塔"的东西,它既是"体",也是"用",统领和制约了其他各部分的意义生成。如右图所示:

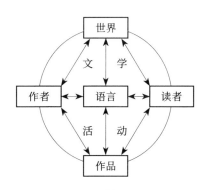

文学活动结构示意图

---

① Friedrich Schleiermacher, *Hermeneutics and Criticism and Other Writings*, Cambridge: Cambridge University Press, 1998, p. 266.
② 单晓曦认为,将传统四要素从内部连接为个活动整体、使文学活动真正成为一个现实活动的并非仅仅是语言,还包括其他媒介形式。文学意义的现实生成,如立足于笼统的世界、作者、读者、作品等传统四要素,无法最彻底、最切实、最具体地完成,包括语言在内的媒介系统,才是更贴近文学本身、才是使文学意义得以最后落实的关键环节,因而主张把媒介作为文学活动第五要素。(参见单晓曦:《媒介文艺学对语言论文论的改造》,《文艺理论研究》2016年第5期)本文则认为,语言不只是媒介中的一种形式,更是构成其他四要素的"基础存在",是文学(活动)存在的本体;尽管现代传媒载媒和技术以及各种媒介机构对文学交流活动的制约甚至控制越来越突出,但语言依然是文学意义生成的决定要素。
③ 童庆炳先生认为,文学结构中的诸因素所形成的有机网络关系,产生一种形而上的质,一种新质,这就是审美,审美是文学的"格式塔质"。(参见童庆炳:《童庆炳文集(第一卷)》,北京师范大学出版社2016年版,第64—65页)而我认为,审美是所有艺术所共有的形而上之质,而语言则是文学这门艺术所独有的"格式塔质"。
④ 鲁枢元著:《文学的跨界研究:文学与心理学》,学林出版社2011年版,第82页。

不可否认,"四素一质"都随着历史文化语境的变动而变动,导致"一时代有一时代之文学",文学意义随之不断衍生变化;但也必须承认,任何时代的文学阐释者都必须且能够紧扣确定性、共时性的文学文本(尤其是经典文本)进行语言解码,通过"四素一质"的相互联动和意义综合,而实现对文学的部分意义或整体意义的理解与重建——这正是文学阐释的必由之路。

由上还可以看出,语言结构建构了文学文本,既表征着世界,又寄寓着作者的思想意图,还对读者、阐释者的理解和阐释起引导和限定作用,文本的自在性和开放性、共时性与历时性、确定性与不确定性同时共存,这无疑有助于我们进一步理解阐释的约束与开放、有限与无限、确定性与非确定性等阐释学的基本问题,明白张江所言的"开放与收敛平衡,无限与有限相融,无限在有限中展开,有限约束界定无限"[1]的道理。

三、走向融通:文学的公共阐释如何可能

阐释的本质是公共的阐释,文学阐释学的建构也必然以文学的公共阐释为旨归。按张江的界定,公共阐释即"阐释者以普遍的历史前提为基点,以文本为意义对象,以公共理性生产有边界约束,且可公度的有效阐释"[2]。公共阐释论是对强制阐释论的推进和超越,由文论拓展到历史、哲学等诸多学科领域,对文学阐释学的建构具有指导意义。这里需要追问的是,语言对于公共阐释具有怎样的意义?文学的公共阐释如何可能?文学的个体阐释如何上升为公共阐释?这就不免要涉及语言的公共性与以及文学语言的特殊性等问题。

从语言发生学来看,语言具有公共性。语言的产生,出自人类本性的内在需要以及自我与他人公共交往的需要,语言使一个人的世界观得以形成,使自我与他者建立起清晰明确的思维联系,"每一种语言都包含着属于某个

---

[1] 张江:《论阐释的有限与无限——从Π到正态分布的说明》,《探索与争鸣》2019年第10期。
[2] 张江:《公共阐释论纲》,《学术研究》2017年第6期。

人类群体的概念和想象方式的完整体系"①,正是建基于这种语言体系,语言共同体中的人们才有相互交往和彼此理解的可能,从这个意义上我们可以理解维特根斯坦所谓的"没有私人语言,也没有私人理解",只有"公共语言",只有"公共理解"。

如前所述,阐释是语言的阐释,语言使阐释得以存在,而语言的公共性决定了阐释的公共性。尽管阐释者可以有不同的甚至对立的阐释,但以共同语言为基础的语言共同体确保了阐释共同体的组成,确保了人与人之间通过理解、沟通与对话而成为一种共在。虽然阐释的公共性并不能决定某一种个体阐释就能转变为公共阐释,但"语言的公共性确立个体阐释的开放意义",个体阐释必须"以公共语言为载体和内容",才能成为"有效的理解和阐释",才可能成为公共阐释。换言之,公共性的语言为个体阐释成为公共阐释提供了前提条件和基础保证,使个体阐释能够经由反思和超越而成为公共阐释;与此同时,语言作为人类理性思维的产物,为公众建构可被理解和接受的概念世界结构,提升公众的公共理性,其本质上是一种澄明之境,语言的这些特性使公共阐释的特征(理性、澄明性、公度性、建构性、超越性和反思性)成为可能。一言以蔽之,语言对于公共阐释具有本体论意义。

文学语言对于文学阐释和文学的公共阐释的意义同样如此。文学阐释者所面对的不是一般语言,而是特殊的文学语言,后者既具有一般语言的公共性,又因为作家的个性追求与独特创造而具有个体性,二者融合,形成与日常语言、科学语言相迥异的"文学性"。童庆炳认为,文学语言具有内指性、心理蕴含性、妥帖性、阻拒性等特性②,英美新批评曾以隐喻、含混、张力、反讽、悖论等诸多语言学概念和方法予以阐释,可以说,文学语言的特殊性造成了文学阐释的多义性和复杂性。那么,文学的公共阐释又如何可能呢?这里试以李商隐《锦瑟》及其阐释史为例:

---

① [德]威廉·冯·洪堡特著,姚小平译:《论人类语言结构的差异及其对人类精神发展的影响》,第71页。
② 童庆炳著:《童庆炳文集第二卷·文学活动的美学阐释》,北京师范大学出版社2016年版,第219页。

> 锦瑟无端五十弦,一弦一柱思华年。
> 庄生晓梦迷蝴蝶,望帝春心托杜鹃。
> 沧海月明珠有泪,蓝田日暖玉生烟。
> 此情可待成追忆,只是当时已惘然。

众所周知,在中国古典诗歌阐释史上,对这首谜一样的诗一直莫衷一是,先后有十余种不同阐释。之所以会歧解迭出,最重要的原因还是文本语言的晦涩朦胧、迷离恍惚,尤其是中间的颔联和颈联,李商隐以意用事、化用典故,使"典故的色彩与整个诗的色彩,典故的情感与整个诗的情感便达到了协调,典故也因此成为诗歌语言结构的有机部分而'淡化'了本身的'特殊性'"[①]。有限的语言符号承载了历史积淀下来的重重意蕴,营造了一种迷惘、悲凉、伤感、恍惚的情感氛围,文本间性制造了文本的多重意义,由此而产生了多种阐释。研究表明,"自宋至今,一千余年的《锦瑟》阐释史,概括地说,就是从纷歧走向融通的历史。而纷歧与融通,又都与《锦瑟》本身的性质与特点密切相关"[②]。最终形成了五种公共阐释:令狐青衣说、适怨清和说、悼亡说、自伤说、自叙诗歌创作说,这五说都紧扣《锦瑟》文本本身的性质和特点,都有着比较明确的语言依据或旁证,都或多或少地融合了其他歧说,可谓经过公共理性确证的具有广泛共识的公共理解。"由分歧走向融通"的《锦瑟》阐释史,一定程度上证明了张江所构想的"阐释的正态分布"的合理性,更表明了这样两个事实:

其一,文学语言的含混多义为不同的个体阐释的生成提供了可能,而只有那些紧扣文学文本的语言并善于融通诸多个体阐释的"个体阐释"才有升华为公共阐释的可能,因此,阐释主体之间的主体间性是文学的公共阐释必须考虑的。

---

① 葛兆光著:《汉字的魔方:中国古典诗歌语言学札记》,复旦大学出版社2016年版,第133页。
② 刘学锴:《从歧说走向融通——〈锦瑟〉阐释史所显示的客观趋势》,《安徽师范大学学报(人文社会科学版)》2003年第3期。

其二，没有分歧，就没有融通，没有个体阐释的差异与繁荣，就不可能有公共阐释的流传；同时，文学的公共阐释只是对真理的接近，而并非真理本身，因为融通了旧公共阐释的新个体阐释会不断生成，并升华为新公共阐释，比如刘学锴融通这五说又提出了自己的阐释，即"这是一首借咏瑟声瑟境以抒因'思华年'而引起的'惘然'之情的诗。颔腹两联所写的迷离、哀怨、清寥、虚缈之境，既是锦瑟的弦弦柱柱奏出的悲声，也是诗人在听奏锦瑟时引起对华年的思忆，与瑟声共振的心声心境，自然也不妨将它视为表现华年之思的诗歌中展现的种种境界。而诗人的怀人、悼亡之情也统包于上述诸境之中了"[①]。这一个体阐释又上升为新的公共阐释。可见，文学阐释者既要回到语言，又必须超越语言，回到语言是为了通过对语言的细读分析，提出合乎语言共同体和阐释共同体的个体阐释；超越语言是为了立足于语言之上融通他说，以便成为更加完备合理的可公度的公共阐释。简言之，个体阐释需回到语言，再超越语言，走向融通，使文学的公共阐释成为可能。

随之而来的问题是，那些没有上升为公共阐释的个体阐释，是否就"流落于私人阐释，最终被淹没和淘汰"呢？比如王蒙的"无端说"，从语言表达、篇章结构、艺术手段、意蕴内涵等多方面对《锦瑟》进行了细致阐释，可谓一种兼容众说、富有创见的个体阐释。在我看来，王蒙的"无端说"，以及叶矫然的"自悔说"、吴汝纶的"伤国祚兴衰说"、屈复的"就诗论诗说"等个体阐释，作为依据文本语言的某种"公共阐释的原生态和原动力"，依然值得后来的研究者重新发现、加以融通、生成新说，并在公共理解与视域扩大提升的条件下，升华为公共阐释。张江所提到的尼采、费瑟思通等个体阐释逐步上升为公共阐释的历史过程也正说明了这一点。[②]

---

① 刘学锴：《从歧说走向融通——〈锦瑟〉阐释史所显示的客观趋势》，《安徽师范大学学报（人文社会科学版）》2003年第3期。
② 张江、迈克·费瑟斯通：《作为一种公共行为的阐释——张江与迈克·费瑟斯通的对话》，《学术研究》2017年第11期。

此外，还有一类特殊的"私人阐释"，比如梁启超曾说自己根本不明白《锦瑟》讲什么，"拆开一句一句叫我解释，我连文义也解不出来，但我觉得它美，读起来令我精神上得到一种新鲜的愉快"①。这一私人阐释，虽然并未对文本意义进行具体解释，但阐明了"直接体验的本己感悟"，说出了一种普遍性的"为语言共同体和更广大公众所理解和接受"的文本阅读感受和理解认识，可称之为一种"有创造性意义的个体阐释"，同样是不可忽视或抛弃的。

综上所述，文学语言不同于一般语言，文学阐释不同于一般阐释，我们在追求理想的"总体的公共性"阐释的时候，更需要尊重和激发现实的"差异的个别性"阐释。只有"充分意识到所有的人无不是带有鲜明独特性的生命个体，只有在充分尊重每个人独特性的基础上，阐释才会获得真正的有效性"②，也只有努力创造"百家争鸣，百花齐放"的社会历史条件，才可能在协商、对话、质询、反思和融通的基础上生成更多的个体阐释，并使其经过公共性转换而上升为公共阐释。正如汤普森对张江所建议的，"阐释不仅是社会的、公共的，还是冲突、利益等相交织"，对于文学阐释学的建构来说，冲突、利益等相交织的个体阐释同样是不可避免且十分必要的，如果只有一种社会的、公共的、总体的文学阐释，那很可能是一种拥有绝对阐释权的"强制阐释"，将不利于文学阐释学的建构和文学的发展。

四、结语：在通向语言的途中

人在世界之中存在，离不开语言；文学的存在，离不开语言；理解与阐释存在的过程，离不开语言。从这个意义上说，语言是人与世界的意义之寓

---

① 梁启超著：《饮冰室合集》第4册，中华书局1989年版，第120页。
② 李春青："'用中国的理论解决中国的问题'——评张江的'中国当代阐释学'理论建构"，《天津社会科学》2019年第6期。

所,是文学的意义之寓所,是理解与阐释的意义之寓所。语言的双重品格在于,它既是广义的存在形态,又是把握存在的形式,既是本体论的,又是方法论的,既是主体性的,又是主体间性的:一方面,语言是人把握世界及"在"世的方式,既以人自身的存在为根据,又内在于人的存在过程;另一方面,语言以独语、对话为形式,不仅在个体之维影响着自我的存在过程及精神世界的形成,而且在类的层面上构成了主体间交往和共在、实践过程及生活世界的建构所以可能的前提。从这个意义上说,没有语言性之外的"自在世界",也没有公共性之外的"自在语言"。

我们并不否认,"语言建构制造的前提之外,民族文化、地域传统、意识形态、审美观念以及教育程度、开放或者保守等各种因素无不介入文本的阐释"[①]。古往今来,中西文学阐释者在文本之外(尤其是意识形态)投入的热情总体上远远高于对文本之内(语言建构)的关注,正如当下诗学家与语言学家之间总隔着千山万水,在许多作家那里大行其道的依然是工具论语言观而非本体论语言观,这是很令人遗憾而又无奈的。

因此,本文并非重弹形式主义或结构主义文论的老调,而是意在强调:文学阐释必须回到文本,回到语言,语言是文学和阐释的存在本体,离开语言的文学和阐释都是不存在的;语言是文学的"格式塔质",使世界、作者、作品和读者统一为"文学格式塔",统领和制约四要素的意义生成,阐释者必须通过语言并在其引领与规约下解码具有自在意义的文本语言及其与其他要素的关系,才能够理解和阐释整体性的文学意义;文学语言的独特性催生了文学阐释的差异性与丰富性,文学阐释者必须回到语言又超越语言,通过融通旧的公共阐释而提出新的更接近真理的个体阐释,同时,必须充分尊重那些没有上升为公共阐释的个体阐释或私人阐释,因为它们依然具有重获生机的价值与可能。

总之,文学阐释学的建构必须确立语言的中心地位,确立语言阐释的合

[①] 南帆:《抽离了社会历史范畴的π还有效吗——与张江教授对话》,《探索与争鸣》2020年第1期。

法性与优先性,必须充分继承训诂学、文字学、音韵学等中国语言文字学遗产,同时批判吸收西方语言学文学批评的理论与方法,古今对话,中西融合,从而建构一种既是当代的又是中国的文学阐释学。而"在通向语言的途中",我们也需要记住里尔克的名句:"没有任何神话没有阐释,没有任何阐释没有争论。"①

(本文原载于《中国文学批评》2022年第4期)

---

① 里尔克:《阐释和反思》,[意]翁贝尔托·埃科著,王天清译:《符号学与语言哲学》,百花文艺出版社2006年版,第276页。

文学理论教学与文艺学学科建设

吴春平

进入新世纪以来,原本相对沉寂的文学理论教学研究开始持续升温,一些从教学理念到内容和体例安排均有别于目前通行教材的新教科书陆续出版……这一切都源于一个不争的事实:我们的文学理论教学危机重重,似乎到了难以为继的地步。那么,当前文学理论教学的症结究竟何在?不尽人意的文学理论教学会给文艺学的学科建设带来何种影响?怎样才能走出文学理论教学的困境?这些问题是我们每一个关心文艺学学科建设的人都必须认真思考和面对的。

一

当前文学理论教学之所以不景气,有一个深刻的内在原因,这就是目前带有主导倾向的文学理论教学在很大程度上仍然是一种较为封闭的束缚人的心灵自由的知识传授和思想规训,而非一种诗性智慧的启迪。具体表现如下:

首先,庞杂的知识传授使学生不堪重负,望而生畏。经过几十年的实践和积累,我们的文学理论教学已形成了一个相对稳定的涉及文学方方面面的完整的知识框架,即由本质论、创作论、作品论、接受论和发展论所构成的"五论",目前国内较为流行的文学理论教材大都依此框架编写而成。这种框架如同一张文学导游图可以帮助学生从宏观上大致把握文学世界的总体面貌,了解文学活动的主要环节,它不但具有充分的学理依据,而且具有实践上的可操作性。然而,随着时间的推移,这种"大而全"的理论框架的问题就逐渐暴露出来。因为，随着学科的发展，人们对文学问题的思考越来越深入、细致，可利用的中外文学理论资源也越来越丰富。这样，为了确保知识的新鲜和完整，我们一方面要向这个框架内源源不断地补充新知识，另一方面还要对这一框架及时地加以扩充和调整。譬如，在有较大伸缩性的"文学批评模式"一节里增加心理学批评、语言学批评、文化批评、后殖民批评、女权主义批评等内容，在"五论"之外新增文学史论、比较文学论和文学理论研究方法等章节，其结果必然造成教科书内容的不断增值和膨胀，直至最后将学生压垮为止。为了与"大而全"的知识框架相配合，我们还一直在努力地建立一座融汇古今、贯通中西的宏伟精致的理论大厦，使天下文学理论皆备于我。浏览眼下通用的文学理论教材，篇幅动辄四五十万字，结构庞杂、内容繁多，恨不能将文学理论相关知识一网打尽，将马列文学理论、西方文学理论和古代文学理论的精华兼容并包，以达到一册在手，一劳永逸的目的。殊不知由于头绪过多，且又未能实际上也不大可能做到将在不同的哲学观、历史观、价值观、审美观基础上产生的众多不同形态的文学理论真正有机地融合在一起，再加上因篇幅所限，对一些中外文学理论知识的介绍又不能不是笼统的、片段式的，于是，厚厚的滚雪球似的教材看似有机整体，实则更像是庞杂的知识拼盘，学生很难消化吸收。难怪不少学生一见教材就犯晕，如同看"天书"。如此这般，学生怎不敬而远之？

其次，脱离现实的封闭的知识教学不能有效地阐释现实文艺的发展状况，难以满足学生迫切的理论需求。20世纪90年代以来，随着传媒形式的不断变化尤其是信息技术的快速发展，再加上文化市场的进一步开放，我国文学艺术生产的体制与机制和广大民众的文化艺术消费情况已发生了巨大而深刻的变化：大量游离于文联、作协之外的文学艺术从业者借助于宽松的政策和较为自由的文化市场迅速成长壮大，并有逐渐取体制内的专业作家艺术家而代之的发展趋势；艺术作品的创作、发行越来越倚重受众和市场，而很少听命于行政权力、官方意志或精英知识分子的指手画脚；艺术接受的休闲化、娱乐化、游戏化成为时尚，传统的经典艺术所追求的深度、意义、独创性已很少再为人们所关注;过去艺术鉴赏活动的主要方式——面对语言符号所进行的沉思默想式的文学阅读正逐渐让位于由电子传媒所带来的超感官的视听享受。面对这些与过去迥然有别的艺术现象,年轻的学子们难免会有许多理论困惑。如,为什么深受学生欢迎的金庸小说在老师看来是没有价值的?为什么随着物质生活和文化教育水平的提高现代观众越来越文明,而我们的影视作品中却越来越多地呈现着色情、野蛮和血腥的镜头?怎样看待与文学经典大异其趣的网络文学、大话文学、玄幻文学、身体写作和青春写作?等等。然而,令人遗憾的是,目前我们的教学是以研究"文学的普遍规律"为宗旨的,只关心对文学的性质、特点和一般规律的揭示,不关心对具体问题尤其是现实文艺问题的探讨。即使涉及文艺现象,那也是为了给理论寻找恰当的依据,而且所引证的材料也仅限于对学生来说是相对生疏的文学史料和文学经典。学完了如此自足、自洽的理论,学生虽然掌握了一些有关文学的概念和原理,但面对复杂的当代审美文化现象仍旧一片茫然,因而难免发出这样的疑问:"学习文学理论有什么用?"

再次,先入为主的知识传授难以激发学生学习的积极性和主动性。中华人民共和国成立以后,在强大的官方意志的控制和规训下,文学理论的知识生产实际上成了对一体化的主流意识形态的注释和宣传,否定了很多有生命力的可供借鉴的中外文学理论资源的价值,结果造成了整个学科的萎缩、僵化和畸变。新时期以来,伴随着思想解放运动的春风,文艺学的发展呈现出前所未有的繁荣景象:众多理论禁区被突破,"左"的文艺教条得到了较为彻底的清算;大量的西方文学理论,尤其是令人耳目一新的诸多异质的西方现当代文艺理论得以引进;丰富的中国古代文学理论资源的整理和发掘工作方兴未艾……然而,在经过了一番知识的更新和重组之后,实际上我们一直很难真正突破几十年来形成的二元对立、唯我独尊的思维定式,仍自觉或不自觉地以文学的立法者和真理的代言人的身份来从事文学理论教学。在编写教材时最常见的策略是,要么就某一看似简单实则较为复杂的问题,比如文学语言的特征、各种文学体裁的特点等不加具体分析地直接给出明确的答案，要么对某一分歧较大的理论问题先分别介绍中外文学理论史上两种或两种以上不同的观点，然后在适度肯定它们的合理性的同时指出其片面性或局限性，最后或者将两者折中，或者亮出另外的"我们的观点"，并加以论证，于是一个较为"完满"而"科学"的结论就诞生了。虽然我们也会提醒学生在理解文学问题时要历史地具体地对待，要避免片面性，但最终我们还是要让学生相信关于复杂的文学问题的认识有唯一真理或是最为稳妥的答案的存在。于是，文学理论教学在很大程度上也就成了学生在教师的引导下对教材内容不容置疑的消化和接受过程，考试也多成了毫无想象和悬念的"背多分"。如此观念先行、"六经注我"式的教学自然难以唤起学生的学习热情。

二

我们知道，当代文艺学的学科建设工作是由两部分组成的：文学理论研究和文学理论教学。前者是少数专家学者所从事的前沿性、探索性和开拓性的工作，直接关系到学科发展的整体水平；后者是面向成千上万的学习者所进行的基础性、普及性和积累性的工作，它不仅关系到文学理论的传播和文艺学研究后备人才的培养，而且还由于其在知识体系的确立、研究模式的运用和思维方法的训练等方面的深刻影响潜在地规定和制约着文学理论研究的大致走向和路径。没有前者，文艺学就会停步不前，毫无生机；没有后者，文艺学又将失去根基，难成大器，两者相辅相成，缺一不可。目前一蹶不振的文学理论教学给文艺学的学科建设和发展带来的不良后果是十分明显的：

其一，理论与现实相脱节，不利于文艺学知识的更新与生长。理论来源于现实，是人们试图把握和阐释对象世界所建立起的一套话语体系。理论的重要职责之一就是对处于不断运动变化中的事物做出积极的应答和阐释，以满足人们对事物认识和理解的需求。一旦脱离了现实，理论的生命力就会枯萎、衰竭,其意义和价值也会大打折扣。我们现有的一套文学理论知识体系是在20世纪八九十年代之交的文化背景下生产出来的。当时市场经济尚不十分发达,文学艺术生产的体制化、制度化的局面并未彻底改变,以追求意义、价值和独创性为主的精英文化仍居于社会审美文化的重要位置,以思想性和艺术性取胜的中外文学经典仍为众多读者所推崇,文学艺术产品仍主要以传统的方式呈现着……在此基础上我们顺理成章地建立了一套以"真、善、美"为最高价值诉求的文学理论体系以取代过去在极"左"思潮影响下所形成的极端意识形态化的文学理论。然而,转眼之间现实文艺就发生了巨大的变化,于是,现有的理论捉襟见肘、全面告急。正如著名文艺理论家钱中文先生2003年12月在暨南大学举行的第四届"全国文艺学及相关学科建设研讨会"上所指出的那样:"文艺学自身的危机早已存在,而现在面临的主要问题是文学理论与现实脱节,缺乏相应的理论阐释当下纷繁复杂的文化审美现象。"对此童庆炳教授也深有同感,认为"文艺学的主要危机是文学理论脱离现实,文艺学原有的一套理论、概念已经不能适应不断变化的现实需求"[①]。其实,文艺学原有的一套"理论"和"概念"最集中地体现在大学的文艺学教科书中,也就是说文艺学危机的深层根源在文学理论教学,是基础性的文学理论教学束缚了我们的手脚,限制了学科的发展。因此,如果不及时更新我们在过去的文学经验基础上所生产出来的一整套的文学理论知识,不下决心彻底改变文学理论教学的现状,就谈不上走出文艺学的危机。

其二,封闭的知识教学影响了文学理论的传播和普及,不利于文艺学的长远发展。人文学科的发展虽取决于多种因素,但其中很重要的一条就是社会对它的认同和需求。文学理论是人类智慧的产物,有助于人们较为理性地看待日常生活中无处不在的具体感性的文学艺术现象。因此,与其他学科相比,它与日常生活和广大民众的文化需求之间有着更为密切的天然

[①] 李亚萍、杨铆:《文艺学:危机与突破——第四届全国文艺学相关学科建设研讨会综述》,《暨南大学学报》2004年第1期。

联系,也就是说在普遍的社会需求与文艺学的发展之间更容易形成一种良性的互动关系。然而,令人沮丧的是,目前文学理论的实际社会影响力非但没有随着全民文化教育程度的普遍提高而有所增强,相反却变得越来越微不足道。不要说普通的读者不关注文学理论,就是作家也很少理会它,更为糟糕的是现在竟然连大学中文系的学生也开始疏远它。究其原因,固然很多,但最主要的是因为现在的文学理论在很大程度上是一群在一个较为封闭的范围内的人们"以极为严肃认真的态度说着与听着那些与社会生活基本上不相干的玄虚之理"[1]。尽管我们可以给这种"玄虚之理"的存在寻找种种合法性的依据,但是,我们却很难使这个"玄虚之理"的"说"与"听"的最主要的场所——文学理论课堂充满生机和活力,教学效率的低下不仅直接影响到中文及相关专业学生对文学理论的接受,而且还间接地影响到它在大学课堂之外的更为广阔的教学场所的传播。于是,原本应当是开放的可以对当代审美文化建设起到一定积极作用的文学理论就渐渐成为圈内人的一种高深的智力游戏。有些学者一直十分关注现实,并对当下纷繁复杂的审美文化现象作了认真的分析和研究,甚至予以系统化的理论概括。但是,这些理论成果的传播、交流的范围十分有限,我们的课堂仍主要被那些老生常谈的理论术语和话题牢牢地占据着。一边是"不及物"的高谈阔论,一边是面对现实的理论被拒之门外,其结果只能使文学理论进一步走向自我封闭。失去了广大听众和社会关注的文学理论固然可以依托现有教育体制继续生存下去,但它未来的路只会越走越窄。

其三,循规蹈矩的知识教学不利于文艺学研究人才的培养。应该说文学理论研究是一种颇具想象力和创造性的事业,因为首先它所阐释的对象——文学是人类最富有想象力的创造物。文学的世界是丰富的、多样的、神奇的、诡秘的,能激发人无限的探索热情。而且,文学又与社会的政治、经济、文化、伦理、道德、宗教等有着千丝万缕的联系,这又为人们从不同的角

---

[1] 李青春著:《在审美与意识形态之间——中国当代文学理论研究反思》,北京大学出版社2006年版,第218页。

度对它进行富有个性化的阐释提供了可能性。当今中国正处在一个重要的社会转型时期,经济成分的多样化导致了思想观念的多样化,多元价值观、道德观、审美观的并存使文学艺术的发展呈现出前所未有的复杂景观。这就需要我们的理论工作者要及时更新观念、解放思想、勇于创新,以推动文学理论的发展。高等院校理应承担起培养创新型研究人才的社会职责,然而,现在接受了我们规范的文学理论教学之后的本科生们似乎并没有对文学理论研究表现出应有的热情和冲动。在他们看来,现有的文学理论是一种远离现实的知识体系,是中外文学理论的集大成者,它的指导思想已经明确,研究范围已经划定,基本理论已经定型,只要消化和吸收就可以了。因此,很多学生只读一两本教材或教学参考书,很少或者干脆不读文学理论原典,普遍缺乏敏感的问题意识,也很少针对现实提出有价值的问题,更不用说用怀疑的眼光去审视现有理论,积极参与理论建设,面对人类最为复杂的精神现象——文学艺术作品。至于兼任文艺学研究和文艺学研究人才培养双重使命的文学理论教师的情况就有些复杂了:在教室里他们早已习惯于按教材的话语体系一板一眼地讲课,可提笔著文往往又操起了另一套时尚的理论术语,成了自觉或不自觉的"双语人"。他们总是忙于在各种文学理论资源中进行选择,习惯于戴上别人的眼镜去看问题,区别只在于所戴的眼镜不同而已,对前人或他人理论的关注遮蔽了对本当最值得关注的理论的来源——文学现象的关注。由于平时很少阅读文学作品,尤其是新作品,所以他们对当下文学的感受力、鉴赏力和判断力远比不上自己的同行——现当代文学教师,更不用说校园外敏感的职业文学研究者、作家或自由撰稿人。总之,循规蹈矩的教学活动使教师和学生均为理论本身所累,这样,所谓文艺学的危机也就在所难免了。

三

那么,怎样才能走出文学理论教学的困境呢?首先要考虑的是,我们的文学理论教学究竟是为了什么？是为了传授关于文学的系统的知识吗？

长期以来，受建立在知识论基础上的文学理论观的深刻影响，我们一直习惯于将文学理论看成是对"文学的普遍规律"的揭示，是帮助我们认识古今中外一切文学现象背后藏匿的本质的系统完整的知识。因此，传授知识就自然成为文学理论教学的主要目的。然而，今天这种将文学理论等同于自然科学研究的实证式的研究方法已遭到普遍质疑。因为人们发现始终处于流动变化之中的文学就像一个万花筒，并无固定的面孔；而作为对复杂的文学现象的阐释的结果——文学理论也必然会因历史语境、阐释者的知识背景和主观立场等方面的差异而呈现出不同的色彩。基于这样的观念，我们认为文学理论教学的主要目的应该是对学生进行诗性智慧的启迪，而非单纯的知识传授。

何谓"诗性智慧"？我们将诗性智慧理解为一种关于诗的高级的智慧，这种智慧主要体现在两个方面：一是对具体的、感性的、灵动的诗也就是文学具有一种敏锐的感受力、鉴赏力和判断力，对各种复杂的文学艺术现象尤其是新的、异质的文艺现象始终保持浓厚的兴趣和高度的关注，并能敏感地从中有所发现；二是对前人或他人对文学的理解具备一种理解能力，也就是对形态各异的文学理论的一种理解能力，并能在此基础上形成自己对文学富有个性化的独特的理解和认识。诗性智慧是建立在人格独立和精神自由的基础上的，它能使人变得更宽容、更开放、更聪慧、更有想象力和创造力，而不是相反。很显然，与单纯的机械的知识传授相比，启迪诗性智慧能使学生更接近于诗的本真状态，也更有利于学生创造精神的培养。当然，诗性智慧不是凭空产生的，而是建立在对现有的文学理论知识的理解和把握基础之上的，是在与古今中外的智者的对话与交流过程中获得的。因此，关键的问题不在于要不要传授文学理论知识，而在于应传授什么样的知识和怎样传授知识。如果这样的前提可以成立的话，我们就可以接着追问文学理论教学"何为"的问题了。我以为从学科建设的角度看，文学理论教学应在以下方面有所尝试。

首先，放弃不切实际的大而全的理论框架的建构，代之以有助于学生诗性智慧启迪的知识的重组。文学理论教学是文艺学学科建设的起点，既然是起点就不能急于求成。文学理论研究涉及文学的各个环节，自然可以无所不包；并且，作为一种学问，它也完全可以来一番纯粹的形而上的逻辑推演和理论抽象。但是，面向本科生的文学理论教学却没有必要而且也无法做到面面俱到，同时，也要尽可能地少一点"谈玄论道"。我们要有选择地讲述一些最为基本的文学问题，以帮助学生从他人的理论中获得关于文学的智慧。基于此，就要变过去的以知识为本位为以学生为本位，即要立足于学生的知识背景和文学经验，有针对性地解决学生当前最迫切需要解决的理论问题，比如，什么是文学？我们为什么需要文学？如何看待当下的文学？怎样阅读和评论文学作品？等等。要建立理论与文学文本之间的密切联系，让理论落在实处；要正视已经不可逆转的文化多样性的客观现实，并对当下主流文化、精英文化、大众文化和民间文化多元并存的审美文化现象做出积极的有说服力的阐释。总之，要循序渐进、简洁而实用，用饶芃子先生的话说就是："本科生教学旨在培养学生对理论的兴趣，指导他们阅读原典，掌握一般的原理、知识和批评技能。"[①] 等学生有了兴趣，感到了理论的魅力，后面进一步的深入学习也就不难了。

其次，破除"观念先行"的思维模式，开展"对话"式教学，致力于学生创新精神和研究能力的培养。"以往的文学理论教材往往是观念先行：编写理念既定，也就确立了教材的编写结构框架；然后是分章分节，最终以'六经注我'的方式完成了教材的编写"；这实际上是让学生一开始就接受一些"抽象的、空洞的、有时甚至是教条化了的理论"[②]。其结果造成了学生创新精神和研究能力的缺乏。所以，当务之急是要培养学生敏感的问题意识，激发他们主动钻研问题的积极性。问题意识是建立在独立思考的基础上的，是在与不同的理论观点之间的对话和交流中产生的，是面对现有理论难以

---

① 李亚萍：《第四届全国文艺学及相关学科建设研讨会综述》，《文学评论》2004年第2期。
② 童庆炳主编：《文学理论新编》（修订版），北京师范大学出版社2005年版，"前言"。

阐释或力不能及的文学现象时所做出的一种理论反思和追问。如果没有问题意识，学生将沦为"知识容器"。因此，我们的教学要走出"观念先行"的老路，让不同理论之间形成一种平等的对话关系，同时，还要充分发扬教学民主，在老师与学生、学生与学生之间建立一种对话关系，将思考和选择的权利交给学生，因为"今天我们正从一个独断的以自我为中心的时代，逐步走向相互理解、平等交往和对话的时代。这是当今整个时代的潮流，也是文艺学的潮流"[①]。

再次，打破千人一面的大一统格局，提倡教学的个性化和多样化。新时期以来出版的几十部文学理论教材除少数外，内容和体例均大同小异。其实文学理论是对文学现象的主观阐释，纵观学术史上有影响的文学理论莫不具有强烈的个性化色彩。亚里士多德的模仿说看到了艺术对生活的依赖关系，弗洛伊德的精神分析理论揭示了文学艺术与人类深层心理之间内在联系，接受美学强调的是读者在文学活动中的重要地位和价值，它们都是从特定的角度对文学的某一方面的本质或特征的逼近和揭示，即所谓"片面的深刻"。历史的经验已充分表明："那种包罗万象、具有超越时间与地域限制的普适性的文学理论是不可能产生出来的。"[②]换句话说，多样化的文学理论并存其实才是文学理论本来应有的状态，我们的文学理论教学也应是丰富多样、形式各异的。个性化和多样化的教学既有利于发挥教师的教学个性和特长，又有利于学生诗性智慧的启迪。

最后，我们有必要就近年来在教学观念和编写体例上均有较大创新的几种有特色的教材重点介绍如下：

王一川对文学理论盲目追求学科的封闭性，捍卫文学的审美纯洁性或者甚至谋求唯一的文学本质表示质疑。他并不寻求对文学全部属性的全面把握，而是突出对文学的某方面属性的探索，并适当兼顾对文学的其他属性的把握。于是，他尝试着建立起自己的文学理论框架——一种建立在对于

---

① 杜书瀛：《新时期文艺学反思录》，《文学评论》1998年第5期。
② 李青春著：《在审美与意识形态之间——中国当代文学理论研究反思》，第224页。

文学的感兴修辞属性的理解基础上的文学理论。他编写的《文学理论》[①]放弃了"大而全"的框架，依次有选择地讲述了他认为比较重要的文学问题，比如，文学含义、文学属性、文学媒介、文学阅读和文学批评等。其中关于文学媒介的演化、文学文本的媒介形态、文学文本的文化类型等知识的介绍，一改以往对文学语言和文学文本泛泛而谈的做法，使问题的历史感和现实感都得以充分凸显。为突出其感兴修辞属性的文学理论特点，还特地列举了几个文本分析个案，以突出"文学理论绝不是可以脱离文本实际的空洞思考"。王本是典型的"我眼中"的文学理论。

陶东风主编的《文学理论基本知识》打破文艺学教材传统的四大块的通行体例，改为由中外文学理论史上反复涉及的，或是目前人们集中关注的文学理论基本问题（比如"什么是文学"、"文学的思维方式"、"文学与世界"、"文学的语言、意义和解释"等）结构全书。编者放弃了本质主义的思维方式，不再热衷于发现和概括文学现象背后的"一般规律"和"本质特点"，而是依照历史化和地方化的思路去进行文艺学知识的重建。教材较为详细地介绍了不同民族（主要是中国和西方）、不同时期的重要的理论家是如何解释文学问题的，以及他们的理论话语是在何种背景下建构出来的，即使面对古今中外文学观念与理论中存在的大致"交叉共识"，也不轻易地视之为绝对真理。编者将这种倡导各种文学观念地位平等，理性交往的文艺学称之为"自由、多元、民主的文艺学"。而"不作结论，把问题敞开，让学生自己去思考"，"可以使学生明白关于'文学'本来就有无限多元的解释与理解，从而培养他们开放的文学观念"[②]。陶本的特点是反本质主义。

汪正龙主编的《文学理论研究导引》虽然也是以问题为章节来结构全书，但与"陶本"相比，在问题的选择上显然更为具体和多样化一些，而且体例、结构的安排也别出心裁。编者挑选了中西文学理论常常涉及的对于文学活动具有共通性的十四个基本问题，比如"何为文学理论？为何要学习

[①] 王一川著：《文学理论》，四川人民出版社2003年版。
[②] 陶东风主编：《文学理论基本知识》，北京大学出版社2005年版，第22页。

文学理论?""文学是什么?"等分为十四章,每章又分"导论"、"选文"两个主要部分和"延伸阅读"、"问题与思考"、"研究实践"三个附属部分。"导论"部分对该问题的历史线索、相关知识及研究现状尽量加以客观介绍,但文字十分简短。"选文"部分则选取中外古今的文学理论家或作家从不同角度论述该问题的研究论文若干篇,以形成不同观点之间的对话与碰撞。也就是说"选文"占据了全书的主要篇幅。编者认为:"自觉或不自觉地设定某种意识形态或文学理念统率全书的'先入为主'式的文学理论教材编写方式,会形成唯我独尊的话语霸权,束缚文学阐释的广阔天地,导致学生失去独立判断文学问题的能力。"[1]汪本的特点是注重中西、古今和师生之间的对话,以培养学生独立思考问题的能力与科学研究能力。

童庆炳主编的《文学理论新编》(修订版)的编写理念是看重那些经过时间检验的"经典文本"即古今中外文学理论大家或作家论述文学的文章。该教材精选出"文学与文学理论"、"文学与语言"、"文学与审美"等十三个问题组成十三章。每章又由两部分组成:经典文本阅读和相关问题概说。前者为"一斑",后者为"全豹",从而在编者与作者之间、问题与问题之间构成了一种多层次的"对话"关系。这是一种"我注六经"式的新思路。不仅如此,该教材还放弃了对文学作定义式的概括,用"文学观念"来替换文学的本质,并认为"文学观念属于历史的范畴,它是流动着的、变化着的,世界上没有一种文学观念是永恒不变的"[2]。出版时间仅相隔一年的《文学理论新编》(修订版)与《文学理论教程》(修订二版)的差异竟如此之大,其中意味可谓深长。它真实地反映了目前学界在处理文学理论教学问题时态度的模棱两可和左右为难。尽管如此,我们还是可以把并非始作俑者的《文学理论新编》(修订版)的出版当作文学理论教学史中一个重要的标志性事件来看待,那就是文学理论教学界在经过长期的反思之后,已开始告别"六经注我"、唯我独尊的时代,转向了多元共生、"对话"交流的时代。

---

[1] 汪正龙主编:《文学理论研究导引》,南京大学出版社2006年版"前言"。
[2] 童庆炳主编:《文学理论新编》(修订版),第29页。

当然,既然是转型时期和探索阶段,就难免会出现这样或那样的问题。比如,多样化的教材在教学内容上有无通约性可言？失去统一要求的文学理论教学如何保证其最起码的可信度与科学性？刚进入大学一年级的学生能否真的可以一下进入研究型学习的理想状态？摆脱了观念先行束缚后的文学理论教学会不会又使学生陷入相对主义的困境而无所适从？习惯了传统的"六经注我"式的教学的众多文学理论教师如何才能切实转变观念,以适应新的教学要求？等等。这些都是改革和发展中的问题,我们要么墨守成规,坐以待毙,要么另辟蹊径,别求生路,二者必居其一。只要我们不安于现状,积极探索,锐意改革,就一定能走出文学理论教学的低谷,并由此推动文艺学学科的建设和发展。

(本文原载《文学评论》2007年第6期)

严复与斯宾塞的"社会有机体论"

周红兵

严复深受斯宾塞影响,其中影响最深的是斯宾塞的社会学研究,斯宾塞是社会有机体论的主要代表,在接受斯宾塞的同时,严复也接受了斯宾塞的社会有机体论,考察斯宾塞的社会有机体论,包括将社会类比成生物体、视社会有机体为"超有机体"以及此有机体与生物界有着同样的物竞天择、适者生存的规律这三个方面的重要内容,严复也从不同方面接受了斯宾塞社会有机体论的这三个方面,同时,针对近代中国现实,严复形成了以民德、民智、民力为核心的救国方案。

一

现代汉语中"有机"一词是近代中国从日文转译过来的众多现代汉语词汇中"中–日–欧借贷词"当中的一个[①],在考察英语中"有机体的"(Organic)一词时,雷蒙·威廉斯指出Organ一词13世纪才进入英文,最初指乐器,14世纪后指像现代的风琴之类的乐器,它"可追溯的最早词源为古希腊文 órganon——意指工具、器械、器具,具有两种衍生意涵:(一)抽象的'instrument'——意指机构;(二)乐器。órganon 后来有一个应用意涵,被反复使用在所有的衍生词里,例如在英文里,从15世纪初期,眼睛被视为一个'看的器官'(seeing instrument)等等;由此organ被解释

---

① [美]刘禾著,宋伟杰译:《跨语际实践:文学,民族文化与被译介的现代性》,生活·读书·新知三联书店2008年版,第379、387页;黄克武:《惟适之安:严复与近代中国的文化转型》,社会科学文献出版社2012年版,第120页。

为身体的一部分。"① 这表明,理解现代汉语中"有机"及英语中"有机体的"(organic)一词的起源需要追溯到古希腊时期。

古希腊时期,最早在哲学领域里使用这一词汇的,是前苏格拉底哲学家恩培多克勒②;而在文艺领域里,柏拉图③和亚里士多德④最早发挥了这样的观念;此后,有机体这一概念在黑格尔那里、在浪漫主义者A.W.施莱格尔那里、在柯勒律治那里,直到英美新批评的艾略特与兰色姆那里,"有机体"这一概念都广泛存在,并成为各个不同历史时期、不同流派阐述自己文艺观念的重要概念之一。

而在社会学领域里,也有不少将人类社会当作"有机体"的说法,比如黑格尔在他的《法哲学原理》中,就曾声称"国家是机体"⑤。孔德是现代社会学的奠基人,他创造了"社会学"(Sociologie)一词,意为建立在社会事实基础上的科学。正是孔德"在进行社会学研究的过程中,提出了社会有机体理论的重要思想,他采用了社会与生物有机体进行类比的方法,认为社会如同生物有机体一样是一个有机的统一整体"⑥。通过以上简单的梳理,我们可以发现,肇端于生物学的"有机体"一词,不仅在哲学、文艺学、法哲学、社会学等各个领域都有使用,而且,此词其中蕴含的"有机整体"观念可以追溯到古希腊时期。几乎所有这些对"有机体"这个词汇的使用,都既使用了源自自然科学中的"有机"一语,同时也几乎都并非是从生物学本源意义上的使用,而是在"类比"的意义上使用的,即参照生物学中"有机体"一词的重要特征:整体由部分构成、部分与部分构成整体,二者的关系不可分割,如同动物或植物有机体一般,也因此,将"有机体"引入到不同学科中去

---

① [英]雷蒙·威廉斯著,刘建基译:《关键词:文化与社会的词汇》,生活·读书·新知三联书店2005年版,第338页。
② 彭新武:《论有机论范式及其思维特征》,《天津社会科学》2009年第1期。
③ [古希腊]柏拉图著,朱光潜译:《柏拉图文艺对话集》,安徽教育出版社2007年版,第144页。
④ [古希腊]亚里士多德、[古罗马]贺拉斯著,罗念生、杨周翰译:《诗学·诗艺》,人民文学出版社1962年版,第25、28页。
⑤ [德]黑格尔著,范扬、张企泰译:《法哲学原理》,商务印书馆1979年版,第268页。
⑥ 李本松:《孔德的社会有机体思想探析》,《广播电视大学学报(哲学社会科学版)》2006年第4期。

的时候，人们经常会用"大树"或者"人体"作类比，以说明作为局部构成之整体的"有机体"及其性质。在孔德之前，几乎所有这些"有机体"的使用，都是在共时层面上，强调某组织的构成性，孔德的"社会有机体"论，改变了这一状况，即他开始在历时的层面讨论有机体问题。

孔德将生物学进化的思想引入社会有机体论，这样就使"社会有机体"在构成即共时层面上，拥有不可分割的、互为依赖共同构成整体的部分，而在历时的层面上，社会有机体呈现出进化的重要特征。孔德说："我们首先指出，应该从最普遍的意义上理解人类发现的现象。就是说，把这些现象串联起来，观察它们在根本不同的方向中持续取得的最重要的进步。……虽然科学的描述并不能做到尽善尽美，但科学理论仍然要致力于精确地描述人类起源到世代延续的关系，把它理解为一种进步过程，或者是针对社会组织的整体，或者是针对着每门科学、每门艺术、政治组织的每一个部分。"[①] 孔德从其实证主义哲学出发，将人类社会的发展分成三个阶段：神学阶段、形而上学阶段及实证阶段，这样，"有机体"就不仅是静态法则，不仅是构成性的，研究社会同一时期的因素，更是动态法则，是历史性的，尤其是进化性的，研究社会体系前后关系的性质和进化。将动态与进化的观念引入有机体类比当中，改变了"有机体"一词原来仅仅是结构意义上的使用，更注重其历时性与更替性，而社会有机体也就具备了纵、横两个方面的维度。这样的思想为斯宾塞所接受，并且更系统地阐述了"社会有机体"的观念。

二

"有机体"一词至少蕴含着三层含义：一、有机体为一生物体、生命体，即植物或动物，因此，在使用有机体一词类比时，通常会用树或人体为例作

[①] 尚杰著：《西方哲学史：启蒙时代的法国哲学》，江苏人民出版社2003年版，第638—639页。

更具体的类比；二、作为生命体的有机体是由不同部分或者说承担了不同功能的局部构成的一整体；三、此整体之部分、局部既构成整体，同时也有其在整体内部的存在权利，且各个部分或局部之间互为关联。将"有机体"概念与社会相关联，既是一种类比，就首先注重"有机体"这一概念蕴含的以上三个内涵。

在整体框架上，斯宾塞接受了孔德社会学分析上，将社会分析分为"静态的系统"与"动态的法则"两种类型。在具体观点上，有接受有调整，首先是"静态的系统"上，斯宾塞将社会类比成生物体，并且主张分析其内部构成，只是斯宾塞更视社会有机体为"超有机体"；其次在"动态的法则"上，斯宾塞接受了孔德的进化观念，但与孔德存在着"主观"与"客观"的分歧。

斯宾塞的社会有机体论将社会类比成一生物体，社会的分工类似于动物机体各个器官的分工，社会组织按照生物体的体系组织起来，因为人的生存结构需要有营养、循环和神经三个系统，社会的生存也依赖于相应的三个系统：营养、分配和调节，同时，社会有机体当中的成员，也因此可被划归三个不同的系统：担负营养（生产）机能的劳动阶级、担负分配机能的商人阶级，以及担负调节生产、分配和整个社会的管理者阶级，而管理者阶级由政府和各种机构的管理人员，主要是由资本家来承担。斯宾塞认为，社会有机体如同单个有机体一样，机能的均衡引起了结构的均衡，因此，三个阶级各司其职，缺一不可，共同支持着社会有机体的平衡与进化。

在社会有机体的构成上，斯宾塞同样强调整体与部分之间的关系。在共时层面上，有机体首重整体与局部的关系，因此，社会有机体首先要解决社会的构成问题，即社会与个人的关系问题。在有机体的类比中，植物的躯干、人体的四肢都是构成生命体不可或缺的部分，因此，社会有机体论者得到启发，社会由个人构成，个人是社会不可或缺的部分，个人的特点和性质又决定社会的特点和性质："（社会——引者加）聚集体的特性是由各组成单位的特性决定的","聚集体的特点必定由组成单位的特点决定的一定界限之内","组成单位的特点决定它们形成的整体的特点,这显然既适用于其他事物也适用于社会"①,尽管斯宾塞认为社会是有机体,但他同时又认为,社会并不只是简单的有机体,而是"超有机体"。社会有机体与生物有机体尽管类似,但差异不少,其中最重要的是,生物有机体的各个器官是为整体的生存而生存的,社会有机体中,整体是为了各个部分而存在,除了社会的各个成员以外,社会本身不构成为目的,这样,社会就是为了其成员的利益而存在,而不是反过来,成员为了其社会的利益而存在。

斯宾塞的社会有机体论思想中,更重要的是,将生物学的物竞天择、优胜劣汰、适者生存的原则引入社会领域,以解释社会有机体的进化。孔德较早地将"进化"的观念引入社会学领域,但是,孔德是在自己的哲学-人类学框架里论述进化思想的,孔德的人类社会三阶段论,来源于他对哲学发展的特殊认识,即"人类进步实质上是人类所固有的道德和理智品质的进化"②;而斯宾塞依据的则是生物学规律,在论述孔德与自己关系时,斯宾塞曾极力撇清孔德对自己的影响,并指出二人的差异:"孔德所倡导的目的是什么?是对人的概念的进步做出完整的回答。我的目的是什么?是对外部世界的进步做出全面的回答;孔德认为各种思想具有必然的和实在的继承关系,我却认为各种事物具有必然的和实在的继承关系;孔德希望弄清自然知识的起源,我的目的是要弄清……自然界各种现象的构成。他研究主观,我探讨客观。"③斯宾塞这段"主观"与"客观"的总结的确非常精准地指出了他与孔德的差异。

斯宾塞是社会有机体论的早期代表人物,他早在达尔文的《物种起源》(1859)发表之前,在1851年的《社会静力学》中就已经提出了社会进化的

---

① [英]斯宾塞著,张宏晖、胡江波译:《社会学研究》,华夏出版社2001年版,第40、42页。
② 宋林飞著:《现代社会学》,上海人民出版社1987年版,第9页。
③ [美]刘易斯.A.科瑟著,石人译:《社会学思想名家——历史背景和社会背景下的思想》,中国社会科学出版社1990年版,第101—102页。

思想,斯宾塞认为进化是一个普遍的规律,社会同生物一样是一个有机体,这两种有机体之间有很多相似之处,因此,他极力主张将生物学中的"生存竞争,适者生存"的学说应用于社会领域。斯宾塞认为:"一个有机体对其外界条件的这种不适应,总是在不断地被改正;一方或双方不断改变,直到完全适应为止。凡是具有生命力的东西,从原始的细胞直到人本身,都要服从这一规律",改正自己以适应环境是生存的前提,"进步不是一种偶然,而是一种必然……人类曾经经历和仍在经历的各种改变,都起源于作为整个有机的天地万物之基础的一项规律"①,宇宙的各个部分,无论是有机的,还是无机的,无论是社会的,还是非社会的,都要受进化定律的支配,这是一条公理,为此,他把生物学中的进化概念和思想来解释社会中人与人、民族与民族、国家与国家之间的一切关系,认为在他们之间必然也存在着适者生存的竞争。

三

"斯宾塞作为严复的众神之首,早已赢得他深深的信仰"②,早在1895年前,严复已经接触并且信服斯宾塞了,严复回忆自己早在光绪七八年之交时读斯宾塞著作时,曾说"辄叹得未曾有,生平好为独往偏至之论,及此始悟其非"③,可见斯宾塞著作对他的影响之大、印象之深。胡汉民、蔡元培等早已指出斯宾塞对于严复的至深影响:"严氏之学本于斯宾塞尔"④,而在斯宾塞所有的思想体系中,"严氏所最佩服的,是斯宾塞尔的群学"⑤,所谓"群学",即现在通用的"社会学",但是,严复有他自己对

---

① [英]斯宾塞著,张雄武译:《社会静力学》,商务印书馆1999年版,第25、29页。
② [美]本杰明·史华兹著,叶凤美译:《寻求富强:严复与西方》,江苏人民出版社1996年版,第36页。
③ 严复著,王栻主编:《严复集》,中华书局1986年版,第126页。
④ 张枬、王忍之编:《辛亥革命前十年间时论选集(第2卷下册)》,生活·读书·新知三联书店1963年版,第145页。
⑤ 蔡元培著:《蔡元培全集(第4卷)》,中华书局1984年版,第352页。

"群"与"社会"的独到理解。在《〈群学肄言〉译余赘语》中,他在"群"与"社会"之间作了严格的区分:"荀卿曰:'民生有群。'群也者,人道所不能外也。群有数等,社会者,有法之群也。""群"即人群聚焦之地,人道遍行之所,"群"有多种划分,社会只是其中一种,是有法度规范和约束的群。严复还进一步解释了社会:"社会,商工政学莫不有之,而最重之义,极于成国。"①也就是说,社会阶层当中的商人工人政客学者,无不可构成社会,而社会的极端形式即国家。不仅如此,严复还指出,"西学社会之界说曰:民聚而有所部勒(东学称组织),祈向者,曰社会"②。也就是指西方语境中"社会"一词,实际是指民众聚集起来,运用一定的组织形式,指向一定的目标诉求的形式,即社会。中国传统思想中,天下观念胜于现代的民族国家观念,严复严格区分"群"与"社会",并视国为社会之极,事实上已经具备了现代民族国家的观念。严复对斯宾塞社会有机体论的接受,一方面,用于静态的社会结构分析中国这个"社会的极端形式",另一方面,也引入进化的观念处理人类社会的历史发展,从而介绍西方思想,为士大夫启蒙,同时提供一种先进的思想以剖析社会、促进中国这个"社会"之"极"的富强。

斯宾塞社会有机体类似于生物体,严复对此是高度赞扬,他说:"斯宾塞诸公,以国群为有生之大为有生之大机体,生病老死,与一切之有机体平行,为之比较,至纤至悉"③,严复从语言比较的角度,指出:"按'有机'二字,乃东文取译西文Organism。其字源于希腊,本义为器,又为机关。如桔槔乃汲水之器,便事之机关。而耳目手足,乃人身之器机关,但与前物,生死异耳。近世科学,皆以此字,命有生者。其物有生,又有机关,以司各种生理之功用者,谓之有机体",严复自己有时也将Organism译为"官品"④。受斯宾塞启发,严复也用生物体尤其是人体类比社会、国家:"且一群之成,其体

---

①② 严复著,王栻主编:《严复集》,中华书局1986年版,第126—127页。
③ 严复著,王栻主编:《严复集》,第1254页。
④ 严复著,王栻主编:《严复集》,第1255页。

用功能,无异生物之一体,大小虽异,官治相准。知吾身之所生,则知群之所以立矣;知寿命之弥永,则知国脉之所以灵长矣。一身之内,形神相资;一群之中,力德相备。身贵自由,国贵自主。生之与群,相似如此。此无故无他,二者皆有官之品而已矣"①,"夫一国犹之一身也,脉络贯通,官体相救,故击其头则四支皆应,刺其腹则举体知亡"②,"盖一国之事,同于人身"③。

严复了解斯宾塞的几乎所有著作,但在斯宾塞的著作中,严复非常推重《明民论》与《劝学篇》两种:"《明民论》者,言教人之术也。《劝学篇》者,勉人治群学之书也。其教人也,以濬智慧、练体力、厉德行三者为之纲。其勉人治群学者,意则谓天下沿流讨源,执因责果之事,惟群事为最难,非不素讲者之所得也。"④在社会结构的静态系统分析中,斯宾塞社会有机体论对整体与局部关系的重视,严复精炼为"濬智慧、练体力、厉德行",这样的观念影响了严复的救国富强方案,严复结合中国现实,将斯宾塞社会静态系统分析中的"濬智慧、练体力、厉德行"具体发挥为以民力、民智、民德为根本的方案。

在1896年写给梁启超的信中,严复概述了自己在《直报》上发表《论世变之亟》、《原强》、《辟韩》、《救亡决论》等一系列文章的指导思想是:"意欲本之格致新理,溯源竟委,发明富强之事,造端于民,以智、德、力三者为之根本,三者诚盛,则富强之效不为而成;三者诚衰,则虽以命世之才,刻意治标,终亦隳废。故其为论,首明强弱兼并乃天行之必至,而无可逃,次指中国之民智、德、力三者已窳之实迹,夫如是,而使窳与窳遇,则雌雄胜负效不可知,及乎衰与盛邻,则其终必折以入。"当下中国"今日之政,于除旧,宜去其害民之智、德、力者;于布新,宜立其益民之智、德、力者。以此为经,而以格致所得之实理真知为纬"⑤。可见,"益民之智、德、力"才

---

① 严复著,王栻主编:《严复集》,第17—18页。
② 严复著,王栻主编:《严复集》,第19页。
③ 严复著,王栻主编:《严复集》,第26页。
④ 严复著,王栻主编:《严复集》,第17页。
⑤ 严复著,王栻主编:《严复集》,第514页。

是救国富强的根本,其他的皆为标。在严复的救国富强设想中,提高民智、民德和民力,才是根本的长远的目标,这一目标中,个体与群体的关系,尤其重要,因为,每个个体是群体的基本单位,群体的强盛须建立在个体全面的基础上。严复以砖砌墙为例,说明个体与群体之间的关系,社会如墙而民如砖,如果每一块砖都"坚而廉,平而正,火候得而大小若一"[①],那么,用这些砖砌墙,不仅速度快,"不旋踵而数仞之墙成矣",而且,砌成的墙坚实耐久,"由是以捍风雨,卫家室,虽资之数百年可也"[②],相反,如果每一块砖的质量参差不齐,即使是遇上能工巧匠费心尽力也无法砌成坚洁持久的墙壁。"夫如是,则一种之所以强,一群之所以立,本斯而谈,断可识矣"[③],由个体到整体、由民众到社会、由个人到国家,可以断定出整体、社会与国家的性质。通过对西方的考察,严复认为:"盖生民之大要三,而强弱存亡莫不视此:一曰血气体力之强,二曰聪明智虑之强,三曰德行仁义之强",正是因为西方社会中个体在血气体力、聪明智虑与德行仁义三方面的强盛,所以西方才会富强。民力、民智与民德因此成为判断国家强弱与否的一个重要标准,"未有三者备而民生不优,亦未有三者备而国威不奋者也",严复不仅从正面阐述了民力、民智、民德与国家强盛的休戚相关,而且,还从反面论述了民力、民智与民德三者不行的后果,那将会是:"小则虏辱,大则灭亡。此不必干戈用而杀伐行也,磨灭溃败,出于自然,载籍所传,已不知凡几,而未有文字之行,则更不知凡几者也"[④],以民力、民智与民德这三个标准来衡量中西,不幸的是,当下的中国"民力已苶,民智已卑,民德已薄"[⑤],即便是洋务派仿行西法,引"西洋至美之制,以富以强之机",但结果却是"迁地弗良,若亡若存,辄有淮橘为枳之叹",这完全是因为"民智既不足以与之,而民力民德又弗足以举其事也"[⑥],所以才有近来的甲午惨败,因此,当下的救国之道,只仿行西法的"收大权、练军实",其实只是标,

---

[①][②][③][④] 严复著,王栻主编:《严复集》,第18页。
[⑤] 严复著,王栻主编:《严复集》,第20页。
[⑥] 严复著,王栻主编:《严复集》,第15页。

而根本在于民智、民力、民德,"果使民智日开,民力日奋,民德日和,则上虽不治其标,而标将自立"①,也正是基于由个体到整体、由民众到社会、由个人到国家的社会有机体论,严复一直大力倡导"是以今日要政,统于三端:一曰鼓民力,二曰开民智,三曰新民德"②,"此三者,自强之本也"③,因为,个体、民众、个人才是整体、社会和国家的根本,"社会之变相无穷,而一一基于小己之品质"④。

斯宾塞的社会有机体论更关键的是,将生物学的进化观引入到社会历史的发展进程当中,强调环境的决定性和选择性,严复对此相当了解,也极为赞同,他指出斯宾塞的社会进化论实际早出于达尔文的《物种探原》,将斯宾塞与达尔文、哥白尼并列,将"进化"译成"天演",并概括斯宾塞的观点为:"宗天演之术,以大阐人伦治化之事"⑤,"有斯宾塞尔者,以天演自然言化,著书造论,贯天地人而一理之"⑥,"斯宾塞尔者,与达同时,亦本天演著《天人会通论》,举天、地、人、形气、心性、动植之事而一贯之"⑦,严复盛赞斯宾塞著述:"精深微妙,繁富奥衍"⑧、"此亦晚近之绝作也"⑨,"其说尤为精辟宏富……呜呼!欧洲自有生民以来,无此作也。所谓体大思精,殚毕生之力也"⑩。严复翻译赫胥黎《天演论》可以说是近代思想史上至关重要的一件大事,其中所译"物竞天择,适者生存"影响至远,但赫胥黎"事实上决非在讲解社会达尔文主义,而是在抨击社会达尔文主义"⑪,在进化的问题上,赫胥黎是根本"反对斯宾塞等人'把宇宙进化或类似这样的原理运用于社会

---

① 严复著,王栻主编:《严复集》,第14页。
② 严复著,王栻主编:《严复集》,第27页。
③ 严复著,王栻主编:《严复集》,第32页。
④ 严复著,王栻主编:《严复集》,第126页。
⑤ 严复著,王栻主编:《严复集》,第16页。
⑥ 严复著,王栻主编:《严复集》,第1320页。
⑦ 严复著,王栻主编:《严复集》,第1325页。
⑧ 严复著,王栻主编:《严复集》,第6页。
⑨ 严复著,王栻主编:《严复集》,第1320页。
⑩ 严复著,王栻主编:《严复集》,第1325页。
⑪ [美]本杰明·史华兹著,叶凤美译:《寻求富强:严复与西方》,第90页。

和政治问题'的'种种企图'"①的，严复对此了然于胸，但他为什么还选择这个与斯宾塞社会有机体论观点相左的作品译介，一部分原因在于："赫胥黎的著作确实以简洁生动的、几乎诗一般的语言阐述了达尔文主义的主要原理"②，并且，借助于《天演论》，严复可以利用"按语"这一特殊的补充形式，"采用斯宾塞的观点去驳正原书的观点"③，从而使读者在正反观点的交锋中了解和接受社会进化论。

四

诚如胡汉民、蔡元培与史华兹等论者所言，在诸多对严复有影响的思想家中，斯宾塞占据了首要的地位，而斯宾塞的"综合哲学"体系，对严复影响最深的是斯宾塞以社会有机体论为核心的社会学。斯宾塞的社会有机体论包括静态结构与动态进化两个方面，严复对斯宾塞社会有机体论的接受，在社会有机体的共时结构层面，体现在他对中国社会的全面分析，在历时层面上，他接受社会有机体的进化思想，并从进化的角度对作为群之极的国家的发展作了估计，而这两方面又共同构成了严复标本并治的救国富强方案。但是，斯宾塞视社会有机体是"超有机体"，"超有机体"与一般社会有机体论的不同更在于他视个人为社会之本，整个社会的进步，必须以国民的最大自由为根本，"社会是为了其成员的利益而存在，而不是成员为了社会的利益而存在"④，另外，与一般社会有机体论强调整体决定部分不同的是，斯宾塞的"超有机体"强调部分对于整体的决定性，"个体（unit）的性质决定群体（total）的性质"⑤，这都使斯宾塞的社会有机体论表现出极端的个人主

---

① [美]本杰明·史华兹著，叶凤美译：《寻求富强：严复与西方》，第93页。
② [美]本杰明·史华兹著，叶凤美译：《寻求富强：严复与西方》，第92页。
③ 蔡乐苏：《严复启蒙思想与斯宾塞》，《清华大学学报》（哲学社会科学版）1989年第1期。
④ Hebert Spencer. *The Principles of Sociology*. Vol. L, London: Williams & Norgate, 1877, pp.449–450.
⑤ Hebert Spencer. *The Study of Sociology*. New York: Appleton & Co., 1899, 44.

义倾向,严复同样强调个人,即以民为本,他的救国方案强调标本兼治,一方面需要"收大权、练军实",另一方面更要鼓民力、开民智、新民德,发挥个人在群体、民族与国家中的重要作用,在国家生死存亡的危急时刻,严复仍然念兹在兹的是社会变化在于小己这样一个深切却久远的救国方案,这是否意味着严复也陷入了极端的个人主义当中?

李泽厚在《论严复》中曾经说过严复"召唤亡灵是为了当前需要"[①],的确,严复系统地介绍赫胥黎、斯宾塞、穆勒、斯密、甄克思等,并非是仅仅为了学术介绍,而有其深刻的现实指向,也因此,他在介绍西方学说的过程中,对各家学说都既有接受也有改变,对于斯宾塞的社会有机体论亦是如此。事实上,在严复的社会有机体中,人只是一个中介性因素,作为社会之"极"的国,才是严复的终极关怀,这使得严复在接受斯宾塞社会有机体论的时候,并未走进斯宾塞的极端个人主义。近代中国的峻切现实、兼济天下的使命感、特殊的留学经历、深切的现实体察与深厚的个人学养,使严复开始并能够在中西方比较的背景下,从文化上开始思索救国图强之道,一切的翻译、学术与著述,都以现代民族国家的救亡富强为最终目标,如何达此目标?斯宾塞的社会有机体论恰适其时,为严复认真严肃的思索提供了一个至关重要的思想框架和现实突破口,作为"综合哲学"体系中最后阶段的斯宾塞社会学,在横向上深入讨论了部分与整体之间、个体与国家之间的紧密关联,在纵向细述了人类社会发展的动力来源、历史过程与远景目标,这些都启发严复,要想达成国家层面救亡图强的目标,必须经由个体层面的启蒙,也就是严复提出的"鼓民力、开民智、新民德"救国方案,事实上,严复的著述行为本身也正是这个宏大启蒙方案的具体实践,对于国人来说,"物竞天择,适者生存"的观念不啻是严复开出的一副醒世猛药,从此,这个观念的通俗版本"落后就要挨打"逐渐成为国人的共识,现代民族国家的独立与富强成为一个多世纪以来至今的最高追求,这不能不说是有严复的巨大功劳在内的,

---

① 李泽厚著:《中国近代思想史论》,生活·读书·新知三联书店2009年版,第257页。

而在这个整体的启蒙救国方案中,个体、人也就成为终极目标的中介性因素,严复在接受斯宾塞的社会有机体论的同时,自然并不会陷入斯宾塞的极端个人主义当中,当然,也正因此,我们承认,严复是近代思想史上的一位崇高的启蒙者。

(本文原载《东南学术》2015年第2期)

介入与否:罗兰·巴尔特与萨特的理论分歧

金松林

第二次世界大战刚刚结束,萨特就成为法国文坛的翘楚,几乎所有的刊物都把他放在聚光灯下。米歇尔·维诺克(Michel Winock)在回顾这段历史时曾戏称此时巴黎知识界只有两类人:拥护萨特的以及反对萨特的。前者之所以拥护萨特,主要是因为萨特不仅成功地将存在主义从德国搬到了法国,而且赋予了它新的内涵,即将存在主义大胆地阐释为"一种人道主义"。"自由""责任""担当"等字眼大大刺激了人们麻木的神经,特别是战争时期的惨痛教训,使他们觉得萨特的理论具有重要价值。而在后者看来,萨特的理论简直一文不值,因为政治或者道德的狂热完全替代了理性的思考,就像精神鸦片,它在使人陷入感性泥沼的同时,"转移了年轻人要担负从法西斯悲剧的废墟中重建一个正义社会这一使命的注意力"[①]。昔日同在一个战壕的战友阿尔贝·加缪、雷蒙·阿隆、莫里斯·梅洛-庞蒂、克劳德·勒福尔(Claude Lefort)等很快同他分道扬镳,勒内·艾田伯(Rene Etiemble)在一篇文章中甚至攻击萨特:"'亲爱的萨特'?如果我今天还这样称呼您,那我就是和您一样在说谎。所以,我还是伤心地说一句:祝愿您倒霉吧!"[②]尽管有各种反对的声音,萨特还是坚定不移地把存在主义带到了大街上。

罗兰·巴尔特是法国文坛的后起之秀,早年曾是萨特的信徒。在疗养

---

① [美]托马斯·弗林著,莫伟民译:《存在主义简论》,外语教学与研究出版社2008年版,第192页。
② [法]米歇尔·维诺克著,孙桂荣、逸风译:《法国知识分子的世纪:萨特时代》,江苏教育出版社2006年版,第126—127页。

院期间,他阅读过萨特大量的著作。①巴尔特晚年在回顾这段经历时说:"1945年至1946年,人们在这一时期发现了萨特……我想说,从停战那天开始,我成了一个萨特派和马克思主义者。"②然而,从山中回到巴黎后不久,巴尔特便加入了反对者的阵营。从1947年开始直到1953年,他在《战斗报》上发表了一系列文章,这些文章虽然没有直呼其名,但是所有活跃在文学圈里的人都知道巴尔特是将批判的矛头对准他的精神偶像——萨特。是什么导致了这一决裂呢?最直接的"导火索"就是《什么是文学?》。在这篇文章中,萨特不仅重申了介入论的文学观,而且对法国历史悠久的纯文学传统展开了严厉的批判,其犀利的程度令人侧目。巴尔特尽管不是纯文学的爱好者,却对萨特咄咄逼人的架势心怀不满,尤其厌恶那种赤裸裸的"文学介入"。在他看来,"这种写作的目的不再在于找到一种马克思主义的事实说明或行动的革命理由,而是为了呈现早已判定的事实,并且将一种谴责性的内容强加给读者"③。由此,他提出了另一种更富有马克思主义色彩的文学观——"零度写作"或者"中性写作",和萨特的介入论相比,这是一种"既置身于各种呼声和判决的环境里却又毫不介入"④的文学态度。这种态度和萨特的理论针锋相对,从而形成了他们思想的分野。

国内学术界经常提到这场论争,将《什么是文学?》视为《写作的零度》的潜文本,可是对于巴尔特"零度写作"或"中性写作"观念形成的背景却无人问津,至于其分歧的要点更是讳莫如深,遑论去清理《写作的零度》一书中所埋藏的结构主义和后结构主义成分。一些想当然的解释充斥着我们的论文和著作,给人的印象是这些问题似乎早就澄清了,大家只需接受即可。其实,在我们的解释中有太多牵强附会的成分,比如将萨特视为巴尔特

---

① 1941年10月,巴尔特结核病复发,经过简单的治疗随即被送往位于法国南部的圣伊莱大学生疗养院。由于疾病反复发作,他在那里一直待到1945年底。菲利普·罗歇(Philippe Roger)将这段时光概括为巴尔特的"山中岁月"。详情参见[法]菲利普·罗歇著,张祖建译:《罗兰·巴尔特传:一个传奇》,中国人民大学出版社2013年版,第315—316页。
② Roland Barthes, *Œuvres complètes, Tome II,* Paris: Seuil, 1994, p.1310.
③ Roland Barthes, *Œuvres complètes, Tome I,* Paris: Seuil, 1993, p.153.
④ Roland Barthes, *Œuvres complètes, Tome I,* Paris: Seuil, 1993, p.179.

理论上的"死敌",认为巴尔特写作《写作的零度》的直接目的就是为了反对萨特,这些看似合理的解释恰恰将真正的问题掩盖了,使巴尔特和萨特的思想不是越来越明晰,而是渐行渐远,最终成为一团疑云。本文的目的非常明确,既要解决以上所提到的问题,同时又要重现当时的历史场景。在《真理与方法》中,伽达默尔曾强调指出:"当我们试图理解某个文本时,我们并不是把自己置入作者的内心状态中,而是——如果有人要讲自身置入的话——我们把自己置入那种他人得以形成其意见的透视(Perspektive)中。"① 因为只有如此,我们才能真正把握某一思想观念或者理论的实质。

写作取代文学

1945年,萨特和梅洛-庞蒂一起创办了《现代》杂志。在发刊词中,萨特首先攻击了所有资产阶级出身的作家不负责任的行为,因为他们主要为金钱、荣誉和地位写作,对各种社会事务漠不关心。"沦陷让我们懂得了'作家的责任感'……我们不是在追求不朽的过程中使自己永存的,不是因为我们在作品中反映了某些冷漠空洞的原则以求传世而成为绝对的,而是因为我们将在我们的时代中满怀激情地战斗,因为我们将满怀激情地热爱我们的时代,因为我们甘愿承受与时代同归于尽的风险。"② 随后,他明确提出了介入论的文学观点:"在'介入文学'中,介入在任何情况下,都不应该忘记文学。……我们关注的应是通过给文学输入新鲜血液为文学服务,犹如给集体奉献适合于它的文学为集体服务一样。"③ 萨特认为,真正的作家不应回避社会问题,而应该面对现实,勇敢地揭露各种矛盾冲突。

该社论发表以后,在巴黎知识界引起了轩然大波。一些人开始追随他,视他为现实主义文学的伟大旗手,同时也有一批人公开讨伐他,骂他是党派

---

① [德]汉斯-格奥尔格·伽达默尔著,洪汉鼎译:《真理与方法》,商务印书馆2007年版,第396—397页。
②③ 转引自何林编著:《萨特:存在给自由带上镣铐》,辽海出版社1999年版,第195页。

主义文学的走狗。老一辈作家安德烈·纪德就是最激烈的反对者之一,他在《人类世界》中集中批判了萨特的所宣扬的"介入"和"干预"。①《法兰西文学》的创办者让·波朗也批评萨特说:"文学家不是法官:各人有各人的责任,各人有各人的位置。"②

  为了回应这些责难,萨特很快便抛出了长达万言的力作《什么是文学?》。从1947年2月起,该文共分六期连载于《现代》杂志。什么是文学?这在很多人看来是个愚蠢的问题,因为人人都知道文学是什么,它就是诗歌、小说、戏剧、散文……或者所有这些的总和,可我们却很难确切地定义它。伏尔泰说:"文学是所有语言中,最为频繁出现的含混不清的说法之一。"③彼得·威德森(Peter Widdowson)说:"准确地界定文学的最初意义或是对这个词的用法给予严格限制是不可能的。"④既然如此,萨特为何还要提出这样的问题?一位卓越的理论家最近指出,萨特之所以重新提出这一问题是因为"有些问题人们没有勇气再提"⑤。也有学者认为萨特重提这一问题目的不是向大众普及文学常识,而是为了教化大众,因为这一标题教训的口吻十足。然而富有意味的是,萨特在搬出这一问题之后却并没有正面回答,而是偷换了概念,即将"文学"转换成了"写作",或者说,用"写作"替代了"文学",其理由是:"既然批评家们用文学的名义谴责我,却又从来不说他们心目中的文学是什么东西,对他们最好的回答是不带偏见地审查写作艺术。"⑥按照语义逻辑,"既然批评家们用文学的名义谴责我","我"就应该用文学的名义予以回击,可是他却"不带偏见地"(从下文可以看出,其实他充满了偏见)去审查写作艺术,显然他将一个本质主义的、形而上学的

---

① 参见[法]高宣扬:《萨特的密码》,同济大学出版社2007年版,第183页。
② 转引自[法]米歇尔·维诺克斯,孙桂荣、逸风译:《法国知识分子的世纪:萨特时代》,第94页。
③ [法]伏尔泰著,王燕生译:《哲学辞典》,商务印书馆1991年版,第512页。
④ [英]彼得·威德森著,钱竞、张欣译:《现代西方文学观念简史》,北京大学出版社2006年版,第11页。
⑤ [英]雅克·朗西埃著,臧小佳译:《沉默的言语:论文学的矛盾》,华东师范大学出版社2016年版,第1页。
⑥ [法]萨特著,施康强选译:《萨特文论选》,人民文学出版社1991年版,第70页。

问题转变成了一个实践哲学的问题。这是萨特一贯的作风,即便再抽象的问题他都会将它和现实联系起来,并且落实到行动上。因此,萨特的哲学——文学是其中必要的组成部分——其实就是实践的哲学、行动的哲学。

将"文学"替换为"写作"尽管不合常规,却具有重要的理论价值。首先,它为人们解构文学埋下了伏笔。一些后现代思想家如巴尔特、德里达、克里斯蒂娃、索莱尔斯不是将文学视为形而上学之物,就是意识形态之物,虽然方法不一,但是他们针对文学开展了声势浩大的解构行动。其次,"写作"逐渐被确立为重要的诗学范畴。萨特之后,人们闭口不谈文学而强调写作。莫里斯·布朗肖说:"写作似是一种极端处境,它意味着一种彻底的逆转。"[1] 即在消除文学的神话之后,写作是一种"置之死地而后生"的东西。因为它和此前我们所认识的写作完全不同,所以需要重新考量。这就是以上这些人物为何要重新定义这一概念的原因所在。

在这些后现代思想家眼里,萨特简直就是一块"绊脚石",他们总想铲除它。弗朗索瓦·多斯(François Dosse)在《从结构到解构:法国20世纪思想主潮》这部巨作开篇就说:"按照规则,在新英雄出场之前,总是要有人牺牲。因此,结构主义的粉墨登场需要有人献身,而不归之人则是战后知识分子的守护神让-保罗·萨特。"[2] 即便如此,可事实上他们又不得不一次次地回到萨特,因为在某些重要问题或理论上,萨特又成为了他们的源头,文学/写作就是其中之一。

自由与介入

战后法国文坛弥漫着一股幻灭情绪,因为刚刚经历过战争,人们不仅感到身心疲惫,而且对以往所信靠的理性、正义、道德等观念产生了动摇。一

---

[1] [法]莫里斯·布朗肖著,顾嘉琛译:《文学空间》,商务印书馆2003年版,第19页。
[2] [法]弗朗索瓦·多斯著,季广茂译:《从结构到解构:法国20世纪思想主潮》(上册),中央编译出版社2005年版,第3页。

些作家于是远离现实躲进象牙塔里建构他们心目中的文学。他们不再将文学视为现实生活的艺术而是心灵的艺术或者语言的艺术,皮埃尔-让·儒弗(Pierre-Jean Jouve)和帕特里斯·德·拉图尔迪潘(Patrice de la Tour du Pin)的诗歌、安德烈·皮耶尔·德·芒迪亚克(André Pieyre de Mandiargues)和鲍里斯·维昂(Boris Vian)的小说就是典型的例子。在某种意义上,他们接续了由马拉美、阿波利奈尔、兰波、瓦雷里等人所开创的法国纯文学传统,试图将文学绝对化。

萨特明显不满于这种纯文学的方法。他在《什么是文学?》中公开指责纯艺术和空虚的艺术实际上是一回事,批判美学上的"纯洁主义"不过是20世纪资产阶级漂亮的防卫措施而已,"他们煞费苦心的经营在我们眼里只是一个装饰品,一个为展开主题而构造的漂亮建筑物,与另一些建筑物,如巴赫的赋格曲和阿尔汉布拉宫的阿拉伯装饰图案一样没有实际用途"①。"既然我们主张作家应该把整个身心投入他的作品,不是使自己处于一种腐败的被动状态,陈列自己的恶习、不幸和弱点,而是把自己当作一个坚毅的意志,一种选择,当作生存这项总体事业——我们每个人都是这项事业——那么我们就应该从头捡起这个问题,并且也应该自问:人们为什么写作?"②针对这个问题,萨特所给出的答案是为了自由。

在《存在与虚无》(1943)中,萨特就强调人是自由的。这种自由不是人为选择的结果,而是命定的,"这意味着,除了自由本身以外,人们不可能在我的自由中找到别的限制,或者可以说,我们没有停止我们自由的自由"③。自由的命定性将我们每个人都确立为自由的主体。然而,萨特也强调尽管我们的自由是无限的,但绝不是抽象的。自由和人类所处的境况有着密不可分的关系,他举例说:"我不能自由地逃避我的阶级、民族和我的家庭的命运,甚至不能确立我的权力和我的命运,也不能克服我的最无意义的欲念或

---

① [法]萨特著,施康强选译:《萨特文论选》,第108页。
② [法]萨特著,施康强选译:《萨特文论选》,第111页。
③ [法]萨特著,陈宣良等译:《存在与虚无》,生活·读书·新知三联书店2014年版,第535页。

习惯……"①,因此,在每种境况下,都有自由所必须应对的一些已经确定的事实。基于此,一些决定论者悲观失望,因为他们认为人类的所有行为都是无用的,尽管人看起来是自由的,可以自由地进行选择,实际上却受到各种境况的驱使。

为了回应这样的观点,萨特发表了著名演讲即《存在主义是一种人道主义》(1946)。在演讲中,他明确提出了存在主义哲学的第一原则——"存在先于本质"。意思是说,人的本质并不先天给定的,而是人自由选择的结果。在萨特看来,"如果存在真是先于本质的话,人就要对自己是怎样的人负责。所以存在主义的第一个后果是使人人明白自己的本来面目,并且把自己存在的责任完全由自己担负起来。还有,当我们说人对自己负责时,我们并不是指他仅仅对自己的个性负责,而是对所有人负责"②,这是最基本的人道主义。由此,萨特在将存在主义哲学转变为一种实践哲学的基础上又确立了另一维度,即道德或者伦理学的维度。

在实践哲学和伦理学的双重规约下,萨特将作家的写作界定为"介入"(engagement)。所谓介入,就是人对世界的解释、揭露或者干预。人的存在,总是在世存在,人不可能外在于身边的世界。人身在其中的这个世界尽管总是异化的,每个人却承担着不可逃避的责任,作家当然也不能例外。萨特说:"不管你是以什么方式来到文学界的,不管你曾经宣扬过什么观点,文学把你投入战斗;写作,就是某种要求自由的方式;一旦你开始写作,不管你愿意不愿意,你已经介入了。"③贝尔纳·亨利·列维(Bernard-Henri Lévy)是著名的萨特专家,他认为萨特有两种介入理论,一种是文学介入,另一种是政治介入,"《什么是文学?》从来没有说文学应当为政治事业和政治斗争服务,从来没有期待文学产生为正义、真理和善良而斗争的诗歌和小

---

① [法]萨特著,陈宣良等译:《存在与虚无》,第585页。
② [法]萨特著,周煦良、汤永宽译:《存在主义是一种人道主义》,上海译文出版社2012年版,第7—8页。
③ [法]萨特著,施康强选译:《萨特文论选》,第136页。

说"①，他说这番话目的是想撇清写作和政治的关系，将介入牢牢地限定在文学范围内，如此一来，萨特就显得纯洁了。列维显然歪曲了萨特的意思，其实在该文中文学介入和政治介入是混在一起的，萨特不但要求作家要主动地介入文学，还应该通过文学积极地介入政治，在他看来，"文学并不是一首能够和一切政权都合得来的无害的、随和的歌曲，它本身就提出了政治的问题"②。

萨特说："当一个作家努力以最清醒、最完善的方式意识到自己卷进去了，也就是说当他为自己、也为其他人把介入从自发、直接的阶段推向反思阶段时，他便是介入作家。"③在创作中，他为了照顾主题或者表达的目的可以放弃作品的形式，在这里并不是形式不重要，而是主题比形式更重要。这种功能主义的写作观同萨特的实践哲学和伦理学纠缠在一起，成为了《什么是文学？》一文中最显眼的部分，同时也是备受人们指责的部分。也正是在这个意义上，萨特作为法国左派的代表人物逐渐成了年轻一代的"眼中钉"。

写作的零度

萨特发表此文时，巴尔特在巴黎文坛尚属无名小辈，从未在正式刊物上发表作品。这篇文章之所以引起他的注意，主要是因为它已经酿成了"公共事件"，从报纸到刊物许许多多的人都在议论它。"你是否愿意为我在《战斗报》所主持的版面写一些文章，比如关于米什莱？"④莫里斯·纳多（Maurice Nadeau）向巴尔特发出了邀请，因为通过朋友的介绍他知道巴

---

① ［法］贝尔纳·亨利·列维著，闫素伟译：《萨特的世纪——哲学研究》，商务印书馆2005年版，第99页。
② 转引自何林编著：《萨特：存在给自由带上镣铐》，第194页。
③ 转引自何林编著：《萨特：存在给自由带上镣铐》，第143页。
④ Louis-Jean Calvet, *Roland Barthes: A Biography,* trans. Sarah Wykes, Combridge and Oxford: Polity Press, 1994, p.78.

尔特对米什莱很有研究。①巴尔特欣然接受了邀请，几天后他给纳多寄去了稿件，题目是《写作的零度》，可该文研究的并非米什莱而是对萨特介入论的文学观所作出的回应。后来，他又相继写了几篇文章(《语法的责任》、《资产阶级写作的胜利与断裂》、《风格的艺匠》、《写作和言语》、《写作与沉默》、《写作的悲剧感》)，并且寄给了《战斗报》。1953年，经过一些适当的增删，巴尔特将这些文章交给了瑟伊出版社结集出版，这就是文集《写作的零度》。

在巴尔特的著作中，这并不是一部成功的作品。总体而言，"这部文集的结构方式有点啰唆，有拼凑的成分，不仅因为它把已经发表在别处的和从未发表的文章兼收并蓄，有六七年之久的时间跨度，更因为语言杂糅不一，交错重叠，不够融通。不同语体的交叠甚至屡屡表现出一种突兀的碰撞，而不是巴尔特式的'融汇'的形象"②。所以，它出版之后并没有引起多大反响。后来，由于他在同索邦大学古典文学教授、著名的拉辛研究专家雷蒙·皮卡尔(Raymond Picard)的论战中声名鹊起，人们才重新发现了《写作的零度》，并且将它奉若圭臬。

在这本书中，巴尔特提出了与萨特的"文学介入"截然不同的观点，那就是"零度写作"(也称"中性写作"、"白色写作")。所谓零度写作，它有多个维度，以前我们总是混为一谈。首先，在姿态上，它要求作家在面对各种社会问题或矛盾时要学会客观冷静地观察，并不主动发表自己的看法，不盲目地评价或者议论；其次，在写作中，要妥善处理好"在"(present)与"不在"(absent)即在场和缺席之间的辩证关系。在场就是在写作的现场，这是每个作者在提笔写作的过程中必然会获得的状态；而缺席是一种理想的模式，它设想或者要求作者在写作的过程中要完全切断自身与描

---

① 巴尔特在圣伊莱疗养院期间阅读了米什莱几乎所有的著作，并且制作了大量卡片，准备以此为对象撰写博士论文，但是由于没有找到合适的导师，以及受战争的影响，这一计划暂时搁浅了。1954年，巴尔特终于将这些卡片整理成书并交由瑟伊出版社出版，这就是著作《米什莱》。
② [法]菲利普·罗歇著，张祖建译：《罗兰·巴尔特传：一个传奇》，第238页。

述对象之间的联系,抹除自己,不发出任何属于自己的声音,包括情感、立场、观点、看法等,只是让对象自行呈现。然而,大家知道,写作是一种主观性的活动,只要由人来写,这种状态就不可能彻底实现。正因为如此,巴尔特需要宣告"作者之死",也正因为如此,零度写作具有"乌托邦"的性质;最后,在风格上,零度写作所追求的是一种平白冷峻的文风。巴尔特认为加缪的《局外人》是零度写作的范例,其实这部小说的主观色彩十分浓郁,那就是描述日常生活的荒诞,阿兰·罗伯-格里耶的小说倒是十分吻合,特别是他与《写作的零度》同年问世的作品《橡皮》。在《为什么我喜欢巴尔特》这篇研讨会的记录中,巴尔特认为《橡皮》"有一种完全和真理一样的东西,但却是属于故事规则"①,罗伯-格里耶直言不讳地回答说:"是的,当然……但是也许这种新的东西就是你。"②言下之意,他在这部小说中就借鉴了巴尔特刚刚提出的"零度写作"的观念,"我觉得这个特征很明显"③。

可是,萨特却有着完全不同的看法,他说:"写作既是揭示世界又是把世界当作任务提供给读者的豪情。"④为了揭示世界,作者不仅要担任目击者,还要担任判官,即将自己的主体意志强加给读者,"因此,在一切写作中我们将会发现对象的含混性,它既是语言也是强制作用:在写作中存在一种根本外在于语言的'氛围',也似乎存在一种凝视的重量,它所传达的并不是语言学的意图。如在文学写作中表现出来的那样,这种凝视传达的是一种语言的激情;如在政治写作中表现的,也可能是一种惩罚的威胁。于是,写作的任务在于一下子将行为的现实性和目的的理想性结合起来。这就是为何权力以及权力遮护的阴影总是以一种价值学的写作宣告结束,在这种写作中,通常把事实和价值区分开来的距离在字里行间消失了,字词于是既呈现为描述又呈现为判断。字词成为了不在场的证词,即既在别处,又是在辩

---

①② [法]阿兰·罗伯-格里耶著,余中先等译:《旅行者》(上卷),湖南美术出版社2012年版,第184页。
③ [法]阿兰·罗伯-格里耶著,余中先等译:《旅行者》(上卷),第182页。
④ [法]萨特著,施康强编译:《萨特文论选》,第132页。

护"①。总而言之,写作不是为了写作自身而是为了写作之外的其他目的。这就是萨特所鼓吹的"文学介入",斯大林式的写作和马克思主义写作均属于这种类型。

在语言学以及由福楼拜、马拉美、纪德等人所开创的法国现代文学传统的影响下,巴尔特彻底割断了写作和外在现实之间的联系,将写作牢牢地限定在语言范围内。巴尔特说:"语言涵括了整个文学创作,差不多就像地与天以及它们的交界线那样,为人类构成了某种熟悉的栖息地。与其称它为一个材料的储存所,不如说像一条地平线,它既暗含了边界,又包括某种视角。简而言之,它是一片安排有序的、令人舒适的土地。"②在这片"土地"上劳作,不需要考虑其他事物,只需摆弄语言,让词与词、句子与句子、段落与段落、文本与文本之间发生关联。巴尔特之所以称福楼拜、马拉美等人为"作家-艺匠",就是因为他们的写作非常接近于这一类型。在《文学空间》中,莫里斯·布朗肖评价马拉美的创作时说:"诗歌的话语不再仅对立于一般的语言,而且也有别于思想的语言。在这种话语中,我们不再重返世间,也不再重返作为居所的世间和作为目的的世间。在这种话语中,世间在退却,目的已全无;在这种话语中,世间保持沉默;人在自身各种操劳、图谋和活动中最终不再是那种说话的东西。在诗歌的话语中表达了人保持沉默这个事实。"③巴尔特认为这就是一种纯洁的写作,是完全剔除了传统手法的"白色的文学"。在马拉美的作品中,"这些词语与其说像一套密码,不如说像一束亮光、一片空白、一种谋杀、一种自由"④。

在萨特的文学观中,语言总是被各种(如作家的、阶级的、政党的或社会的)专断的意识形态所利用;而在巴尔特的文学观中,语言是纯洁的,或者说他总是在极力追求语言的纯等式的状态——语言就是语言自身。如果这

---

① Roland Barthes, *Œuvres complètes, Tome I,* Paris: Seuil, 1993, p.150.
② Roland Barthes, *Œuvres complètes, Tome I,* Paris: Seuil, 1993, p.145.
③ [法]莫里斯·布朗肖著,顾嘉琛译:《文学空间》,第23页。
④ Roland Barthes, *Œuvres complètes, Tome I,* Paris: Seuil, 1993, p.179.

种状态真的能够实现的话,那么写作也就变成了一门纯粹的艺术,作家也就无须说谎,从此成为一个诚实可靠的人。然而,问题是这种状态真的能够实现吗?巴尔特自己也清醒地意识到,"没有什么比一种白色的写作更不真实的了"[1],理由很简单,任何语言一经使用必然会受到意识形态的污染。所以,《写作的零度》建构的只是一种理想的写作模式,整个著作始终笼罩着难以抹除的乌托邦性质。对于巴尔特来说,用一种永远不可能达成的写作方式来质疑或批判萨特,其力度是可想而知的。

形式、风格与沉默

"正如一些评论家所指出的那样,《写作的零度》是对萨特《什么是文学?》(1947)所作出的反应。"[2]但是,这种反应并不是刻意为之,而是机缘巧合。换句话说,巴尔特写这本书的目的并不完全是为了批判萨特,而是其思想发展的必然结果,只是萨特的这篇文章出来以后,为《写作的零度》创造了机会,或者说促成了它的成型。接下来,我们不妨从发生学的角度讨论"零度写作"这一概念出台的背景。

1942年,巴尔特在位于法国南部伊泽尔省的大学生疗养院内部刊物《生存》(*Existence*)上发表了处女作《论纪德和他的日记》。在这篇文章中,巴尔特已经表现出了对作品形式的关注。纪德说:"我首先把自己看成是一个纯艺术家,并且和福楼拜一样只关心自己作品的写作质量。严格说来,我根本不考虑作品的深刻意义。"[3]正因为如此,巴尔特对纪德倾慕有加,他举例说:"像《人间食粮》这样的作品就不会这样隽永优美,如果他在作品形成之前就赋予它某种明确的意图,从而把作品仅仅看作某种意图的

---

[1] Roland Barthes, *Œuvres complètes, Tome I,* Paris: Seuil, 1993, p.180.
[2] Michael Moriarty, *Roland Barthes,* Cambridge and Oxford: Polity Press, 1991.
[3] Roland Barthes, *Œuvres complètes, Tome I,* Paris: Seuil, 1993, p.29.

体现的话。"①因为纪德重视作品的形式胜过内容或者意义,所以巴尔特认为纪德小说最大的特性就是绝对的无用性,"它们什么都不证明,甚至不是心理现象,它们只是表现了与现实生活十分吻合的复杂情境"②。在该文中,巴尔特还对纪德小说中人物的专名进行了词源学分析,尽管并不深入,却同样展现了他对形式的迷恋。他认为巴拉格里欧(Baraglioul)、普洛费特丢(Profitendieu)、菲洛雷索瓦(Fleurissoire)这些父姓具有讽刺的含义,艾杜阿尔(Edouard)、米歇尔(Michel)、伯纳德(Bernard)、罗伯特(Robert)这些专名则比较中性,而梅纳尔克(Ménalque)、拉夫卡迪欧(Lafcadio)这些名字不仅神秘,而且充满了异国情调。

1944年,巴尔特在《生存》杂志上又发表另一篇文章,即《对〈局外人〉风格的思考》。仅从标题就可看出,巴尔特关注的仍然是作品的形式。不过和前一篇文章相比,该文讨论的问题更加具体,即以风格为核心。文章一开头,巴尔特就说:"一篇好的文章就像海水一样,它的颜色来自海底向海面投射的光芒。正因为这样,我们才要徜徉其中,而不是悬在空中或者探入深渊。可以允许文章的思想高于或者低于文字,这种强烈的摇摆是理解文章的障碍,不过词句应该是美的。有时不去深究其中的意义,仅沉湎于词句的温和舒适也不错。确切地说,《局外人》的风格有点像海水的性质:这是一种中性的物质,不过一味的单调让人晕眩,有时光线穿过海水,尤其会显现出海底的沉沙,它把这种风格(海水)和着色剂(光芒)联系起来。如果这些沙被带到《西绪弗斯神话》耀眼的白光里,这些沙就会显现出坚硬的水晶石般的形态。所以,《局外人》是内容投射到形式上的奇妙风格的典型范例。"③这段话有两层含义:第一,作品的形式往往比内容更加重要;第二,《局外人》呈现出了一种中性的风格。因为此时巴尔特还没有接触到丹麦哥本哈根学派著名语言学家布龙达尔(Viggo Brøndal)的著作,所以并

---

① Roland Barthes, *Œuvres complètes, Tome I*, Paris: Seuil, 1993, p.29.
② Roland Barthes, *Œuvres complètes, Tome I*, Paris: Seuil, 1993, p.31.
③ Roland Barthes, *Œuvres complètes, Tome I*, Paris: Seuil, 1993, p.60.

不是在理论的层面使用"中性"(the neutral)概念,而是借用了萨特的术语——"沉默"。萨特说:"《局外人》的第一部完全可以如最近出版的一本书一样,题为《译自沉默》。……我最初是在儒勒·勒那尔那里发现这一病症的征兆的。我称之为'沉默的迷恋症'。"①据路易-让·卡尔韦的考证,巴尔特在写这篇文章之前不仅阅读过萨特的《〈局外人〉诠释》(1942),而且深受它的影响,所以他在文章结尾写道:"无须过分强调这部作品的重要性,一种新的风格出现了,沉默的风格或风格的沉默,此时作家的声音——远离了各种哀叹、亵渎和圣歌——是一种白色的声音,唯有这种声音才切合我们无可挽救的时代处境。"②

在巴尔特的作品中,《对〈局外人〉风格的思考》非常重要,因为在这篇文章里我们已经看到了《写作的零度》的萌芽。这里所提出的"沉默的风格或风格的沉默"不就是后来的"零度写作"吗?晚年巴尔特在回顾这段经历时说:"在疗养期间,我给学生杂志《生存》写过几篇文章,特别是不久前问世的小说——加缪的《局外人》。我在文章中首次有了'白色写作'的想法,也就是,'零度写作'的想法。"③1946年2月,当他彻底康复回到巴黎之后,他阅读了大量的语言学著作,其中就包括布龙达尔的作品。在《普通语言学论文集》中,布龙达尔进一步拓展了俄裔语言学家罗曼·雅柯布森所提出的"零度"概念。雅柯布森认为零度现象不仅存在于词法和句法中,而且存在于语法和文体之中,所以它是一种常见的语言学现象。布龙达尔将这种现象拓展到了语符学领域,认为"零度"在整个语言和符号中广泛存在。巴尔特说:"我的零度概念就是从布龙达尔那里来的。"④这个概念的发现不但赋予了他诗学灵感,更为重要的是,使他迅速完成了从批评向文艺理论的转换。这也就是说,巴尔特《写作的零度》一书中的核心观念在萨特发表《什么是文学?》之前就已经形成了。对于这位理论界的新手来说,他需

---

① [法]萨特著,施康强编译:《萨特文论选》,第64页。
② Roland Barthes, *Œuvres complètes, Tome I,* Paris: Seuil, 1993, p.63.
③④ Roland Barthes, *Œuvres complètes, Tome II,* Paris: Seuil, 1993, p.1315.

要的只是一次展现自己的机会,而萨特无意中成全了他。

总　结

　　一个强者促使另一强者的成长,这是美国当代著名文艺理论家哈罗德·布鲁姆(Harold Bloom)在《影响的焦虑》中所提出的观点。然而,当萨特将文学同实践哲学和社会伦理学关联起来并且把它变成意识形态的工具时,巴尔特果断剥离了文学同社会现实的联系,将它牢牢地限定在语言的范围内,使之变成纯粹的语言实践,这就是"零度写作"或者"中性写作"。如果说萨特所构建的是一种社会文学,那么巴尔特所创设的就是个体写作,这种写作不仅能够摆脱道德的负累,而且能够清除隐藏在语言中的意识形态,和前者相比,它无疑更加自由。如果说萨特的"文学介入"是一种行动的学说,那么巴尔特的"零度写作"则是一种理想的期待,因为它具有浓郁的乌托邦色彩。这就是他们之间的理论分歧。

　　不过,在《写作的零度》中,巴尔特并不完全是在反对萨特,他其实有更大的诗学野心,那就是以现代语言学为模型来创建一种科学的写作理论。因为早在两年前,克洛德·列维-斯特劳斯在《语言学和人类学中的结构分析》(1945)一文中就已经指出,"语言学大概是唯一的一门能够以科学自称的社会科学;只有语言学做到了两者兼备:既有一套实证的方法,又了解交给它分析的那些现象的性质"[1]。所以,在《写作的零度》开篇,巴尔特就搭建了一个结构主义的框架:语言的组合轴和风格的聚合轴,随后便将各种类型的写作统统置入这一框架展开分析和讨论。但是由于他对这种方法的运用还不太娴熟,所以并未剔除历史学和心理学的残余。到了五六十年代,特别是在《论拉辛》(1963)和《叙事结构分析导论》(1966)中,巴尔特的结构主义方法就日趋成熟。

---

[1]　克洛德·列维-斯特劳斯著,张祖建译:《结构人类学》(上册),中国人民大学出版社2006年版,第30页。

另外，如果我们将《写作的零度》仅仅看作一部结构主义或前结构主义的作品其实并不确切，因为在这本书中也同样埋下了后结构主义的种子。首先，"零度"或"中性"这个概念本身指的就是两个对立项次之间的第三项，它不是对前面两者的折中或者综合，而是一个纯粹的差异项，巴尔特后来将它引申为"破坏聚合关系之物"[①]；其次，巴尔特运用写作来取代文学不仅仅是为了获得写作的自由，更重要的是为了瓦解隐藏在语言中的意识形态以及超越性的维度，即各种形而上学；最后是对意义的消解。以上这些都是后结构主义的理论特征。所以我们说，在巴尔特的理论中，结构主义和后结构主义并不是泾渭分明的两个阶段，而是相互混杂的。

（本文原载《文艺理论研究》2018年第2期）

[①] Roland Barthes, *The Neutral*, trans. Rosalind E. Krauss and Denis Hollier, New York: Columbia University Press, 2016, p.6.

文艺美学与文化研究

黑格尔美学中的"散文"隐喻与现代性问题

王广州

在《现代性的三次浪潮》一文中，利奥·施特劳斯曾将现代性思潮的第一次现身惊人地追溯到了霍布斯及其先驱马基雅维里①，相形之下，我们把黑格尔作为现代性的一个思想者来探讨就不足为奇了。不过，我们需要区分以下两者：即作为思想生产的现代性思潮与作为社会实存的现代性状况。施特劳斯显然主要是以前者，也即以那些现代性地探讨各自问题的思想家为研究对象；所以，即便在一个现代性状况还并不成熟或并不被普遍承认的时代里，施特劳斯确实有理由将霍布斯或马基雅维里视为现代性思想的弄潮儿，并且通过指出如下情形的存在施特劳斯也为自己提供了反证："有思想家处于现代时期却并不以现代的方式思想"②；而黑格尔则主要是以后者即现代性状况为其研究对象，因为他的哲学不作预言，只处理那已经成熟的现实。

不过，施特劳斯笔下的马基雅维里和霍布斯似乎并未具有明确的现代性意识；同样，即便是被哈贝马斯视为"现代性的审美批判的第一部纲领性文献"③的《审美教育书简》的作者席勒，也并不具备这种明确的现代性意识，而"第一位意识到现代性问题的哲学家"④正是黑格尔本人。虽然黑格尔的思考和叙事方式还是古典的，但他曾努力通过自己的思辨哲学去把握人类历史上现代性状况的出现及其存在本身。具体而言，首先，黑格尔意识

---

① [美]利奥·施特劳斯：《现代性的三次浪潮》，贺照田主编：《西方现代性的曲折与展开》，吉林人民出版社2002年版，第86—93页。
② [美]利奥·施特劳斯：《现代性的三次浪潮》，贺照田主编：《西方现代性的曲折与展开》，第88页。
③ [德]哈贝马斯著，曹卫东译：《现代性的哲学话语》，译林出版社2004年版，第52页。
④ [德]哈贝马斯著，曹卫东译：《现代性的哲学话语》，第51页。

到了问题的产生,即欧洲历史和文化内部的某种现代性裂变;其次,他对这种裂变及其所形成的新的社会状况进行了严肃的哲学考察。不可忽略的另一点是,一直强调哲学应该去理解或解释存在的黑格尔,实际上还在他自己哲学的某些特殊场合中,或以某种特殊的方式对现代性进行了描绘、界定与批判,并对这种现代性的挑战提供了调适与筹划,这主要表现在其《美学讲演录》中的"散文"隐喻和"在家"概念中。

一、黑格尔现代性思想的美学起源

早在斯图加特的文科中学时期,黑格尔就已经对古希腊罗马文学表现出极大的热情与关注。黑格尔在16岁时就从希腊文翻译了朗吉奴斯的《论崇高》。而在17岁时的一则日记中他写道:"我的主要注意力仍是语言,而且是希腊语和拉丁语。"同时在日记所载的学期课程表里,"荷马史诗伊利亚德"、"希腊文学选"和"维吉尔诗的翻译"等三门课程赫然在列。[①]在这个学习古代文学的过程中,黑格尔已经有意识地从文学艺术方面思考古今差异的重大课题了。在中学毕业前夕,18岁的黑格尔完成了一篇题为《谈古代作家[与现代作家]的一些典型区别》的文章,文章题目本身就已经说明了黑格尔关于古今作家与文学之间差别的意识,而他在文中所谓的这个古代指的就是古希腊。这个文章篇幅并不大,但无论是对于黑格尔还是对于整个德国古典美学来说都显得意义非凡。首先,最重要的一点是,黑格尔提出了"质朴"的概念,用以界定古代文学的特点,同时将这一特点归因于古代作家"自然地感受,客观地描写"这一创作模式,而这正是席勒在《论素朴诗与感伤诗》中的主要论点;不过,席勒的这篇著名论文写于大约1794—1796年间,比黑格尔这篇文章(1788年8月)晚出了七八年之久。其次,黑格尔认为古今作品与作家的差别,根源在于古今的教养模式的不

---

① [德]黑格尔著,贺麟等译:《黑格尔早期著作集》(上卷),商务印书馆1997年版,第30、31页。

同。他指出，古代人的"整个教育体系也使每个人都能通过自身的体验形成自己的思想，而不必去了解"，"这样，每个人都有自己的思想方式和独立的思想体系，因而他们是原型"，而现代人则从青年时代起就"学习了大量表达思想的通常词汇和符号"，它们"近似于形成思想的模胚，而且还有其规定的范围和限制；同时也是我们平常赖以观察一切事物的渠道"。① 第三，文章还通过对现代作家影响力的衰落的分析，暗示了现代作家与作品在社会生活中的重要性的下降，这一点被他在后来《美学讲演录》中发挥为关于艺术解体观点的一个方面。这三点内容——尤其是后两点——都令人迫不及待地要张望黑格尔后来《美学讲演录》中的许多段落，如果说这篇文章是黑格尔在美学艺术领域中关于古今之争论题的"原型"，是毫不为过的。

在写作上面这篇文章的同年年底（即1788年12月），已经身为图宾根神学院大学新生的黑格尔又完成了一篇题为《关于古希腊罗马经典作品呈现给我们的一些优点》的文章。黑格尔在此文中重复了上篇文章里的观点，依然强调古希腊罗马作品的经典性源于自然本身和生活经验，不过在探究其内在原因时，他进一步拓展了认识的深度，从作者个人的教养模式提升到民族文化的教养状态上来。在当时的黑格尔看来，正是由于古希腊"文明的不同形式、不同发展过程与水平"使得他们"不得不以不同角度来观察事物，并且用他们的语言来阐述事物间的相互关系"，才得以造就那些经典作品；而反过来，这些作品又成为其所自出的古希腊社会文化状况的表征，使这种社会文化状况"具有一切美的特征"，成为无与伦比的"审美的典范"②。

在1793年图宾根神学院毕业之后，一直到标志耶拿时代结束的1807年《精神现象学》出版之前，黑格尔对艺术的关注并不很多，③ 但是《精神现象学》还是处理了艺术问题。这一次黑格尔仍然是以古希腊世界为其主要

---

① ［德］黑格尔著，贺麟等译：《黑格尔早期著作集》（上卷），第45—46页。
② ［德］黑格尔著，贺麟等译：《黑格尔早期著作集》（上卷），第50—51页。
③ 尽管他在1801年初刚到耶拿时，德国早期浪漫派的余韵犹在，紧接着他又聆听或接触过谢林与施莱格尔的一些艺术哲学的讲座，但他当时对浪漫派的东西是不以为然的，而且其思考的重心是纯粹的哲学科学问题。

对象的。在《精神现象学》的第七章("宗教")中,黑格尔相继探讨了三个世界的宗教,最先的是最古老的东方世界的"自然宗教",最后的是现代基督教世界的"天启宗教",居中的就是古希腊的"艺术宗教"。艺术宗教是"精神"发展自我意识阶段的结果,成为能够意识到自己本质的精神,也就是"伦理的或者真实的精神","这精神乃是一个自由的民族,在这个民族生活中,伦理构成一切人的实体,这伦理实体的实现和体现,每个人和一切人都知道是他们自己的意志和行为"①。由此原则出发,黑格尔将古希腊的各种艺术都视为其民族伦理的产物和表征,例如在"抽象艺术品"中,神像是"自我意识者的民族之明晰的伦理的精灵或神灵",赞美歌传达的是作为"代表伦理的民族精神之神所特有的语言"的神谕;在"有生命的艺术品"中,那祭神和崇拜仪式中的人之本身成为"一个富于灵魂的活生生的作品,这个艺术作品既美丽又坚强有力",人们不是"把他崇敬为石头的神,而是把他当作整个民族的本质之最高的肉体的表现";而"精神的艺术品"以语言的方式"对民族精神加以纯粹直观",通过史诗、悲剧和喜剧的形式表现普遍的人性和分化了的伦理实体的力量。②因此,黑格尔实际上是将古希腊的伦理世界视为其艺术产生与成长的土壤和气候。这样,在少年时期考察过古希腊艺术背后那种一般的文化教养状况之后,黑格尔在《精神现象学》中明确地将这种艺术与其民族的伦理状况联系起来,阐明了两者之间的辩证关系,最终形成了一个重要的批评原则,即从社会之一般追究艺术之所然。我们可以先把它称为"据于伦理"的原则,因为黑格尔所考察的这个"社会之一般"无非就是民族的教养、文化风俗、社会构制等等元素,也就是他后来的那个独特概念"伦理"所指的东西。

目前为止,我们还只是侧重于黑格尔问题的"古"的一端,即古希腊文学艺术与其社会文化状态之间辩证关系的问题。但是,我们并非徒劳无功,

---

① [德] 黑格尔著,贺麟、王玖兴译:《精神现象学》(下),商务印书馆1997年版,第196页。
② [德] 黑格尔著,贺麟、王玖兴译:《精神现象学》(下),第200—228页。

因为我们已经借此发现了黑格尔在此领域中开展工作的那个重要的"据于伦理"的原则。正是依据这个原则，在作为当时重要文化话语之一的古今之争的问题上，黑格尔继而思考问题的另一方面，也就是与上述的那个"古"形成照面与争执的"今"的一端：现代文学艺术问题。

由"古"转"今"的关键一步是黑格尔在纽伦堡中学校长时期完成的。在1810—1811学年为中学高年级开设的"哲学百科全书"课程中，黑格尔第一次明确地将艺术分为"古代的"和"现代的"两种类型：前者是"塑形的、客观的"艺术，而后者是"浪漫的、主观的"艺术。①正是在这一意义重大的划分里，黑格尔关于的"现代"的意识就此浮出水面。不过在此之前，黑格尔必须先在逻辑上为古代艺术和世界送行，以便为他的审美现代性之思腾出地盘，而事实上他已经在稍早的《精神现象学》中完成了这一工作。在那里，黑格尔将古希腊艺术比喻为"从树上摘下来的美丽的果实"，但是那结出果实的树却早已枯朽了，我们再也无法进入果实成熟过程中的那些季节和气候中："命运把那些古代的艺术作品给予我们，但却没有把它们的周围世界，没有把那些艺术作品在其中开花结果的当时伦理生活的春天和夏天一并给予我们，而给予我们的只是对这种现实性的朦胧的回忆。"②作为其"周围世界"的古希腊的伦理生活已然逝去，而从中生长出来并作为其"朦胧回忆"的艺术作品也同样无法再度出现了。所以到了1820年代，在柏林时期的美学讲演中，黑格尔尽管还推崇古希腊艺术，将它视为理想型的古典艺术，"是美的国度达到金瓯无缺的情况，没有什么比它更美"，但是黑格尔不得不伤感地宣布这种艺术"现在没有，将来也不会有"③，"是并且一直是一种过去的事情"④。然而，正是在面对古希腊黄金时代与光辉艺术之衰

---

① G.W.F. Hegel, *The Philosophical Propaedeutic*, edited by Michael George and Andrew Vincent, translated by A.V. Miller, Oxford: Basil Blackwell, 1986, p.167.
② [德]黑格尔著，贺麟、王玖兴译：《精神现象学》（下），第231页。
③ [德]黑格尔著，朱光潜译：《美学》（第二卷），商务印书馆2015年版，第274页。
④ G.W.F. Hegel, *Aesthetics: Lectures on Fine Art, Volume I*, translsted by T.M. Knox, New York: Oxford University Press, 1988, p.11. 同参［德］黑格尔，朱光潜译：《美学》（第一卷），第15页。

落的惆怅中,在"古"的一端的巨大张力下,黑格尔被推到了"现代的"艺术及其世界面前,从古典艺术的"过去性"走到了浪漫艺术的"现代性"。同样,黑格尔仍然利用其处理"古"的一端时的"据于伦理"的原则去分析后者,建构了一套独特的现代性的美学话语,并在《美学讲演录》中借助"散文"隐喻的叙事完成了审美现代性的描写与批判。

二、《美学讲演录》中的"散文"隐喻:现代性症候与批判

黑格尔的美学实际上是艺术哲学,而他又把这个艺术哲学做成了一种艺术史。尽管黑格尔构想了一个象征型-古典型-浪漫型的三段式艺术史框架,但是对他而言,象征型艺术完全是准备性的,其价值与意义几乎可以忽略。所以,这个艺术史真正的主要内容就只剩下了古典型与浪漫型艺术,二者的代表分别为古希腊与现代世界,于是表面上的三段式历时结构就变成了实际上的二元式共时结构,这其实是黑格尔青少年时期古今之争情结的内在延续。

不过,如上所述,黑格尔在他的美学讲演中已经宣布了古典型艺术(古希腊艺术)的"过去性",他的下一步任务就是处理浪漫型艺术中所蕴含的巨大的"现代性"。事实上黑格尔的艺术史中隐含了这样一个基本判断:过去性已然见证了艺术理想的消逝,而现代性则又预示了艺术终结的危机;而归根到底,无论是艺术理想的消逝还是艺术自身的终结,其根由又都在于现代性之展开,因为它在人的主体领域形成了"思想的散文",在人的客体领域形成了"世界的散文",并最终使艺术解体,走向终结。

(一)"思想的散文"

当1810年黑格尔将艺术分为"古代的"与"现代的"两种,继而又将现代艺术的特征界定为"浪漫的"和"主观的"之时,他其实已经隐约地形成了自己现代性思想的一个雏形。因为黑格尔已经意识到了"浪漫艺术与当

时的时代精神是契合的",它的"主观主义体现了现代性精神"①,也就是说,无论是现代世界本身还是它的艺术,都是以主观性或主体性为其标识的。对黑格尔来说,主体性原则既是现代性意识的源头,也是现代社会生活的特征,而主体性原则的关键则在于自我意识与反思。②

黑格尔在1821年《法哲学原理》的序言中就已声称:"在今天,时代的教养已转变方向,思想已经站在一切应认为有效的东西的头上"③,而在《美学讲演录》中他也声称"思考和反省已经比美的艺术飞得更高了"④,并将当时时代的教养进一步界定为一种"反思教养"(Reflexionsbildung),即"现代知解力"(moderne Verstand)的"精神教养"(geistige Bildung),或"反思和批判的教养"(die Bildung der Reflexion, die Kritik)。⑤这种时代教养所产生的反思的爱好和运用抽象的知解力下判断的风气,使得现代人"把普遍的发展和定准定为自己的意志,把世界的生动繁荣的现实剥下来,分解成一些抽象的观念"⑥,并用这些抽象观念性的东西去应对各种具体的现代生活情境;这样一来,对于艺术家来说,"当代整个精神文化的性质使得他既处于这样偏重理智的世界和生活情境里",同时也使他的艺术创作走上歧途,"把更多的抽象思想放入作品里",所以这种"现时代的一般情况是不利于艺术的"⑦。例如,在讨论人物性格问题时,黑格尔就批评了知解力把人物性格中的某一方面抽象出来并放大为整个人的特征的做法,凡是与这个片面特征相矛盾的东西,知解力就把它们当作是与人物整体性格

---

① [德]哈贝马斯著,曹卫东译:《现代性的哲学话语》,第38页。
② [德]哈贝马斯著,曹卫东译:《现代性的哲学话语》,第49页;[美]伍德著,黄涛译:《黑格尔的伦理思想》,知识产权出版社2016年版,第219页;[美]库尔珀著,臧佩洪译:《纯粹现代性批判》,商务印书馆2004年版,第49页。
③ [德]黑格尔著,范扬、张企泰译:《法哲学原理》"序言",商务印书馆1996年版,第15页。
④ [德]黑格尔著,朱光潜译:《美学》(第一卷),第13页。
⑤ G.W.F. Hegel, *Werke in zwanzig Bänden*, Frankfurt am Main: Suhrkamp Verlag, 1970, Band 13, S.24、S.80; Band 14, S.235.
⑥ [德]黑格尔著,朱光潜译:《美学》(第一卷),第67页。
⑦ [德]黑格尔著,朱光潜译:《美学》(第一卷),第14页。

的不一致,而事实上却并非如此。①而在寓言和讽刺中反思性的知解力几乎成为黄金法则,因为"抽象的知解力特别容易倾向于找象征和寓意","它把意义和形象割裂开来了,因而也就把象征方式的解释所不过问的艺术形式消灭掉,只顾把抽象的普遍意义指点出来"②。而这寓意本身也只不过是"冷冰冰的东西",正是因为它们"是知解力的运用而不是想象力的具体观照和深刻体会"的结果。③在讽刺类作品中,发挥作用的同样也主要是"一种从事思维的精神,一种单凭主体自身的主体,在带有善与道德的认识与意志的抽象智慧中,对当前现实的腐朽持着敌对的态度"④。这样一来,本来在古典型艺术作品中的自由而充满生气的心灵,到了现代的浪漫艺术中就只能"在思想和情感的内在空间与内在时间里逍遥游荡",而艺术自身也就发展到了它最高与最后的阶段,它"放弃了心灵借感性因素达到和谐表现的原则,由表现想象的诗变成表现思想的散文了"⑤。

因此,这种"思想的散文"首先表征着浪漫艺术创作过程中的反思或抽象知解力,它是一种观念方式或理解方式,黑格尔也称之为"散文意识"、"散文性的看法"或"散文气的反思"⑥。它面对现实世界时总是"按照原因与结果,目的与手段以及有限思维所用的其他范畴之间的通过知解力去了解的关系,总之,按照外在有限世界的关系去看待",但是又"完全不能深入事物的内在联系和本质";所以它要么"只满足于把一切存在和发生的事物当作纯然零星孤立的现象,也就是按照事物的毫无意义的偶然状态去认识事物",要么就是把这些事物"简单地联系到其他事物上去,因而也就只按照它的相对性和依存性来认识的,不能达到一种自由的统一"⑦。显然,这种

---

① [德]黑格尔著,朱光潜译:《美学》(第一卷),第306页。
② [德]黑格尔著,朱光潜译:《美学》(第二卷),第19页。
③ [德]黑格尔著,朱光潜译:《美学》(第二卷),第122页。
④ [德]黑格尔著,朱光潜译:《美学》(第二卷),第266页。
⑤ [德]黑格尔著,朱光潜译:《美学》(第一卷),第113页。
⑥ [德]黑格尔著,朱光潜译:《美学》(第三卷下册),第22页;第二卷,第24页;G.W.F. Hegel, *Werke in zwanzig Bänden*, Frankfurt am Main: Suhrkamp Verlag, 1970, Band 14, S.79.
⑦ [德]黑格尔著,朱光潜译:《美学》(第三卷下册),第22—23页。

散文性思维方式的前提是人初步具备了自我意识和主体自由,从而产生了主体与客体的分立,认识到外部世界和自己是对立的。相对于精神只能用契合的形象来表现自己的古希腊的"想象的诗",黑格尔强调这种主客体分立的散文意识的出现是"比较晚的事",是在主体自由的原则实现于它的抽象形式的罗马时代才出现的。[①]这一逻辑与黑格尔将罗马散文的重要形式"讽刺"作为古典型艺术的解体到浪漫型艺术的过渡是一致的。[②]简言之,黑格尔将抽象知解力的思维方式或"思想的散文"看作是西方世界自罗马时代以来的"反思教养",并将它视为西方现代性形成与展开的重要标志。

作为反思教养,诉之于知解力的散文意识不但伤害了艺术理想的和谐与生气,而且也在人自身的世界中带来或加强了分裂与矛盾。作为知解力之根由的主客体之间的分立带来一系列对立与矛盾:精神与感性,灵与肉,道德律令与癖好欲望,自由与必然,思维与存在等等。黑格尔认为现代的知解力的文化教养把上述二元对立的分裂推到了极致状态,从而"使人成为两栖动物,因为他要同时生活在两种互相矛盾的世界里"[③]。而这个矛盾同时给自身提出要求,即必须要解决其矛盾之自身。而这个任务绝非知解力所能办到,黑格尔将使命赋予了哲学。只有在哲学的视域中,矛盾的任何一方面都是片面的,因而也就是不真实的,但是互相矛盾着的两方面本身之中却包含有解决矛盾的潜能;哲学的这种解决是"就这种矛盾的本质加以思考的洞察,指出真实只在于矛盾的解决,所谓解决绝非说矛盾和它的对立面就不存在了,而是说它们在和解里存在"[④]。矛盾的一方面是对另一方面之否定,而和解则是对此否定之否定,具备这种能力的就是只能是哲学。在哲学的和解中,精神历险而返,回到自身,宛如在家。这是和解的思辨逻辑学,是

---

① [德]黑格尔著,朱光潜译:《美学》(第二卷),第24页;同参[德]黑格尔著,范扬、张企泰译:《法哲学原理》,商务印书馆1996年版,第200页:"主观自由的原则……以外在的从而同抽象普遍性相结合的方式在罗马世界中出现。"
② [德]黑格尔著,朱光潜译:《美学》(第二卷),第267—270页。
③ [德]黑格尔著,朱光潜译:《美学》(第一卷),第66页。
④ [德]黑格尔著,朱光潜译:《美学》(第一卷),第67页。

哲学本身。

所以黑格尔将思辨思维视为对反思思维和日常散文意识的克服，它不孤立和割裂那些偶然的现象与事物，而是将它们结合为一个有机的自由整体，于是"就造成一个和现象世界对立的新的世界"，而思辨思维也就是"真理和现实世界在思维中的和解"①。黑格尔将思辨思维视为一种更高领域的思想的散文，也就是作为哲学本身而存在的"科学思维的散文"②，或"完全的散文意识"，而且它只有在"主体精神自由的原则实现于它的……真正具体的形式时，也就是只有在……现代基督教世界里"才能出现。③所以，从抽象知解力的"散文意识"到绝对理性的"完全的散文意识"，从枯燥的"思想的散文"到和解的"科学思维的散文"，从非哲学的反思到哲学的思辨，其间包含了黑格尔对现代性在人的主观方面症候的深刻剖析，也包含了他对现代人在这种现代性状态下从哲学中寻求"和解"的尝试。

（二）"世界的散文"

上文我们已经论证出青年黑格尔所形成的"从社会之一般追究艺术之所然"的原则。所以，无论是黑格尔悲叹的古典艺术的"过去性"，还是他所观察到的时代精神与文化教养对于艺术的"不利于"，从一个更大的视野看，都是直接地与他所身处的现代社会的具体状况相联系，并且是由其所决定的。

当时黑格尔所处的社会时代正是欧洲资本主义的昂扬上升期，正展示出它在生产力、创造力以及社会建构力等各方面的活力和信心，这种宏大的社会历史背景是黑格尔进行美学讲演的河床与胎盘。所以卢卡奇说"黑格尔的《美学》是资产阶级思想、是资产阶级的进步传统在艺术哲学领域的顶

---

① ［德］黑格尔著，朱光潜译：《美学》（第三卷下册），第24页。
② ［德］黑格尔著，朱光潜译：《美学》（第三卷下册），第15页。
③ ［德］黑格尔著，朱光潜译：《美学》（第二卷），第25页，据G.W.F. Hegel, *Werke in zwanzig Bänden*, Frankfurt am Main: Suhrkamp Verlag, 1970, Band 13, S.410, 有改动。

峰"，一方面黑格尔全面而唯物地认识到当时资产阶级社会的进步传统，另一方面也对这种社会的"历史发展的特点和矛盾"有着"深刻而又敏锐的理解"[①]，并同时在美学讲演中展开了对它的审美现代性批判，继承和延续着席勒在《审美教育书简》中的事业。

席勒虽然没有黑格尔的庞大和精密的思想体系，但他在美学领域中也深刻地、几乎也是最早地对资本主义现代性社会的文化弊端进行了描述和批判，不过，他并没有把这种社会及其精神文化与美或艺术本身的存在和生产联系起来，反而是将美或艺术作为修复人性完整、重建社会政治自由的乌托邦中介。席勒承认不同时代有不同的艺术，但是这个审美救赎的方案中隐含着将美或艺术视为无历史的永恒之物的预设。以黑格尔哲学的气质和性格来说，席勒的方案其心可嘉，然而未免失之迂阔，至少在将艺术视为无条件的永恒之物这一点上，肯定是黑格尔本人所不能同意的。相反，黑格尔恰恰是将艺术置于具体的历史时代和社会文化中来考察，并将时代和文化作为艺术存在和发展的内在决定因素。正是这一点上，黑格尔使自己与席勒区分开来，并超越了席勒。

如上所述，现时代对于艺术的"不利于"，首先是从主体精神自由方面的"反思教养"而言的，它影响了创作者处理艺术作品内容与思想的方式。而现在，黑格尔是从作为艺术创作的时代与社会背景的"世界情况"出发，从它对于艺术理想的契合与否来做"利不利于"的判断。具体而言，这种"世界情况"就是"世界的散文"。

黑格尔认为艺术表现的中心首先是"神性的东西"，而神性的东西首先就是统一性和普遍性，同时本质上又具有自己的定性，并不是抽象的概念。如果用具体形象把神性的东西表现出来，就必然出现多种多样的性相，首先是许多个别的神，继而是现实中的人和尘世的事物，但最终都体现在"凡人的感觉、情绪、意志和活动里"，"人的全部同情心连同一切感人最深的东西，

[①] [匈]卢卡奇著，汪建等译：《黑格尔的〈美学〉》，见《卢卡契文学论文集》（一），中国社会科学出版社1980年版，第404页。

人心里面的一切力量，每一种感觉，每一种热情，以至胸中每一种深沉的旨趣"，所有这些具体的人物和他们的生活，才真正是理想艺术的真正领域。①但是这些各具定性的人物由于他们所具有的定性，也由于理想本身所要求于自身的那种分化，就必然和整个外在的情境发生关系，从而进入一种"世界"，而且需要这种"周围世界"（umgebenden Welt）②作为它实现自己的一般基础。"周围世界"是由各种具体的"世界情况"（Weltzustand）③组成，也即实体性东西的现实存在或精神现实的所有现象，不但包括自然的时空维度，人对自然的利用方式及成果，而且还包括精神方面的巨大网络，例如家庭生活、教育、司法、财政、科学和宗教等等，总之就是"一切情境和行动中的多种多样的道德习俗"④，无须过多强调，这些"情况"或现象正是黑格尔伦理学说的主要构成部分。

黑格尔认为这些具体的世界情况既然都是精神现实的现象，要研究它们就必须从意志入手，因为正是通过意志精神才进入现实存在。⑤而意志的独立自主性才是符合艺术的理想的，这种独立自主性表现为普遍性与个体性的直接统一和完整，即人的性格与意志本身就是普遍道德和正义的决定者和表现者，内在主体性和外在客观性融为一体。从把古希腊艺术作为人类艺术史上的完美中心这一贯立场出发，黑格尔宣称适合于表现理想的个性独自自足的情况只存在于古希腊的英雄时代。因为英雄时代的个体身上的普遍性和个性还是完整统一的，"也很少和他所隶属的那个伦理的社会整体分裂开来，他意识到自己与那整体处于实体性的统一"⑥。黑格尔

---

① ［德］黑格尔著，朱光潜译：《美学》（第一卷），第223—225页。
② G.W.F. Hegel, *Werke in zwanzig Bänden*, Frankfurt am Main: Suhrkamp Verlag, 1970, Band 13, S.235；［德］黑格尔著，朱光潜译：《美学》（第一卷），第229页。
③ G.W.F. Hegel, *Werke in zwanzig Bänden*, Frankfurt am Main: Suhrkamp Verlag, 1970, Band 13, S.235.
④ ［德］黑格尔著，朱光潜译：《美学》（第一卷），第312页。
⑤ G.W.F. Hegel, *Aesthetics: Lectures on Fine Art, Volume I*, translsted by T.M. Knox, New York: Oxford University Press, 1988, p.179.
⑥ ［德］黑格尔著，朱光潜译：《美学》（第一卷），第241页。

认为，英雄们虽然都属于家族中的一员，但同时也都是一个一个的"这个人"，自身是一个整体，一个世界，完满而充满生气，根据自己性格的独立自主性敢作敢当。在那法律还没有壁垒森严的时代，英雄们个人就是法律，通过自己的所作所为定义道德和伦理，形成法律和秩序，甚至是创建国家本身，并且能够对这一切行为负责；他们还万事亲躬，通过自己的劳动从身边的环境中获取自己所需要的东西，各种食物，牲畜，工具，武器等等都是他们自己"最亲切的创造品"，总之，英雄们代表了那种时代中的人的一般生存状况：

> 人见到他所利用的摆在自己周围的一切东西，就感觉到它们都是由他自己创造的，因而感觉到所要应付的这些外在事物就是他自己的事物，而不是在他主宰范围之外的异化了的（entfremdeten）事物。
>
> ……到处都可见出新发明所产生的最初欢乐，占领事物的新鲜感觉和欣赏事物的胜利感觉，一切都是家常的（einheimisch），在一切上面人都可以看出他的臂力，他的双手的伶巧，他的精神的智慧，或者他的勇气和勇敢的一个结果。只有这样，满足人生需要的种种手段才不降为仅是一种外在的事物；我们还看到它们的活的创造过程以及人摆在它们上面的活的价值意识。①

在黑格尔看来，英雄时代就是一个诗的时代，每个人都独立自主地"生活在诗的气氛里"②，理想的艺术也只有在这里才能找到它最合适的现实土壤。当然，问题完全可以反过来看，即，首先是黑格尔自少年时代起就已经在胸中高悬了古希腊艺术的完美图腾，现在不过是从其时代的伦理生活出

---

① ［德］黑格尔著，朱光潜译：《美学》（第一卷），第332—333页；G.W.F. Hegel, *Werke in zwanzig Bänden,* Frankfurt am Main: Suhrkamp Verlag, 1970, Band 13, S.338.引文据诺克斯英译本稍作改动，请参见G.W.F. Hegel, *Aesthetics: Lectures on Fine Art, Volume I,* translsted by T.M. Knox, New York: Oxford University Press, 1988, p.261.
② ［德］黑格尔著，朱光潜译：《美学》（第二卷），第18页。

发,为它的完美寻找一个原因,提供一种解释罢了。

然而,也正是在英雄时代的世界情况的尖锐形照之下,站在他本人所处的上升期现代性社会的立场上,并出于相同的"据于伦理"的言路,黑格尔将现代世界作为诗意的英雄时代的对立面,称它是"散文时代",它的世界情况为"散文气味"的。黑格尔早年在《精神现象学》中就已经描绘了这个世界在精神文化方面的普遍性:"在我们现在生活着的这一个时代里,精神的普遍性已经大大地增强,个别性已理所当然地变得无关紧要……精神的全部事业中属于个人活动范围的那一部分,只能是微不足道的。"①而在客观的社会规训方面,现代人的主体人格在内在的情绪和性格方面固然可以自由无限地伸展,但是无论他如何发出自己的动作,他都只能处在一个给定了的法的秩序中,他只能服从于这些秩序,无法对抗它们,更无法超越它们;他被法律和国家承认,但只是承认为一个抽象的权利的主体,而不是独立自主、具有生动个性的人,在国家面前他和所有其他人没有什么两样,而在私人领域里他的一切癖性特征又都是没有价值的。他只是整个社会结构中渺小的一员,在法律和国家所代表的那种普遍性中,他"在全体中所占的份儿完全是限定的,永远是狭小的",因而"个人的生命显得是被否定了的或是次要的,无足轻重的"②。与国家的关系既已如此,他还不得不处于与社会中无数他人的无限依存关系中,"个别的人为了保持他的个别存在,不得不让自己在多方面成为旁人的手段,替旁人的狭隘目的服务","他不是以他自己的整体去活动,单从他本身不能了解他,要从他和旁人的关系才能了解他"③。所以,与英雄时代中个体独立地生活、生产、创造的情形相反,现代人的劳动生产也就真正陷入了"异化"状态:

---

① [德]黑格尔著,贺麟、王玖兴译:《精神现象学》(上),第50页。
② [德]黑格尔著,朱光潜译:《美学》(第一卷),第234—235页。
③ [德]黑格尔著,朱光潜译:《美学》(第一卷),第191—192页。

> 他自己所需要的东西或是完全不是他自己工作的产品,或是只有极小一部分是他自己工作的产品;还不仅此,他的每种活动并不是活的,不是各人有各人的方式,而是日渐采取按照一般常规的机械方式……他也就因此在他的最近的环境里不能觉得自由自在,因为身旁事物并不是他自己工作的产品。凡是他拿来摆在自己周围的东西都不是自己创造的……这些事物是由旁人生产的……它们经过一长串的旁人的努力和需要才到达他的手里。①

所以黑格尔说,"在国家中已再不可能有英雄存在"②。由于每个现代个体都被编织进国家这个细密的"织物"中,他也就和其他所有个体一样,成为构成这个国家和社会的相互依赖的一经一纬,不得不屈从于已经制度化和结构化的"我为人人,人人为我"的现实。这现实"现出人类生存的全篇枯燥的散文"③,其本身"就是每人自己和旁人都意识到的世界的散文"④。随着英雄时代的诗的世界情况转变到现代社会的散文状态,个体生存的独立自主性转变为对外在社会结构和成员的深刻依存性;在劳动中感受自我力量与价值、并由此对周围世界事物感受如家亲切的情况都转变为劳动和产品都茫然外在、遥不关己的异化体验。黑格尔认为这种个体对外部世界的相对性、依存性都是违背美的理想的⑤,所以在散文世界中"理想形象的范围是很狭窄的"⑥,它对于艺术的生产和发展是不利的,由此黑格尔宣称艺术的衰颓或终结就不再令人惊奇了。

---

① [德]黑格尔著,朱光潜译:《美学》(第一卷),第331—332页。
② [德]黑格尔著,范扬、张企泰译:《法哲学原理》,第97页。
③ [德]黑格尔著,朱光潜译:《美学》(第一卷),第191页。
④ [德]黑格尔著,朱光潜译:《美学》(第一卷),第192页。
⑤ [德]黑格尔著,朱光潜译:《美学》(第一卷),第327页。
⑥ [德]黑格尔著,朱光潜译:《美学》(第一卷),第246页。

三、从法哲学的描绘到美学的批判

任何一个黑格尔的读者都不难发现,作为黑格尔美学讲演中现代性叙事的两个重要方面,无论是"思想的散文"还是"世界的散文",都可以在他的《法哲学原理》中找到准确而有趣的字面映射。例如,《法哲学原理》的第185节和第194节的"附释"部分论述了反思教养瓦解了古代国家,从而带来了以主体性的自由为原则的罗马世界与现代国家①,这对应着美学讲演中的"思想的散文"。而《法哲学原理》第三篇第二章"市民社会",尤其是其中"需要的体系"就是美学讲演中的"世界的散文"理论对应物。不过,当我们像上面这样来寻找二者之间映射关系时,实际上已经颠倒了它们的本来顺序。因为《法哲学原理》本是黑格尔为了讲授课程而编印的教学纲要,出版的版本也在1820年就已完稿;而现存的黑格尔《美学讲演录》则是其学生霍托在黑格尔逝世后所编辑的,其中大部分资料来源于1820年之后的学生笔记以及黑格尔本人的部分讲稿笔记,所以我们应该说黑格尔美学讲演中"世界的散文"的隐喻叙事是对《法哲学原理》中的市民社会理论的挪用,同时赋予它一个文学化的喻名而已。

"市民社会"是黑格尔《法哲学原理》中最具异彩的概念,也是黑格尔伦理学说中最独特的篇章。黑格尔强调市民社会是现代世界的产物②,是现代世界的主体在其中实现其自由意志的伦理实体和公共领域,同时也可以说是"一种社会制度、一种独特的现代人类共同体形式,是现代自我之自我实现所不可或缺的"③。因为在市民社会的互为手段、相互需求和相互生产的结构体系下,现代个体必须、也只有通过它与无数可能的他者进行交往,才能实现自己的目标和欲求,获得价值承认与客观存在。简言之,黑格尔确实

---

① [德]黑格尔著,范扬、张企泰译:《法哲学原理》,第200、208页。
② [德]黑格尔著,范扬、张企泰译:《法哲学原理》,第197页。
③ [美]伍德著,黄涛译:《黑格尔的伦理思想》,知识产权出版社2016年版,第219页。

将市民社会视为现代性本身的重要特征[①]，或者说通过对市民社会的构成分析，黑格尔准确地提供了一幅现代性世界的图景。尽管黑格尔并不讳言市民社会本身存在着消极面与缺陷，例如它不可避免地会"产生奢侈"，同时就在奢侈产生的"同一过程中，依赖性和贫困也无限增长"[②]，但是他总体上倾向于承认市民社会是历史理性在现代基督教世界的必然进阶，"现代世界第一次使理念的一切规定各得其所"[③]。即便黑格尔没有明确承认市民社会的合理性的话，那么至少他隐晦地承认了它的现实性，它或许不是一个"愉快和幸福的世界"，但确实是"真实自由的政治和社会世界"[④]。所以，黑格尔在《法哲学原理》的序言中把它视为一种"成熟的现实"，或者说是"理想的东西"已经对"实在的东西显现出来"，成为"理智王国的形态"；为了认识这种生活形态的现实，黑格尔认为哲学要做的事情就是"把它的灰色描绘为灰色"[⑤]。所以，我们可以说《法哲学原理》是一部承认之书，一部描绘之书，承认市民社会的现实性的存在，继而如其所是地描绘这种存在。

然后，我们就很快看到黑格尔再度运用其"据于伦理"的原则，将市民社会的伦理理论挪移到他的美学讲演中，用以分析现代艺术的存在和生产的社会语境。而当黑格尔在美学讲演中将市民社会称为"世界的散文"时，这就意味着他几乎抛弃了《法哲学原理》中以承认为前提的、只作"描绘"的价值中立的立场，开始对这种现代性状况进行"批判"。不过，黑格尔在讲演中对市民社会的态度辩证地呈现出两面性，一方面仍然保持了他对市民社会的总体上的承认，说"近代完全发达的市民政治生活情况的本质和发展是方便的而且符合理性的"[⑥]；但另一方面黑格尔敏锐地分析了它在现代人的内在和外在生活上造成的分裂，带来了精神与文化的双重异化。尽

[①] [美]罗尔斯著，顾肃、刘雪梅译：《道德哲学史讲义》，中国社会科学出版社2013年版，第301页。
[②] [德]黑格尔著，范扬、张企泰译：《法哲学原理》，第200、208页。
[③] [德]黑格尔著，范扬、张企泰译：《法哲学原理》，第197页。
[④] [美]罗尔斯著，顾肃、刘雪梅译：《道德哲学史讲义》，第304页。
[⑤] G.W.F. Hegel, *Werke in zwanzig Bänden*, Frankfurt am Main: Suhrkamp Verlag, 1970, Band 7, S.28. 着重号为引者所加。
[⑥] 黑格尔著，朱光潜译：《美学》第一卷，第248页。

管市民社会和现代国家体制客观上承认并保证了个体的自由和权利,但是市民社会中相互需要的体系、机械劳动的方式等等特点形成了一个无形的规训的世界,个体在其中只能被动地跟着走,因而在物质和客观生活的一切方面都不容易见出任何自由心灵的成分,世界也便成为枯燥的散文了,最终造成他们主观上与客观世界的疏离,"他们并不倾向于认为,他们眼前的社会世界是一个家园。他们并不这样理解,他们也不觉得在这个世界如同在家"[1]。青年时期的黑格尔甚至更尖锐地把市民社会说成是"在两极分化中失掉了的伦理生活"和"一个毁灭的王国"[2]。

不过,虽然现代性的散文世界看起来是铁板一块,壁垒森严,人似乎无法逃其天地之外,黑格尔仍清醒而严肃地意识到人类"永远不会放弃对于现实的个体的完整性和有生命的独立自主性所感到的兴趣和需要"。[3]但是,如何在全篇枯燥的"世界的散文"中恢复个体的独立自主性,继续持存,这显然是一个极其重大而困难的问题。对此,事实上黑格尔在美学讲演中曾模糊地表达过另一个重要的隐喻,即"在家"存在。这暗示着黑格尔在以"散文"之名对现代性进行批判之后,又以"在家"之喻试图对现代性世界提供一种调适和筹划,这个问题我们只能留待它文了。

(本文原载《同济大学学报(社会科学版)》2018年第5期)

---

[1] John Rawls, *Lectures on the History of Moral Philosophy*, Edited by Barbara Herman, Harvard University Press, 2000, P.336.
[2] Cf. Jürgen Habermas, *The Philosophical Discourse of Modernity: Twelve Lectures*, translated by Frederick Lawrence, Cambridge: The MIT Press, 1990, p.38.
[3] 黑格尔著,朱光潜译:《美学》第一卷,第248页。

帝都,国都,故都:近代北京的空间政治与文化表征(1898—1937)

王 谦

城市空间总表征着一定的意识形态与社会文化,北京城亦是如此。从帝都到国都再到故都,北京在20世纪前半期经历的三次重大社会变革为其城市空间带来了三次不同的发展方向。总体而言,近代北京的城市空间随其城市身份变化呈现出不同的演变逻辑,发展现代化与保护传统成为两条贯穿城市发展的主线,并在北京的身份变化中各有消长。①

一、近代北京的空间变迁版图

近代北京城市空间的变革始于清末。帝都北京的空间结构、布局在王朝政权的统治下维持了几百年的稳定局面,至清末,列强的强势入侵迫使清政府在政策上做出适度改革。然而,清朝统治者"希望在不改变根本利益和保持统治地位的前提下改弦更张,并坚持在传统的框架内进行有限的或预防性的改革,力图维护封建权贵的特权和封建社会体制"②。这种政治上的定调在城市空间演变中亦有所体现。相比当时中国某些沿海城市现代化发展的快速,北京因其特殊的政治地位与清政府的政治主张联系更为密切,现代化进程则要保守许多。在此背景下,新式现代学校在北京出现,电灯、电话等电气设施开始被北京居民所接受,封闭的城墙结构也因火车的到来被

---

① 清末北京称京师,民初改称京兆,后又改北京,1928年国都南迁后改称北平。为行文方便,本文统一采用"北京";个别地方特指时,仍称"北平"。
② 何一民著:《中国城市史》,武汉大学出版社2012年版,第484页。

打破。尽管如此,彼时帝都的城市空间结构仍未发生本质变革,仅为局部调整。清末政府改革的不彻底性已然决定了现代性短期内无法在中国迅速散播,这一点在政权所在地北京尤为鲜明、突出。

另一方面,清末的改革新政又为北京的城市空间变迁埋下了种子,大量到海外留学、游历人员在体验现代都市生活的便利后,纷纷将现代城市的生活方式、理念带回国内,在思想、文化层面为北京的城市变革提供了舆论动力。到民国初年,作为现代工业城市表征的现代性渐渐占据了北京舆论的主导地位,现代城市的生活方式日益成为北京市民的新追求。尽管这一时期人们对于现代性的理解还是肤浅、片面的,但随着清王朝统治的灭亡,凭借现代化的印刷技术与日渐成熟的舆论环境,现代性逐渐成为推动社会变革、城市变迁的无形力量。

民国既立,北京由帝都变成国都,城市管理机构随之调整。现代性的思想在一定程度上影响了京都市政公所的成立与运行,这一机构在民初北京城市空间变迁的过程中扮演了举足轻重的角色。史明正在《走向近代化的北京城》一书中将推动北京城市变革的力量归结于当时的技术官僚。的确,正是以朱启钤为首的市政公所官员克服财政困难、思想束缚,直接策划、实施了民初北京几个重大的城市改造工程,奠定了北京城市空间变革的基础。市政公所还注意占领思想、舆论高地,译介外国现代市政书籍,出版《市政通告》,扩大舆论影响,力图根除文化保守派对城市空间改造的阻力。

从帝都到国都,城市身份的转变使改变国都形象和城市空间结构成为北京政府与民间舆论的一致追求。在帝制倒台、共和新立的时代背景下,在全球工业化的国际形势中,时人改变国都形象的努力必定只能从城市现代化建设着手,以期建设国都新面貌,展现国家新形象。

面对帝都北京封闭的城市空间结构,打破原有封闭状况成为北京现代市政建设的基础。于是,在以市政公所为代表的政府机构的主导下,开展了"国门"正阳门的改造、拆改城内的皇墙与城墙、修建环城铁路、兴办有轨电车等一系列现代市政工程,使封闭的城市空间结构部分解构,并被新的开放式空间结构所代替,建基于帝制的空间等级秩序随之被打破,空间的平等意识成为国都时期的新追求。如果说帝都北京的空间结构体现了帝制皇权的威严与至高无上,象征着专制旧文化,那么国都的改造则是要通过解构这种帝制空间,利用国都"首善之区"来代表国家的政治定位,体现民国新政体所蕴含的民主、共和新理念,同时给国民提供一个新时代的生活愿景。可以说,国都北京空间改造计划与空间开放运动的努力,表明民国政府欲通过对城市空间的改造承载新的意识形态的目的,即通过打破旧的封闭结构宣传民国的新观念、新思想,宣传崭新的政治理念,这也是民国初年北京现代市政建设的主要动力。

然而,帝都北京的空间秩序在新的社会条件下又保存了较强的稳固性。帝都的空间符号所承载的传统文化观念在时代变迁、社会制度更易中并未彻底断绝,而是得到了相当程度的存留。其中,有的是根源于儒、道、释的哲学观念,有的是对于风水之学的迷信,统统弥漫于时代变迁的社会思想中,上至政治人物、政府官僚,下至普通市民,都不能完全摆脱传统文化观念的影响,并对北京的现代化建设构成了顽强的阻力。在北京城市空间开放运动中,随处可见传统文化观念对于现代化的抵制,现代与传统的冲撞以及最后形成的交融都在北京由封闭走向开放的历程中得到了空间上的呈现。以城门、城墙、牌楼等为代表的传统城市空间符号与为便利交通而引入的电车、火车等现代性符号的冲突,究其实质,就是中国传统文化思想与现代化的较量。这种较量无疑展现出近代北京不同于其他沿海商埠的特殊现代化进程,彰显了二者不同的特质。

空间开放还只是北京现代化进程中的第一步,城市空间结构的深层调整才能在更大程度上改变城市的生活方式。国都初年,民国政府先后改造、开辟了天安门广场、中央公园与中国近代第一个官办博物馆古物陈列所三处新型公共空间。这三处空间曾共同组成了明清时期帝都北京的核心权力圈,但进入民国后均遭解构——由封闭走向开放。新型公共空间的开辟进一步拓宽了北京公共空间的结构,使象征皇权、等级制度等旧有封闭空间的瓦解继续深化,民主、共和的时代观念深入人心。

在更加生活化的消费、娱乐空间方面,国都北京传统与现代两种类型的消费、娱乐空间此消彼长,体现了北京政府的城市规划、空间控制给商业空间结构带来的影响。一方面,"首善之区"的政治地位要求国都北京在商业领域引入现代性的消费、娱乐新形式,以更新帝都北京的古老形象,因此现代化的商场、商业新区在政府的规划下纷纷建成;另一方面,随着时代变迁、社会经济结构的变化,北京传统的庙会等商业空间逐渐没落,而南城的天桥却趁着政府规划与市场迁移的便利迅速发展起来。商业、娱乐空间地域上的重新分布亦反映着北京空间结构中传统与现代的共存。

此后,北京从国都转为故都,经历了自其为历代政权首都以来最大的一次身份转变。国都地位的丢失使北京在政治上沦为一个地方性城市,大量政府官员、知识分子因之离京南下,北京失去了昔日的消费主体致使社会经济陷入萧条,城市也丧失了原来的发展动力。在对城市的重新定位中,北京当局与社会舆论在经过激烈争论后,结合该市文化历史遗产与面临的社会现实,将之定位为国家的文化旅游中心。人们据其城市身份变化所形成的新的城市认同,影响了北京的发展方向,即由国都时期因"观瞻所系"的政治要求而建设的现代城市向保存文物古迹的文化古城转变,实质就是向帝都北京的空间结构返归。城市的现代化进程因之减缓,空间结构随之稳固。

进入故都时期,在城市身份变化基础上形成了国家文化中心建设计划,这导致北京开始遵循全新的城市空间生产逻辑,不再像国都时期那样强调通过现代市政建设更新国家形象,而是寄希望于保存本土历史文化古迹以构建东方文化古城,由一个政治城市转变为文化城市。于是,故都不再有大拆大改的空间开放工程,也未开展大规模现代市政建设,而是在国都北京的空间基础上利用构建文化旅游中心的契机整理、修复了大量文物古迹,使古都北京的历史空间符号得到较好存留,帝都的空间秩序得到巩固。同时,北京的现代市政建设也服从于创建文化旅游中心这盘大棋,现代化在故都10年受到了抑制。故都北平虽由原来的国都降格为地方性城市,但在文化维度上却获得了与原来国都政治地位相类比的国家文化中心地位,以中华文化中心的身份与世界对话,在文化层面上代表中华民族的文化与精神。有了文化中心这一"资本",北京政府就能顺利地争取到中央政府的支持,在远离政治象征的情况下得以全力建设国家文化中心,这是故都文化古城形象得以形成的现实基础。

相比国都时期朱启钤主导下的现代化城市改造,故都北平的城市空间相对要稳固许多,基本上延续了国都时期的空间格局。由于城市身份的变化,体现在文学作品中的国都、故都形象也出现了明显差异,由国都时期对现代性的赞扬与向往转变为故都时期对文化古迹等传统空间符号的肯定与宣扬。故都的文学书写与古城想象,以及同期的旅行手册,对于北京(您用的是"该市",我觉得用"该市"怪怪的,还是用北京吧?)传统城市空间符号的宣传介绍,成为当时构建文化古城意象的重要媒介,使北京的文化古都形象在更大的空间范围内传播,也成为后世想象古都北京的历史资源。

二、从帝都到国都的空间政治

法国思想家列斐伏尔较早地注意到了空间与政治之间的关系,他敏锐地指出,空间是"国家最重要的政治工具。国家利用空间以确保对地方的控制、严格的层级、总体的一致性,以及各部分的区隔"[①]。近代北京的城市发展史生动地诠释了政治权力利用城市空间控制地方社会、区隔人口的过程。帝都时期,北京的城市规划与空间结构成为帝制国家显示其政治权威的符号工具,四重城墙的封闭格局与贯穿城市南北的左右对称的中轴线建筑群都彰显着帝制的无上权威与荣耀。帝都北京的这种空间特征也引起了马克斯·韦伯的注意,他在谈到帝都北京时说:"城市在这里——基本上——是行政管理的理性产物,城市的形式本身就是最好的说明。首先有

---

① [法]亨利·列斐伏尔著,王志弘译:《空间:社会产生与使用价值》,包亚明:《现代性与空间的生产》,上海教育出版社2003年版,第50页。

栅栏或墙,然后弄来与被围起来的场地相比不太充分的居民,常常是强制性的,而且随着改朝换代,如同在埃及一样,或者要迁都,或者改变首都的名字。最后的永久性的首都北京,只在极其有限的程度上是一个贸易与出口工业基地。"① 因此,帝都北京的空间造就了一个纯粹的政治城市,城市的生产、娱乐、商业等社会功能受到严格控制,城市居民的日常生活也在等级森严的空间区隔之下被帝国的制度规训着。

清末,列强入侵与现代性的引入撼动了清廷统治。清政权的瓦解是在1911年,但早在1906年的预备立宪,及至1901年实行的清末新政,甚至更早的1898年的维新变法乃至第一次鸦片战争失败后发起的洋务运动,清政权内部的被动政治改革就预示了帝制政权已成强弩之末。因此,近代北京的现代化进程是随着清政权的式微而逐渐发生的。现代性带来的帝都空间结构的局部变化象征着中国延续了几千年的帝制皇权被世界工业化的大潮强烈地冲撞着,其坚实的权力土壤被现代性的激流慢慢地侵蚀。在帝都末期,尽管清廷仍极力垂死挣扎,但北京城市空间的变化还是表征了帝制权威即将被颠覆的命运。

然而,清王朝灭亡后,北京的城市空间结构并未随帝制皇权的颠覆而解体,相反仍在相当长的历史时期内较大程度上保持着帝都的空间特征,没有迅即发展成一个成熟的现代化都市。进入国都时期,民国政府所代表的新兴政权对北京的改造依然是不彻底的,在开放城市空间与拓展公共空间的过程中,现代性受到了空前的压抑,其根本原因在于政治革命的不彻底性为帝都城市空间结构留下了生存的土壤。有人在谈论近代北京的政权更迭时说,"庚子所改变的,虽西洋化之输入,而根本未十分动摇。辛亥所改变的是革命色彩之加入,然后不久还是屈服。自辛亥至于戊辰十七年中,虽然奉的是民国正朔,而帝制色彩的确保存不少,官僚化的程度似乎不逊于前清"②。民国成立后,袁世凯称帝与张勋复辟等事件,以及张作霖坐镇北京时的祭

---

① [德]马克斯·韦伯著,王容芬译:《儒教与道教》,商务印书馆1995年版,第62页。
② 瞿兑之著,虞云国、罗袭校订:《铁庵文存》,辽宁教育出版社2001年版,第199页。

孔行为,都表明帝制的理念并未在民国军政大员的心中完全退去,而历届北洋政府对孙中山所力主的共和理念也只是阳奉阴违。因此,在国都北京的现代市政建设过程中,每当对象征帝制皇权的空间符号进行改造时,特别是拆改城墙与城门时,守旧政治势力总会立即跳出来干涉、阻挠,且总能够奏效。作为新兴政权的代表,主导北京市政建设的京都市政公所为构建共和国家首都力主对城市进行现代化改造,以使之成为体现平等观念的现代化都市;而阻挡现代化进程的守旧势力则体现了帝制观念、皇权政治在北京的根深蒂固。两种力量、两种政治思想在北京城市空间这个容器中交织、碰撞、冲突,并显现于新的空间布局上。

在公共空间的改造方面,国都北京公共空间的拓展寄予了民国政府与社会舆论构建现代都市公共交往场所的迫切需求以及对现代公民社会的向往,体现了帝制取消后欲通过构建公共空间区别于帝都空间秩序的努力,从而展现民国国家制度的优越与进步。然而,国都北京公共空间的拓展并非单纯构建市民公共领域那么简单,而是有着极为现实的目的。在建设现代城市的过程中,"中国的城市改革者还热切地通过提供公共空间促进新市民的形成,于是城市里出现了图书馆、博物馆、展览厅,教育人们并引导他们培养新的公共精神和国家意识"[1]。也有学者指出,"在民族国家建立后,国民教育成为建立国家认同的重要基础,国家往往利用空间对民众进行身体与心灵的塑造"[2]。进入近代以来,新型公共空间如博物馆、图书馆、公园、城市广场、公共运动场等,常常被国家机器当成规训人民、引导大众行为的场所,成为福柯所界定的权力规训空间。国都北京的城市规划者亦是如此。我们看到,包括天安门广场、中央公园与古物陈列所在内的新辟公共空间,都被赋予了特定的意识形态功能,成为民国政府宣传国家意志、培育符合政府要求的市民的公共场所。这些公共空间仍被国家权力、行政力量以各种隐蔽

---

[1] 周锡瑞:《华北城市的近代化——对近年来国外研究的思考》,天津社会科学院历史研究所、天津市城市科学研究会编:《城市史研究(21)》,天津社会科学出版社2002年版,第6页。
[2] 陈蕴茜:《空间维度下的中国城市史研究》,《学术月刊》2009年第10期。

的形式控制着,以天安门至紫禁城为核心圈的公共空间的拓展也未能为北京建立起真正的公共领域,仅仅只是实现了物质空间上的开放,因此,国都北京新辟的公共空间也就没有形成哈贝马斯意义上的市民社会。

相比之下,王笛在研究近代成都的茶馆时认为,"茶馆扮演了与欧洲咖啡馆和美国酒吧类似的角色",是"与国家权力对抗的一种社会和政治空间",是名副其实的公共领域。①许纪霖也指出,近代中国的公共领域未能在风气保守、政治色彩浓烈的北京出现,但却以报纸、学会和学校等形式在上海出现。②而在1920年代,"北京的茶馆酒楼和公园中都贴着'莫谈国事'的红纸贴"③,可见国都政府对北京公共空间的严格控制。更重要的是,生活在这种空间政治下的市民不得不保留传统的生活方式,被排除在国家政治生活之外,也就没有生长出韦伯所说的西方城市中拥有政治权利的市民阶层。④因此,国都北京虽有开辟公共空间的宏愿,却终因政治氛围的保守与市民阶层的缺席而未能使新开辟的公共空间实现其应有的社会功能。

国都北京的这种空间政治也决定着北京生产、商业、娱乐等社会功能的发展方向。从帝都到国都,庙会、集市等传统的、间歇性、移动式消费、娱乐空间随着新兴固定市场、现代商场的兴起逐渐从北京的消费市场中式微,旧有消费、娱乐方式在世纪之交遇到了现代消费、娱乐的挑战,商场式购物与看电影、逛跳舞场等新式娱乐体验走进并丰富着北京市民的日常生活。尽管国都北京在城市空间上开始部分呈现现代城市的特征,现代化的商场先后拔地而起,甚至还出现了香厂新市区这样完全按照西方现代都市模型建造起来的新兴消费娱乐区,但与沿海的上海等商埠城市相比,这些由西方引入的现代商业空间及消费、娱乐观念与生活方式始终未能占据北京本地居民日常生活的全部,相反,传统庙会、集市、天桥市场等消费空间与逛戏园、

---

① 王笛著:《茶馆:成都的公共生活和微观世界》,社会科学文献出版社2010年版,第5页。
② 许纪霖:《近代中国的公共领域:形态、功能与自我理解——以上海为例》,《史林》2003年第2期。
③ 叶灵凤:《北游漫笔》,姜德明编:《北京乎——现代作家笔下的北京》,生活·读书·新知三联书店2005年版,第170页。
④ [德]马克斯·韦伯著,王容芬译:《儒教与道教》,商务印书馆1995年版,第58页。

捧角儿等娱乐方式仍保持着顽强的生命力。

在帝制时代，北京就是一个消费城市，缺乏发达的生产市场。进入国都以后，这种情况并没有根本改变。北京的消费市场始终由稳固的消费人口维持着，即便在政局动荡的情况下仍是如此。1920年代，北京《益世报》在描绘北京的娱乐市场时说："近来经济界十分紧急，又值各机关大闹裁员，各游戏场中宜有萧条景象矣。乃事实上有大谬不然者，推其原因，盖北京之日逛游戏场者，专有一部分人，如阔少、遗老、女人、游民等，除此外便无所事事，故游戏场中，初不待在各处办事者之光顾，即为已足也。"①出版于民国时期的都市地理小书《北平》曾将北京的人口划分为逊清的遗老、满清旗人、民国以后退休的官吏、当代握有重权的官吏、寄居的北京的阔人、文人学子以及普通市民七类②，这七类人基本构成了支撑北京消费、娱乐市场的主要群体。就消费倾向而言，由前清延续下来的消费、娱乐习惯仍在遗老、旗人与本土市民等群体中传承着，维持着传统消费、娱乐市场的经营，而其他群体则是现代商业与娱乐方式的追随者，成为促进北京现代商业空间的发展动力。因此，在国都时期，本土与外来、中国与西方、传统与现代两种消费和娱乐方式、商业空间得以在北京共存；当国都南迁后，官员、文人学子大量南下，随着北京人口结构的变化，当地现代商业、娱乐空间迅速萧条，而传统的消费、娱乐空间仍得以延存，特别是天桥这个平民市场还能保持繁盛。

总的来说，从戊戌变法到国都南迁的约30年里，北京在政治、社会生活上处于一个新旧交织的时代，在新的国际形势中，北京虽然对于现代性的力量进行了部分接受，但旧的一切尚未完全被清理干净，在政治、社会、经济、娱乐等各领域都出现了新与旧的交叠。

除了北京保守的政治氛围与落后的工商业基础所导致的新旧力量的交叠，帝国主义对北京的政策与北京市民对外国势力的激烈反抗也阻碍了北京的现代化进程。早在帝都晚期，北京东交民巷的使馆区就成为帝国主义

---

① 《游戏场中一瞥》，《益世报》（北京），1922年7月4日。
② 倪锡英著：《北平》，中华书局1936年版，第154—159页。

在华野心的象征,激起民众极大愤慨,义和团在清廷的默许下对其发动攻击,成为庚子事变的导火索之一。进入国都时期,外国资本又试图通过不平等条约介入北京的城市建设以谋取利益,引发北京民众民族主义情绪的强烈反抗。经过激烈抗争,北京的现代市政建设全部由本国财政解决,诸如电车这样耗费巨大的工程,外国资本也未能插足,像香厂新区也是由市政公所组织规划设计,由本土民族资本建设完成的,这与上海、天津、大连等沿海城市的市政建设大多由外国资本投资并控制完全不同,北京的市政建设一直掌握在本国资本手中。也正因如此,国都北京的城市建设没有按照外国现代城市的建设路径、模式发展,与本国政治、民族情感、国家认同密切关联,从而使北京的现代市政建设带上了更多的本土特点,呈现出新与旧、传统与现代相交叠的空间形态,走出了一条不同于沿海商埠的现代化之路。

三、故都的空间重塑及其文化表征

1928年,国都南迁,北京作为首都的殊荣瞬间消失,城市身份问题遂提上日程,成为人们争论的焦点。

失却国家政治中心的核心地位,城市的发展动力自然也面临着更新,直接表现为国家财政投入的不足导致北京现代化进程的延宕。迫于这种形势,北京官方与民间舆论不约而同地重新定位城市地位,在北方军事中心、经济中心与国家文化中心的争论与权衡中,决定将文化中心作为其发展方向,利用北京(您用的是"本市",我觉得还是用"北京"更好)丰富的历史文化资源,将之塑造为以旅游、教育、文化等资源推动城市发展的国家文化中心。于是,故都北平的现代化建设策略与国都时期相比就产生了相应变化:保护城市历史资源的呼声压过了原来为塑造国都形象的现代化建设,维护城市空间结构的稳定代替了原来的城市空间改造运动,发展城市旅游资源与建造国家文化中心的宏观政策使这一时期北京的现代化建设融入了更多传统文化因素。北京卸去了灿烂的国都光环,在故都10年逐渐发展成为一个供人游览、凭吊的"文化古城"。

这一时期,北京已并非国都,降格为"北平特别市",加之于城市建设上的政治束缚便得以解除,原有空间政治亦随之消解,维持既有空间结构的力量顿时消散。然而,故都并未因此转向沿海商埠城市那样的现代化道路,而是抓住了"文化"这根救命稻草,在失去政治保障后选择了返归传统以寻求发展动力。文化成为影响其空间的决定力量,原有城市空间政治被新的建设国家文化旅游中心的计划所代替。北京不再是政治力量交锋的舞台,而将被建成展示中华传统文化的游览空间。

北京的文化旅游中心建设是要通过保存历史古物、在文化上返归传统重新获取城市发展动力。无论社会舆论还是政府的施政方向,都将建设文化旅游中心作为拯救丧失国都政治身份的故都的一剂良药。就政治地位而言,北京已沦为地方性城市,城市地位大弱于往昔;就文化层面而言,北京由帝制时代所遗留下来的文化古迹足以使其在新的国际环境中跻身于东方文化中心的地位,于城市身份的转换中获得全新的文化动力,但同时现代化也遇到了较国都时期更大的阻力。表现在城市空间形态上,城墙、城楼、皇家宫苑、坛庙、牌楼等古迹得到了力度空前的保护,许多受损古迹也得到了良好的修复,传统的城市空间结构在故都时期反而被继续稳固下来。其时,北京的现代市政建设虽未完全停滞,但在构建文化旅游中心的呼声中也退化为建设文化旅游区的陪衬,建设现代北京不再是主流。因此,故都时期北京仍较大程度地保留着传统城市的空间外观,这主要归因于放大了传统文化力量的文化旅游区建设规划及其指导下的城市空间生产。

国家政治中心的南迁,也使得那些"在1919年和1925年曾经在政治上起过重要作用的大学生们,现在发现自己'英雄无用武之地'。北京不再是首都,对一个软弱的地方政府,再也不能通过游行示威发挥它施加压力和劝诱的强大威力了"[①]。曾活跃于北京街头的学子只能回到校园,在建设文化

---

① [澳] C.P.菲茨杰拉尔德著,郇忠、李尧译:《为什么去中国——1923年—1950年在中国的回忆》,山东画报出版社2004年版,第154页。

古城的呼声中充当国家教育中心大军中的一员；在新文化运动中极力鼓吹新学、西方文化的学者，在故都时期即使没有远离这个城市，也选择了偃旗息鼓，士大夫讲学之风与中国传统文化随之复兴，实现了文化领域的回归传统。故在北京卸掉了政治的冠冕后，文化仍能继续发挥其"心房的作用"[①]，既能因之救济经济上的不足，促进城市的正常运转，又使北京在全国思想文化领域扮演主导者的角色。另一方面，足以称雄于国内的文物古迹在物质、空间符号上极具文化艺术价值，理所当然地转化为故都建设国家文化旅游中心所倚恃的特殊资源，所以北京政府实施的文化旅游中心建设与故都文物整理计划，以及"北平旅游手册"对故都的文化宣传与文人的文学记忆，均将文化古迹看成能使北京重新焕发活力的捷径。在时人看来，返归传统，创建文化古城，是在政治之外找到的繁荣故都的力量。

但文化并不能与政治全然无关。英国学者伊格尔顿在梳理文化观念时曾指出，"文化需要一定的社会条件。由于这些条件可能关系到国家，文化还会具有政治的维度"[②]。实际上，即便故都北平所要返归的传统文化也未能彻底脱离政治。北京创建国家文化旅游中心的一个重要初衷就是试图利用文化古城的影响力提升其国际声誉，通过"文化"这一软实力影响华北军事局势，抵御日本对华北的觊觎，以期起到政治中心起不到的作用。另外，在城市建设上返归传统文化并抑制现代化建设，整理、修复帝都的空间符号，也一定程度意味着对传统空间政治的承认，传统文化所承载的意识形态与社会功能在城市空间的藏匿之下，以物质遗产的形式得到保护与整修，并对现代性形成了顽强的抵抗。因此，故都北平向传统文化的返归是从原有的显性空间政治向隐性的文化政治转变，基于传统文化思想规划建造的帝都空间结构在故都时期得以延存，席卷全球的现代性在故都北平亦不得不向传统的文化政治妥协。

从国都到故都，北京对于传统的发扬与对现代的抑制，其背后有着复杂

---

① 瞿兑之著，虞云国、罗袭校订：《铢庵文存》，辽宁教育出版社2001年版，第209页。
② [英]特瑞·伊格尔顿著，方杰译：《文化的观念》，南京大学出版社2003年版，第11页。

的政治、文化根源，有学者在评价传统与现代在国都与故都的命运时说："在国都阶段，心态保守的中央政权，多少起了压抑西化、追求时髦的作用，传统文化仍居社会主流；到了故都时期，北平把传统的文化当成繁荣城市的宝贵资产，在追求与拥抱西方进步物质文化的同时，却在价值观与城市意象上，保留中国文化的精神。有意思的是，这种充分开发传统精髓，以重新定位城市，赋予城市新生命的努力，只有当北京成故都之后，才获得充分发展。"[①]质言之，国都时期的帝制政治思想残留与故都时期返归传统的文化政治，是近代北京城市空间之所以呈现传统与现代相交叠形态的根本原因。

四、余 论

我们还可以在北京与其他城市的对比中发现近代北京城市空间变迁的特殊性。与北京受政治与文化支配的空间逻辑不同，近代上海得益于外国资本的涌入与商业市场的发达，现代性在进入上海后便获得了长足发展，摩天大厦、百货大楼、咖啡馆、舞厅、跑马场等空间符号成为近代上海的城市意象，以致有人宣称，"在二十世纪三十年代，上海已和世界最先进的都市同步了"[②]。而此时的北京却经历着返归传统以谋求转型的阵痛。近代巴黎的改造经验更具有可比性。在第二帝国时期，拿破仑三世授意奥斯曼主导了巴黎的改造计划，拆毁了大量历史街区后，修建了大楼、城市广场、公园、教堂，扩建、改善了城市基础设施，将巴黎改造成了一个全新的现代性都市，从而与历史上的巴黎彻底决裂。大卫·哈维称这种决裂为"创造性破坏"，其背后则是"经济、社会组织、政治与文化上的复杂模式，这些模式不可避免地

---

① 许慧琦著：《故都新貌：迁都后到抗战前的北平城市消费（1928—1937）》，台湾学生书局有限公司2008年版，第24页。
② [美]李欧梵著，毛尖译：《上海摩登：一种新都市文化在中国（1930—1945）》，人民文学出版社2010年版，第7页。

改变了巴黎的面貌"①。当时的法国正处于第二次工业革命阶段,资产阶级与工人阶级开始走上历史舞台,大量工人失业与资本过剩等问题困扰着刚刚取得政权的拿破仑三世,最后他选择授意奥斯曼"通过城市化的方式,解决资本过剩和失业的问题"②。这显然是近代巴黎改造的根本动力。

相比之下,北京则由于保守政治、文化观念的影响,资本既无法产生有效流通,也没有使自身增值并推动城市现代化进程的迫切需求,进而束缚了商业、社会生产、市民阶层与社会组织的发展,且北京的地方自治与行会对城市发展的影响也极为有限,因此决定近代北京城市空间变迁的根本因素是传统政治观念与文化逻辑。帝都、国都、故都,三个不同的历史阶段,三种不同的城市身份,在政治上虽历经更迭但始终未能彻底革新,在文化上虽有西学涌入但又终究返归传统,使北京的城市空间沿着传统与现代并存的轨迹演变、发展。在这种空间演变逻辑之下,近代北京的现代化建设虽有所突破,但城市整体上仍保持着传统空间结构,人们基本也保持着传统的生活方式。正如列斐伏尔所指出的,"如果未生产一个合适的空间,那么'改变生活方式'、'改变社会'等都是空话"③。因此,近代北京的城市空间结构依旧是传统北京社会、生活方式的巨大容器。同时,这种空间结构还形成了北京颇为独特的地域文化形态。赵园曾指出,"对于北京,最稳定的文化形态,正是由胡同、四合院体现的"④。北京的胡同与四合院两种空间符号形成于帝都时期,进入近代之后又在现代性的冲击下保存下来,成为北京地域文化形态的典型象征。这正是近代北京城市空间变迁在文化上的体现。

(本文原载《北京社会科学》2016年第6期)

---

① [美]大卫·哈维著,黄煜文译:《巴黎城记:现代性之都诞生》,广西师范大学出版社2010年版,第325页。
② [美]戴维·哈维著,叶齐茂、倪晓晖译:《叛逆的城市——从城市权利到城市革命》,商务印书馆2014年版,第8页。
③ [法]亨利·列斐伏尔著,王志弘译:《空间:社会产生与使用价值》,包亚明:《现代性与空间的生产》,第47页。
④ 赵园著:《北京:城与人》,北京大学出版社2002年版,第21页。

故都北平的文化生产与文学记忆

王 谦

在近代化过程中,北京经历了由王朝帝都向中华民国国都的转型,现代化因素随着时代的变革逐渐向古城渗透,特别是在国都时期,因为"首善之区"与"观瞻所系"的政治缘故,北京的地方政府机构京都市政公所主导了一系列现代市政建设活动,改造了阻碍交通的正阳门,拓展了天安门城楼前的广场区域,修建了环城铁路,创办了电车,使古都北京增添了现代化风貌,传统城市的空间结构因之转型。

1928年,中华民国国都迁往南京,北京改称北平,成为故都,政治、经济地位骤降。为城市前途计,社会舆论纷纷对北平失去国都地位后的城市身份重新定位,将北平定位为国家文化中心,北平政府也适时提出创建国家文化旅游中心的口号,大力保护故都文物古迹,改造城市物质空间,促进了故都文化古城形象的形成。然而,城市意象的最终形成还有赖于人们感官的具体感知,因此,无论是对于故都城市空间的改造还是文化古城意象的最终形成,都还有待于心理、文化层面的建构与传播。就故都10年而言,出版于这一时期的各种北平旅行指南与关于北平的文学书写,是当时构建、传播文化古城意象的重要文化维度,也是后世寻找故都北平的记忆之源。

一、旅游手册中的北平

在近代北京史上,曾经出现了像《北京市志稿》[①]这样论述系统详细、宏

[①] 《北京市志稿》原名《北平市志稿》,由北平市政府于1938年秋组织人员编写,原书编撰工作由吴廷燮主持,是民国北平官方修撰的第一部地方志,全书共分舆地、建置、前事、民政等15个门类,后因时局不稳,书稿几经周折未能出版。1949年后,撰写者之一夏仁虎先生将所保存原稿上交国家,最终由北京燕山出版社出版。

篇巨帙的地方志，足供全面了解北京城，然而，且不论这种大部头的专史不易携带与普及，就是这种方志的书写方式也过于征实，一般读者难以接受；而诸如《北平风俗类征》[①]一类的非正史书籍，尽管对北平民风民俗考证详细，是了解北平市民生活的普及读物，但这类书籍又过于务虚，对北平的城市空间意象则无力顾及。城市旅游指南恰恰弥补了这两类书籍的缺点。

学者陈平原先生曾感叹当代北京没有满意的旅游手册，他认为旅游手册是一个城市的名片，也决定了潜在游客对一个城市的第一印象，理想的旅游手册应该是"既要实用，又要有文化，将游览与求知结合起来"[②]。实际上，在故都10年，就曾涌现过一批关于北平的旅行指南，这些"指南"既具有为游客服务的实用性，同时又兼顾了推广、传播北平浓厚文化底蕴的文化使命，成为向全国乃至国际宣传故都文化古都形象的重要媒介。

编辑城市旅行指南并非故都北平的创举，早在国都时期即有相关的城市指南面世，如《北京游览指南》（新华书局，1926年）、《增订实用北京指南》（商务印书馆，1923年），但这两种旅行指南都是由上海的出版机构编纂发行的。彼时享有国都地位的北京并不注意招徕外地游客，凭着首善之区的国都身份，北京一直是国家的中心，因而也不必刻意向外界推广、宣传。国都南迁后，北平由国家中心降为一个地方性城市，在创建国家文化旅游中心的呼声下，广泛推介自身的文化资源与旅游优势就成了当务之急。《北平指南》应声而出。

《北平指南》虽由民间出版社北平民社编纂发行，但也承载了官方的厚望，时任河北民政厅厅长孙奂仑为之作序，谓之"采择周详，记载明晰，附以精美照片引人兴趣，嗣后游北平者手此一书，按图索骥"[③]。此外，蒋介石亲自为此书题字"自强不息"，北平工务局局长华南圭为之题"助宣文化"，足

---

① 李家瑞编：《北平风俗类征》，商务印书馆1937年版。
② 陈平原：《"五方杂处"说北京》，陈平原、王德威编：《北京：都市想像与文化记忆》，北京大学出版社2005年版，第537页。
③ 北平民社编：《北平指南》，北平民社1929年版，第1页。

见官方对于宣传北平城市形象、地区文化的重视。同时,以城市"指南"带动北平的旅游事业也成为同期其他"指南"的编辑初衷,如出版于北平的另一本影响较大的《北平旅行指南》的编者马芷庠在谈到编辑此书的原因时就说,"因市政当局极力繁荣旧都,扩大整理游览区域。余深韪其议,而编是书之意遂决"[①]。由北平市政府编辑的《北平导游概况》也明确将目标定为吸引"欧美人士来游"[②]。可见,关于北平的系列"指南"都是服务于建设北平文化旅游中心这一总体目标的。

作为宣传北平的旅行指南,目标读者当然是潜在的北平游客,如北平民社出版的《北平指南》,分地理、街巷地名典、法规、名胜古迹、政治机关与社会团体、交通、风俗习尚、食宿游览、题名录、附录10编,内容涵盖城市观光、交通、消费、娱乐、食宿、民风民俗等方方面面。综览这本"指南",以北平的名胜古迹为介绍重点,书中所收照片,几乎全是当时仍存留的文化古迹,而对国都时期兴修的电车、环城铁路等现代市政设施,均只介绍了其日常运行信息,民国初年对正阳门的改造、天安门广场区域的扩展等新城市景观也未加以呈现,可见,《北平指南》力图呈现的,与其说是一个现代与传统相交织的、处于转型中的城市,毋宁说是故意遮蔽北平的现代市政建设,进而突显一个仍保存着丰富文物古迹的文化古城。

《北平指南》这种重传统、轻现代的呈现方式显然是对当时舆论将北平创建为国家文化旅游中心的积极回应。出版于故都10年的其他北平"指南"也遵循了这一原则,极力注重对文物古迹与文化资源的呈现,刻意过滤在清末民初所取得的现代市政建设成就。如编辑《最新北平指南》的作者直言此书的目的是"纪北平一隅胜迹与文化风俗人情"[③],而全书在内容上又"特别注重北平胜迹之由来,各娱乐场之情形,及关于北平古今考、风

---

① 此书初版于1935年,后又多次再版,本文参阅的是吉林出版集团最新修订版。马芷庠著:《老北京旅行指南》,吉林出版集团有限责任公司2008年版,第1页。
② 北平市政府编:《北平导游概况》,北平市政府1936年版(绪言)。
③ 田蕴瑾编辑:《最新北平指南》,自强书局1935年版,第7页。

俗"①。由北平中华印书局发行的《简明北平游览指南》②亦采取了相似的编写方式,着重介绍的是北平的文物古迹、文化机关、消费娱乐场所等,且该书因内容扼要、篇幅短小而颇受欢迎,屡次再版。由北平市政府编辑发行的《北平导游概况》内容则全为城内及近郊的各类古迹,非但没有呈现现代化市政设施,就是其他交通、娱乐、消费等事宜也只字未提。

在北平官方创建文化旅游中心、开展文物整理计划的同时,北平市政府秘书处组织编纂了一部《旧都文物略》与之呼应,这部由汤用彬、陈声聪、彭一卣三位先生编著的城市指南,在编辑立意上带有明显的官方色彩。时任北平市长袁良在此书的序言中谈到编辑意图时说:"主旨在发扬民族精神,铺叙事实,藉资观感。文则辩而不哗,简而能当,诚一时合作。览古者倘手兹一编,博稽往烈,固不止为导游之助,而望古兴怀,执柯取则,或亦于振导民气,发扬国光,有所裨乎?"③显而易见,北平市政府不仅希冀此书能向世人推荐北平的文物古迹,还意图藉此对外推广这些古物所承载的中华传统文化,进而为北平这个文化古城增加色彩。此书的编辑人员在阐明全书的主旨时也说:"一方阐扬文化,发皇吾国固有深厚伟大精神;一方刻画景物于天然,或人为之庄严绵丽境域;斟酌取舍,刻意排比,一一摄取真景,辅以诗歌,俾个中妙谛,轩豁呈露,阅者既感浓厚兴趣,而于先民规范,执柯取则,亦资以激励奋发。"④因此,全书的内容亦侧重于对北平古物的介绍,分城垣、宫殿、坛庙、园囿、坊巷、陵墓、名迹(上、下)、河渠关隘、金石、技艺、杂事等12个门类,书中还刊登了近400张照片,都是当时由专门人员实地拍摄,其中关于风景与历史古迹的就占了约300张。

与以上几种北平"指南"服务于城市旅游的目的不同,由中华书局发行的都市地理小书《北平》则是"专供中等学校学生学习地理时参考自习

---

① 田蕴瑾编辑:《最新北平指南》,第10页。
② 金文华编辑:《简明北平游览指南》,中华书局1932年版。
③ 北平市政府秘书处:《旧都文物略·序》,北京古籍出版社1999年版。
④ 北平市政府秘书处:《旧都文物略·例言》。

之用"①。尽管此书编者声称采取了"地方志"的编写方式,像其他北平"指南"一样介绍北平的城市沿革、文化古迹、旅游景点,但在写作手法上则"力求生动,记载务使具体,俾读者翻阅本书,宛如读游记小说,而能得一深刻之印象"②,近于一种文学化的表达。在介绍城市风光的同时,作者还将目光投向了北平的日常生活:"北平的生活,可说完全是代表着东方色彩的和平生活。那里,生活的环境,是十分的伟大而又舒缓。不若上海以及其他大都市的生活那么样的急促,压迫着人们一步不能放松地向前,再也喘不过气来。"③作者将对北平城市形象的观察与摩登的上海对比:"在北平大街上,Neon light的广告可以说是绝无仅有。无线电和铜鼓喇叭的声音也是寂然。街道间老是那么静穆的。不比上海的市街间,充满了五光十色,以及种种嘈杂的声音,使人头痛欲裂。这种现象,就是表示北平的生活,是十分稳定与平和,还没有染上现代大都市的掠夺竞争的丑恶状态。"④除将北平的古朴与上海的现代相对照外,为凸显其古城意蕴,《北平》也采取了同其他北平"指南"相似的叙述策略,即在内容上侧重于文化古迹而过滤了现代化的城市元素。相比之下,"都市地理小丛书"其他几册如《广州》《杭州》《青岛》《南京》等,都将当时这几个城市的现代市政建设加以重点呈现,称赞其城市现代化的成就。

总之,系列北平"指南"类书籍中所呈现出的北平,是一个经过了筛选、过滤的文化古城,这个古城明显地褪去了昔日的国都光环,而专以北平所独有的文物古迹、城墙、宫殿、林苑、坛庙、景点、娱乐场等地方特有的城市空间符号来吸引世人的眼光,最终,北平"指南"中的北平显现为一个传统古都的游览城市,而不是一个经过国都时期艰难的现代化建设的转型城市。当然,这种呈现手段与当局提倡建设文化旅游中心的政策有关,也与故都10

---

① 倪锡英著:《北平》,中华书局1936年版。此书为上海中华书局出版的"都市地理小丛书"之一,其他还有《上海》《青岛》《南京》《广州》《西京》等册。
② 倪锡英著:《北平》,第1页。
③ 倪锡英著:《北平》,第151页。
④ 倪锡英著:《北平》,第153—154页。

年城市空间改造的实际大致相符,亦即,故都北平改变了国都北京的城市建设方向,现代化的建设受到空前压抑,传统城市的空间格局、形态得到大力维护,这种城市建设新方向在系列北平"指南"中得到了展现与放大,并在北平建设文化旅游中心的呼声中广为传播,成为构建北平文化古城意象的重要媒介。

二、从国都到故都的文学书写转变

然而,旅游手册中呈现的北平形象还只是直观的、平面的,正如有人指出的那样,"近年北平市政府也曾经出版过《北平导游概况》及《故都文物略》之类,不过偏于表面的叙述过多,游人拿了这本书,还是不足于用的"[①]。任何一个城市,要想进一步深入了解其独特的城市性格与精神,还要借助于文学作品的书写。如果说作为旅游手册的北平"指南"呈现了一个直观、平面的文化古城意象,在北京成为故都后表现出对传统北京意象的浓厚兴趣与对现代北京的故意遮蔽,那么故都10年对北平的文学书写除经历了从赞颂现代北京转向认同传统北京之外,观察视角也从政治、国家层面向文化、地方层面转变,开始肯定帝都北京保留下来的空间符号的意义与价值,并深入到北平市民的日常生活,在地方、国家、国际的城市身份比较中寻找、赞颂故都北平的传统古城意象。

董玥曾分析了"新知识分子"、民俗学者与老舍对于北京的书写,呈现了不同叙述视角下的北京城市形象。[②]如果我们暂且忽略北平文学书写作者的身份差异,而将关注重心放在因国都南迁造成的城市身份转变对于北平文学书写的影响上,则更能在历史的对比中发现文学北平的独特之处。

与国都时期北京的城市空间改造以现代国家与现代市政为模板一样,国都时期对北京的文学书写也表现出对现代市政与现代都市生活方式的迫

---

① 瞿兑之著,虞云国、罗袭校订:《铢庵文存》,辽宁教育出版社2001年版,第199页。
② 董玥著:《民国北京城:历史与怀旧》,生活·读书·新知三联书店2014年版。

切渴望与向往，并对帝制时代遗留下来的城市空间符号与生活习俗表示鄙夷。在国都时期，人们大多从政治地位的象征性来审视作为民国首都的北京，在心理认同上强烈要求新北京同旧帝都决裂，并向现代化的都市迈进。

因此，国都时期的文学对北京的描述常常以国际城市与现代都市作为参照系，在与这两种城市模型的比较中看待北京。比如，陈独秀曾写过一篇名为《北京十大特色》的短文，以一位旅欧归来的国人的眼光审视北京与国外城市的区别，其中提道："汽车在很狭的街上人丛里横冲直撞，巡警不加拦阻"；"刮起风来灰尘满天，却只用人力洒水，不用水车"；"城里城外总算都是马路，独有往来的要道前门桥，还留着一段高低不平的石头路"；"分明说是公园，却要买门票才能进去"；"安定门外粪堆之臭，天下第一"①。显然，在与国外现代都市的对照下，北京的这些城市意象都是落后的标志，名为"特色"，实为贬低与讥讽。那些从海外归来的国人习惯性地将北京与外国的国都相比，当他们走在北京"荒凉污秽的街头"时，仍"不断的做'人欲横流'的梦，梦见巴黎的繁华，柏林的壮丽，伦敦纽约的高楼冲天，游车如电"，在他们眼中，"北京是一片荒凉的沙漠"②。在国都时期，呼唤现代市政以提升北京城市形象成为时人的共识，著名报人邵飘萍曾因北京街头粪车横行而导致几个外国人都套着鼻罩在街道上行走，批评北京当局不修市政，并感叹"一个首都所在的地方，街道坏到这步田地"③。相较而言，北京在现代转型过程中新建的现代化元素就受到文人们的欣赏，据沈从文回忆，"初来北京时，我爱听火车汽笛的长鸣。从这声音中我发见了它的伟大"④。人们总是拿现代都市的市政标准来衡量北京，一位从上海来京的文人曾批评："在北京走夜路，实在是令人不痛快的一件事：大街上是两行昏昏的电灯，小巷中则

---

① 陈独秀：《北京十大特色》，姜德明选编：《如梦令——名人笔下的旧京》，北京出版社1997年版，第3页。
② 章依萍：《古庙集》，河北教育出版社1994年版，第47页。
③ 邵飘萍：《北京的街道及公共卫生》，《京报》，1924年5月23日。
④ 沈从文：《怯步者笔记》，姜德明编：《北京乎——现代作家笔下的北京》，生活·读书·新知三联书店2005年版，第89页。

甚至于连煤油灯都没有一盏。"①即便是对北京的现代化建设，时人也常常抱以较高的期待，比如，北京的电车经过艰难的筹备开行之后，人们仍在与上海、天津、香港的电车对比中批评北京电车的票价过于昂贵以及电车设施的落后。②

就对城市空间符号的选取而言，国都时期文人对表现北京的文物古迹缺乏热情，我们很少读到他们赞扬北京古迹的作品，这些古迹作为帝都时期的空间符号为他们所不屑，他们也不认为文物古迹是北京的文化财富，相反，文人们都在他们的北京书写中将之剔除，甚至有人对这些帝都时代遗留下来的空间符号大加批评，认为北京的跨街牌楼"妨碍交通"，而作为皇权象征的紫禁城，"每当在北海万佛阁远眺时，看见一片黄瓦，仿佛什么死尸都在那里跳舞一样"③。在徐志摩的眼中，"在灰土狂舞的青空兀突着前门的城楼，像一个脑袋，像一个骷髅"④。在他们看来，北京的城楼、宫殿等空间符号因为象征着帝制时代的糟粕而与作为民国首都所应倡导的新时代精神极其相悖。

总之，北京的城墙、宫殿、皇家林苑、老戏园子等帝都空间符号极少成为国都时期文人们的关注对象，他们更关注北京作为"首善之区"所应有的现代都市设施与现代都市精神，因此，他们对中央公园这个由禁苑改建的现代公共空间表现出浓厚的兴致，同期开辟的北海公园也是他们着力描绘的对象。

1928年，国都南迁带来的北京城市身份转变使文学中的北平形象出现巨大变化。在国都时期，文人对北京的书写大都是对自己切身体验、生活观察的记录；国都南迁后，大量学者、文人随之南下，多是在北京之外的地方书写他们对于北京的城市记忆。这时出现了一个奇怪的现象：尽管都是那

---

① 彭芳草著：《苦酒集》，北新书局1929年版，第227页。
② 丁西林：《北京的电车真开了》，《现代评论》1925年第3期。
③ 彭芳草著：《苦酒集》，第225页。
④ 徐志摩：《"死城"》，黄大卫选编：《徐志摩散文》，北岳文艺出版社2008年版，第100页。

个他们体验过的北京城,但存在于他们记忆中的北京形象却在北京失去国都地位后出现了变化。

北京国都政治地位的丢失使文人们重新记忆北京、想象北京。与国都时期人们对北京现代市政设施的苛刻要求与对现代化的追求不同,故都北平反倒因卸下了"首善之区"的政治符号重负而让文人们另眼看待,甚至有些不合常情的偏爱,就像周作人(《北平的好坏》)所表示的那样,北平"现在不但不是国都,而且还变了边塞,但是我们也能爱边塞,所以对于北京仍是喜欢,小孩子们坐惯的破椅子被决定将丢在门外,落在打小鼓的手里,然而小孩的舍不得之情故自深深地存在也"①。这种对北平的偏爱显然是在北平失去了崇高政治地位后表现出的怜悯与同情,带有一点敝帚自珍的味道。在故都10年,无论是仍居于北平还是身在外地,文人们都不约而同地开始怀念起往昔在北京的生活,重新记忆北京。1936年,《宇宙风》杂志征集回忆北京的文章,一时应者云集,怀念北京的文章蜂拥而至,以至《宇宙风》接连刊出了3期的北平专号,后来宇宙风社又将这些书写北平的文章合辑,名之《北平一顾》,出版了单行本。

在故都时期,人们对这一城市的书写与国都时期相比有着明显不同,无论是对故都北平的现时描绘还是对国都北京的记忆,人们都不再将目光拘泥于城市的现代化程度,而是逐渐发现其自身的城市特色,即便是在与其他国内外现代都市的对比中,也不再以现代化作为唯一的评价标准,而是逐渐接受了北平作为传统古都的现实。张中行(《北平的庙会》)就坦承:"北平不比商埠,有洋房,有摩天楼,假若你到北平去找华丽的大楼,那你只有败兴。"②进入故都时期,人们似乎也认同了北平现代化程度不高的事实,"所有全国大都市之中,北平所听见的汽车与无线电声最少,所闻到的巴黎香粉味最少,白天所看见的横行文字的招牌最少,夜中所看见的霓虹灯广告也最

---

① 陶亢德编:《北平一顾》,宇宙风出版社1936年版,第1—2页。
② 陶亢德编:《北平一顾》,第140页。

少"①。然而，人们并不对故都北平的现代化程度低下不齿，而是努力发掘其自身的独到魅力。谢兴尧在回忆北京的中山公园时说："有许多曾经周游过世界的中外朋友对我说：世界上最好的地方，是北平，北平顶好的地方是公园，公园中最舒适的是茶座。"②这样一来，人们心中的北平就不再以现代都市为榜样，而是以宫殿、林苑组成的田园城市见出特色，北平既有的文物古迹、殿宇园林在故都时期成为被怀念的主要对象。人们不再纠缠于国都北京"无风三尺土，有雨一街泥"的街道，而是怀念代表"北平的精华"的天安门大街，"它的宽大，整洁，辉煌，立刻就会使你觉到它象征一个古国古城的伟大雍容的气象"③。进入故都时期，随着国都身份的消失，国都所承载的国家形象、民族情感也随之卸去，北平的古城形象在文人们的记忆与描绘中开始变得日渐清晰。

三、文化古城的构建

当北平失去了国都的政治光环之后，其所承载的各种符号功能也随之消失。就城市的建筑、市政设施等空间符号来说，国都时期的"观瞻所系""首善之区"等意识形态功能已失去存在的合理性，人们转而注重北平作为一个地方城市的特有品格，味橄（钱歌川）曾指出故都北平的空间特征："中国的古物都荟集在北平，人民的风俗习惯亦寖寖乎入古。居处不肯革新，所以至今那些典型的住宅，还大都是没有楼的四合院。市政不肯革新，至今许多著名的胡同，还是满街的尘土。"④故都时期文人们的心理与当时的社会舆论的导向是一致的，亦即，在北平的城市身份转换中，文人们也找回了北平的真正身份——文化古城。

---

① 瞿兑之著，虞云国、罗袭校点：《铢庵文存》，第187页。
② 陶亢德：《北平一顾》，第119页。
③ 朱光潜：《后门大街》，《论语》1936年第101期。
④ 味橄著：《北平夜话》，中华书局1936年版，第8—9页。

因此，在故都时期，"古城""故都""老城"等文化名称成为北平的代名词，取代了国都时期的"首善之区""群英所萃"等政治象征，人们开始在城市身份的转变中发现并接受了北平作为一个古城的独特性，正如钱歌川所说的那样："北平如果到处都是马路，那还成什么古都呢？北平的美，就美在一个'古'字上。"[1] 既然"古"成为北平鲜明的城市品格，那么，现代化这一曾加于国都北京的新城市标准显然不再适用于此，人们开始从各自的北京体验与回忆中重新认识、塑造北平，此时，北平的各种古迹，如白塔、城阙宫院、天坛、古老的松柏、城砖、护城河、旧书摊，重回文人们的视野并使其深深眷恋，吴伯箫就如此描述道："只要是你苍然的老城的，都在我神经的秘处结了很牢的结了。"[2]

当将"古城"成为新的定位后，人们就逐渐在北平的漫游与记忆中重新发掘其蕴藏的魅力，"寻古"成为这一时期人们重新想象、塑造北平的主要方式。一位游览者的体验这样写道："慢步的踱过了中山公园、府前街，就到了本国古风的西长安街了，一片红色的中古式的累墙，树枝是那样潇洒的飞飘在墙的上端，那样静穆的，优美的不知迷恋了多少旅人的心弦。"[3] 西长安街在国都时期因紧邻天安门而常与国家形象密切相关，进入故都之后，这一层意义已经褪去，全然成为代表中国古代优美建筑的符号了。北平的古迹、文化遗产与居民悠闲的生活方式往往令那些具有"历史癖"的人流连忘返。[4] 这一系列空间符号作为宝贵的文化遗产，自然而然地成为中华民族文化的重要载体，不断引发文人们的思古幽情，使他们产生强烈的情感认同。郁达夫（《北平的四季》）在怀念北平时曾写道："五六百年来文化所聚萃的北平，一年四季无一月不好的北平，我在遥忆，我也在深祝，祝她的平安进展，永久地为我们黄帝子孙所保有的旧都城！"[5] 可见，北平虽失去了政治上

---

[1] 味橄著：《北平夜话》，第22页。
[2] 吴伯箫：《话故都》，曹明海：《吴伯箫散文选集》，百花文艺出版社2009年版，第3页。
[3] 张麦珈：《北平的新姿态与动向》，《市政评论》1935年第20期。
[4] 贺昌群著：《贺昌群文集（第三卷）》，商务印书馆2003年版，第558页。
[5] 陶亢德编：《北平一顾》，第60页。

的中心地位,却因其文化古城新身份获得了人们的体认。

除了对城市空间符号的兴趣由现代市政向文化古迹转移,人们还在文化古城的记忆中怀念老北京的生活方式。在文人们的记忆与描述中,老北京传统的生活方式、民风民俗与文化观念都成为故都北平精彩的文化符号。张向天在回忆北京的生活时就指出,"到底北平这古城是座彻头彻尾的老城池,不但前门各处的城砖是老灰色,城内的旗民拘守着旧日王谢的生活,保守着老念头,就连在年节的岁时上,也是依然谨守旧制,大家通行旧岁"[1]。古城的特征还显现在日常生活别有风味的细微之处,"最能显示这古城的风光的,是当日长人静,偶然一二辆骡车的铁轮徐转声,和骆驼铃的如丧钟的动摇声,或是小棚屋里送出来的面棒的拍拍声,在沉静的空气中,响应得愈加沉静"[2]。此外,老北京的饮食、天桥、戏园等都在故都时期浮出文人们的记忆,成为他们塑造北平这一古城不可或缺的文化符号。

特定的城市空间意象与生活方式也形成了特定的城市文化与城市精神,北平的古城空间意象与传统的生活方式区别于其他城市,所显现出的传统的城市文化性格也与其他城市特别是像上海这样现代化城市迥异,这在时人将北平与上海等城市的比较中尤为显著。齐如山在回忆北平的文化性格时就指出,"按北平这个城中,优良的风俗,确是很多,第一是纯朴,虽然做了七八百年的都城,但浮华的风气总很少,不像上海,做码头不过百余年耳,其浮华叫嚣之风,已令人不能暂且忍受。"[3] 上海与北平在当时的中国代表了中国文化的两极,前者激进、开放,后者保守、传统,这种区别也体现在它们对待外来文化的态度上,"上海对于世界文化的态度,是急忙地接受的,它接受得快而浮浅,接受一过后便遗弃若无此事。北平的态度则是迟缓地、批判地、接受的,好像是由上海传给它的一样;但接受以后,则颇能给回味咀嚼,有把它和中国文化而融化起来的倾向。原来回味与咀嚼,非在从容舒适的

---

[1] 张向天:《忆北平的旧岁》,《宇宙风》1938年第62期。
[2] 贺昌群:《贺昌群文集》(第三卷),第557页。
[3] 齐如山著:《北平怀旧》,辽宁教育出版社2006年版,第9页。

空气里,是作不来的"①。北平在故都10年因为卸去了国都的身份而在建设文化古城的实践中孕育出了这种"从容舒适的空气",使之在外来文化的影响下能继续保存自身文化古城的特征。林语堂在将南京、东京与北平对比时也持类似的观点,认为"南京和东京一样,代表了现代化的,代表进步,和工业主义,民族主义的象征;而北平呢,却代表旧中国的灵魂,文化和平静;代表和顺安适的生活,代表了生活的协调,使文化发展到最美丽、最和谐的顶点,同时含蓄着城市生活及乡村生活的协调"②。而在味橄的心目中,他"所感到的北平是沉静的,是消极的,乐天的,保守的,悠久的,清新的,封建的"③,兼容并包中又带着一种隐隐的坚持。林语堂对北平的文化精神也有类似的总结,在他的记忆中,"北平像是一个宏大的老人,具有宏大而古老的人格……北平是宏伟的。北平是大度的。它容纳古时和近代,但不曾改变它自己的面目"④。

什么是北平的"面目"?这个"面目"实质就是古今相融的城市空间意象所孕育的相应的城市文化,既部分地吸收了西方现代文明的物质文化与生活方式,但又始终顽强地坚守、保存了中华传统文明。故都时期,无论是北平当局还是民间舆论,都将保护北平的物质文明视为头等大事,北平政府实施的游览区计划与保护城市古物的措施也得到了人们的广泛支持,许地山甚至认为,"爱国得先从爱惜公共的产业做起,得先从爱惜历史的陈迹做起"。⑤因此,就某种程度而言,保护北平传统城市空间符号的目的不仅限于发展城市旅游业,还在于北平在失去国都的政治地位后重新被赋予了承载中华民族精神的使命,由国都的意识形态功能转向了故都的文化功能,城市空间在这一层面上就转化成了民族、文化的心理认同。也正因为这样,梁实秋就对现代化在故都北平渗透表示忧虑:"北平的市容,在进步,也在退

---

① 清晨著:《巴黎和伦敦,上海和北平》,《新人周刊》,1935年第36期。
② 林语堂著,林俊千译:《语堂随笔》,人间出版社1941年版,第47页。
③ 味橄著:《北平夜话》,第4—5页。
④ 林语堂著,林俊千译:《语堂随笔》,第48页。
⑤ 许地山著:《杂感集》,商务印书馆1946年版,第66页。

步。进步的是物质建立,诸如马路行人道的拓宽与铺平是,退步的是北平特有的情调与气氛逐渐消失褪色了。"①梁实秋这种对于城市传统文化的留恋基本也代表了故都时期文人记忆北京的集体怀旧情绪。

与这些并非由北京土生土长的作家相比,北京的本土作家老舍对于这座城市的书写也有一个因其城市身份变化而转变的过程。在老舍的早期小说《老张的哲学》(1926)中,故事的背景位于北京北城外安定门附近的一个小镇上,小说中也出现了许多真实的北京地名。但是,这部小说的老北京空间特色并不明显,除了故事地点在北京,并未对城市空间进行着意描绘,只有几处地方写到了北京的城墙、土路、护城河,但也只是一笔带过。《赵子曰》(1927)的情形也大致如此,故事发生在钟鼓楼后面的出租公寓里,小说中虽然提到了北京的庙会、街道、胡同等空间符号,但都没有做细致的书写。显然,由于当时北京的国都地位,新思想、新观念、新文化占据时代的主潮,因而老舍也没有意识到北京传统的空间符号对于北京的意义。

国都南迁后,老舍在辗转于济南、青岛等地时重新燃起了记忆故都北平的热情,这时,北京的传统空间意象与生活方式伴随着老舍自己的生命体验在他的笔下喷发而出。在老舍经历了创作上的低谷转而"求救于北平"的《离婚》(1933)中,老北京作为背景得到了有意的强化,小说一开始,作者便借张大哥之口说出了"世界的中心是北平",可见,老舍已经有意识地在将他笔下的人物与北京联系了起来。值得注意的是,《离婚》中出现了较多的城市细节描写,中北海、西四牌楼、西单牌楼等古物,都在老舍的笔下反复出现,北京的古城形象逐渐清晰,具有老北京特色的骆驼队、街上背着大筐的妇女以及牌楼底下的地方小吃,如杏仁茶、枣儿切糕、面茶、大麦粥、芝麻酱面与烙饼等意象开始在小说中屡次出现。到了《骆驼祥子》(1936),老北京得到了更大规模的呈现,老舍借助车夫祥子的独特视角,通过祥子的足迹,几乎勾勒出了那个时期北京城的全图。通过祥子的行程,老舍描绘了一个

---

① 梁实秋:《北平的街道》,刘天华、维辛编选:《梁实秋散文》,中国广播电视出版社1989年版,第307页。

更加全面、丰满的老北京。这里有穷苦人民聚居的破旧、脏乱大杂院,有富人居住的四合院,有风景优美的北海、御河、古老的城墙,有充满笑声、热闹的天桥,还有使全北京城都洋溢着地域风情的庙会等。老舍对老北京的这种热情在《想北平》中得到集中呈现,认为北平之所以独具魅力,除与伦敦、巴黎、堪司坦丁堡等三座欧洲古城一样都保存有古物外,还在于北平是一座可以接近自然的田园城市。[①]换言之,故都北平能引发老舍怀念情绪的是其固有的传统空间意象与生活方式。可见,老舍与其他京外的文人一样,也在北京的城市身份转变中重新将眼光转移到老北京的空间符号上来,并通过记忆重新建构、强化了城市的故都形象。

在北平失去国都地位后,北平的文学书写经历了由对现代化的向往到返回传统的转变,在多方位的文学叙述中建构了一个文化古城的新形象,与北平政府创建文化古城运动相呼应。正如一位台湾学者所说的那样,"正是这些笔触细腻生动、内容多元丰富的文人叙述,把北平的新形象,转化成可供全国读者体验与消费的城市资源,成为故都北平最具魅力、传布最广的另类指南"。[②]

总之,文学北平与北平系列旅行"指南"一样,在北平的城市身份转变后,随着当时人们因北平失去国都身份后的文化心理变化,通过挖掘、突显北平的传统古城空间意象、生活方式与文化观念,在中国社会发生重大变化的20世纪30年代,在北平基本保持了国都北京的空间面貌现实下,着力建构起了一个传统的古都意象,成为当时想象北京、后世记忆北京这座古城的文化之源。

(本文原载《北京社会科学》2017年第11期)

[①] 陶亢德编:《北平一顾》,第9—10页。
[②] 许慧琦著:《故都新貌:迁都后到抗战前的北平城市消费(1928—1937)》,台湾学生书局有限公司2008年版,第201页。

东洋何以近代,回心还是转向?
——竹内好的东洋近代观探究

刘 超

竹内好在《思想的形成》一文论及鲁迅的思想转变时提出"回心说",认为绍兴会馆时期的鲁迅获得一种终极性的精神自觉;在《何谓近代——以日本与中国为例》一文论及东洋的近代时,将中国式近代称为"回心型",日本式近代称为"转向型",面对欧洲近代精神时,前者在抵抗中保存自我,后者在追随中失去自我。然而,通过细致分析这两篇文章,可以发现竹内好提及的"回心"具有不同内涵,不乏矛盾之处;而作为精神之发生的两种方式,"回心"与"转向"也并非如竹内好所说的那样完全对立;进而重新思考东洋何以近代以及欧洲近代精神甚至近代本身。

一、回心型近代中国与转向型近代日本

竹内好在《思想的形成》一文明确提出了鲁迅的"回心"[①],竹内好的论著《鲁迅》里的一系列论文基本都围绕这个母题展开。在后来的《何谓近代——以日本与中国为例》一文里,竹内好又提到"回心",将它与"转向"对举,认为以鲁迅为代表的中国近代文化是回心型文化,日本近代文化则为转向型文化。竹内好认为,同处东洋的中国和日本的近代化是欧洲强制的结果,中国和日本的近代化必然受欧洲近代精神的影响,"回心"与"转向"是近代中国与近代日本面对欧洲近代精神时呈现的两种方式。因此,要理

---

① [日]竹内好著,孙歌编,李冬木、赵京华、孙歌译:《近代的超克》,生活·读书·新知三联书店2005年版,第45—46页。

解"回心"与"转向"的不同,首先要弄清什么是欧洲近代精神,竹内好描述了欧洲近代精神里历史与自我的关系:

> 历史并非空虚的时间形式。如果没有无数为了自我确立而进行的殊死搏斗的瞬间,不仅会失掉自我,而且也将失掉历史。如果欧洲仅仅是欧洲,它就不再是欧洲。通过不断自我更新的紧张,它顽强地保存着自我,历史上的诸多事实昭示了这一点,"无法怀疑怀疑着的自我"这个近代精神的根本命题之一,正是根植于自我被置于这一紧张状态下时人们的心理,这一点恐怕是难以否认的。①

近代欧洲的物质与精神都在不断的自我运动、自我扩张,在持续的运动、扩张当中才能自我更新,为了保存自我必须与外在非我对抗,在紧张的对抗中将非我纳进自我。因此,竹内好认为欧洲为了成为欧洲,必须入侵东洋,"这是与欧洲的自我解放相伴随的必然命运"②。欧洲对东洋的入侵,遇到了东洋的抵抗,然而这"没能动摇欧洲彻底的理性主义的信念:所有事物在终极意义上都可以对象化并被提炼。他们预想到了抵抗,并洞察到东洋越抵抗就越将欧洲化的宿命,东洋的抵抗不过是使世界史更加完整的要素而已"③。然而,竹内好认为,欧洲通过把东洋包括进来,世界史几近完成的同时,"以内在化了的异质性的因素为媒介,世界史本身的矛盾露出水面"④。其中的矛盾之一,就是东洋通过不断的抵抗,"一边以欧洲为媒介一面超越它从而逐渐产生出非欧洲的东西来"⑤。

可见,欧洲近代精神只有在对外在非我的持续对抗中才能成立。因此,面对欧洲的入侵,东洋要想近代化,必须采取抵抗的姿态。在竹内好看来,一方面,东洋对欧洲的抵抗必然失败,东洋被欧洲化,成为世界史的一部

---

① [日]竹内好著,孙歌编,李冬木、赵京华、孙歌译:《近代的超克》,第183页。
②③ [日]竹内好著,孙歌编,李冬木、赵京华、孙歌译:《近代的超克》,第184页。
④⑤ [日]竹内好著,孙歌编,李冬木、赵京华、孙歌译:《近代的超克》,第185页。

分；另一方面，东洋如果失败之后仍不断抵抗，会以欧洲为媒介产生出超越欧洲的非欧洲的东西。不过，这种失败之后仍不断抵抗的东洋特指以鲁迅为代表的"回心型"的近代中国，不包括"转向型"的近代日本。竹内好说，"回心以保持自我而反映出来，转向则发生于自我放弃。回心以抵抗为媒介，转向则没有媒介"①。日本在面对欧洲近代精神时没有产生抵抗，"没有抵抗，即没有想保存自己的欲望（自己本身并不存在）。没有抵抗，说明日本不具有东洋的性格，同时，它没有自我保存的欲望（没有自我）这一点上，又说明日本并不具有欧洲性格。就是说，日本什么也不是"②。日本的近代化没有产生主体性的自我这一根本，因此热衷于舍旧取新，不断向外寻求，没有精神的生产性。③近代中国因为有了鲁迅，则与日本不同，鲁迅"拒绝成为自己，同时也拒绝成为自己以外的任何东西。这就是鲁迅所具有的、而且使鲁迅得以成立的、'绝望'的意味。绝望，在行进于无路之路的抵抗中显现，抵抗，作为绝望的行动化而显现。把它作为状态来看就是绝望，作为运动来看就是抵抗"④。

二、对回心、转向与欧洲近代精神的诠释

回心与转向的区分不是竹内好首创，西田几多郎开创的试图融合东方思想与欧洲哲学的京都学派在竹内好之前就讨论过回心与转向。据汪晖在《鲁迅文学的诞生——读〈呐喊〉自序》一文所说，当时的许多马克思主义者和京都学派哲学家对亲鸾（Shinran）感兴趣，亲鸾在12世纪创立了净土真宗："亲鸾最吸引人的教诲接近于黑格尔意义上的否定，即对现世的全盘否定及对在现世获得可能救赎的彻底否定。在14—16世纪的日本，亲

---

① ［日］竹内好著，孙歌编，李冬木、赵京华、孙歌译：《近代的超克》，第212—213页。
② ［日］竹内好著，孙歌编，李冬木、赵京华、孙歌译：《近代的超克》，第196—197页。
③ ［日］竹内好著，孙歌编，李冬木、赵京华、孙歌译：《近代的超克》，第198、208页。
④ ［日］竹内好著，孙歌编，李冬木、赵京华、孙歌译：《近代的超克》，第206页。

鸢的教义曾经吸引许多无知的农民和大众,成为动员他们反抗统治阶级的动力,有鉴于此,京都派哲学家和马克思主义者致力于寻找某种激进的宗教性,以塑造完全不同的全新的主体性。回心或转向就被用于描述这种历史时刻,即转向一种新的主体性和新的历史性,或者一种新的主体性或历史性的突然诞生。"①在此背景下,京都学派的开创者西田几多郎讨论了断裂的问题,"这个问题源自现代数学,尤其是集合论,涉及独特性或独特点的问题,田边元和三木清将这个问题与历史性问题链接起来。独特性问题首先涉及如何转化现实,而如何转化现实又依赖于那些在现在中寻求未来和行动的主体的中断或转化。京都学派论辩说,在计划和激情处于过去、现在与未来的连续性模式下,社会现实的彻底转变是不可能获得的。只有当我们关于未来的计划被瓦解,或者说,未来的时间性是断裂的,现实中的革命才有可能"②。竹内好在《何谓近代——以日本与中国为例》一文提出回心与转向,以此为背景。在竹内好看来,"转向"是"回心"的反面,在"转向"中不能产生变革现实的主体性。因此,"转向"成为应该避免和批判的行为。此外,更值得注意的是,日本马克思主义者和京都学派讨论回心与转向的根本缘由和竹内好一样,都是在思考如何面对欧洲哲学或近代精神,如何实现日本的近代化。因此,回心与转向的内涵必然与欧洲哲学或近代精神有关。

《何谓近代——以日本与中国为例》论及欧洲近代精神时认为"无法怀疑怀疑着的自我"是欧洲近代精神的根本命题之一,这是近代哲学之父笛卡尔的哲学命题。事实上,笛卡尔之后,主体自我的不断自我怀疑与否定,并在不断否定之否定中肯定自身的精神运动成为近代欧洲哲学特别是德国哲学的核心命题。如费希特所说的自我与非我的对立与统一、黑格尔所说的精神的否定之否定、马克思所说的自否定等,都是在描述精神之自我运动。这种精神之自我运动到尼采那里变成了强力意志的无限肯定与张扬的永恒轮回。伊藤虎丸认为,尼采思想集中体现了欧洲近代精神,留日时期

---

①② 汪晖:《鲁迅文学的诞生——读〈呐喊自序〉》,《现代中文学刊》2012年第6期(总第21期),2012年3月,第32页。

的鲁迅因接触尼采思想而原本地把握住了意志的自由运动这一欧洲近代精神。①因此,伊藤虎丸将留日时期鲁迅的精神自觉称为第一次"回心"。

三、竹内好的矛盾

从上文对《何谓近代——以日本与中国为例》里的"回心"的诠释可以发现,此文里的"回心"正是伊藤虎丸所说的留日时期鲁迅的第一次精神自觉,这种精神自觉受尼采的影响,主张在与外在之物的对抗中张扬主体的强力意志。然而,伊藤虎丸将竹内好在《思想的形成》里提出的绍兴会馆里鲁迅的精神自觉称为第二次"回心",这次"回心"反省了第一次"回心"产生的独醒的尼采式优越意识、强力意志。②可见,《何谓近代——以日本与中国为例》一文与《思想的形成》一文里的"回心"的内涵不完全相同。在论著《鲁迅》的一系列论文里,竹内好把"回心"看作"罪的自觉"、"死的自觉"和"文学的自觉",认为鲁迅追求的是"终极之静谧"③,又把鲁迅的文学"置于类似于宗教的原罪意识之上"④,还认为鲁迅的文学"在其根源上是应该被称作'无'的某种东西"。这些说法尽管表达方式不同,但都意味着"回心"的内核是否定自我,将自我无化,从而融于超越自我的静谧的"无"。在《何谓近代——以日本与中国为例》里,"回心"意味着抵抗,在抵抗中既否定外在他者,也否定固化的自我,这些都是异化的非我,只有在不断对非我的动的抵抗中才能肯定自我、保存自我。同而言之,两者都意味着否定非我回归真我。异而言之,两者回归的路途不同,前者偏于静的融通,后者偏于动的抵抗。可见,"回心"不只是存在于尼采式意志对外在之物的动的抵抗当中,也存在于对主体意志、自我的无化,与绝对的超越者的相遇、相感,从

---

① [日]伊藤虎丸著,李冬木译:《鲁迅与终末论》,生活·读书·新知三联书店2008年版,第124—126页。
② [日]伊藤虎丸著,李冬木译:《鲁迅与终末论》,第176页。
③ [日]伊藤虎丸著,李冬木译:《鲁迅与终末论》,第4页。
④ [日]伊藤虎丸著,李冬木译:《鲁迅与终末论》,第8页。

而融于超越自我的静谧的"无"之时。因此，如果从这个意义上将后者所呈现的精神转变称为"转向"，那么"转向"并不必定意味着一种没有精神性的行为。在《何谓近代——以日本与中国为例》一文里，竹内好提及的"回心"只强调了鲁迅通过抵抗而获得主体性，可见他没有意识到"回心"除了以抵抗的方式，还可以融通的方式发生。

按照竹内好所说，一方面，东洋越抵抗就越将被欧洲化，在抵抗中东洋最终被纳入世界史。那么，这同样意味着鲁迅越抵抗就越将被欧洲近代精神同化。另一方面，东洋通过不断抵抗以欧洲为媒介逐渐产生出非欧洲的东西，这也同样意味着鲁迅通过不断抵抗，以欧洲近代精神为媒介产生出非欧洲精神的东西。竹内好认为，"从思想史上看，鲁迅的位置在于把孙文媒介于毛泽东的关系中。近代中国，不经过鲁迅这样一个否定的媒介者，是不可能在自身的传统中实现自我变革的"[1]。也就是说，经过鲁迅的抵抗，才会出现毛泽东所开创的将马克思主义中国化的道路。[2] 然而，竹内好的这两种说法存在模糊、矛盾之处，如果东洋越抵抗将越被欧洲近代精神同化，那么东洋经过不断抵抗产生出的所谓"非欧洲精神"的东西在内容上虽与欧洲不同，但在精神内核上仍不能脱离欧洲精神，所谓"非欧洲的东西"只是东洋被欧洲近代精神同化之后，欧洲近代精神内部出现的"我"与"非我"的对立。也就是说，抵抗而产生出来的东西仍然不会逃出欧洲精神之外，只能说在欧洲近代精神之自我运动把包括东洋在内的整个世界纳入自身之后，在自身内部出现了分裂。因此，竹内好认为近代中国因为抵抗欧洲而最终超越了欧洲的看法其实仍然没有脱离欧洲的视角，正如日本著名史学家沟口雄三在《考察"中国近代"的视角》所说：

把中国的近代看做是自我更生式的近代这一观点是将"落后"正

---

[1] ［日］竹内好著，孙歌编，李冬木、赵京华、孙歌译：《近代的超克》，第151页。
[2] ［日］伊藤虎丸著，李冬木译：《鲁迅与终末论》，第126—129页。

当化,即通过推翻"先进"的根据来否定"先进—落后"这一欧洲一元化的思维方式。看起来是全面否定,但正如后文所述,由于这种否定是在一旦进入了"先进—落后"这一模式之后所进行的自我正当化的否定,而并不是站在这一模式的外部从完全不同的角度来进行否定,因此在方法论上仍然不够彻底。①

其实在竹内好的《中国的近代与日本的近代》这篇文章里,"欧洲=先进"作为前提仍然没有失效,所以以"先进"为目标的日本的近代才会被看做是没有意识到自己的后进性、缺乏主体性的近代而遭到否定;于是中国的近代也就被看做是从"败北的自觉"即意识到自己的后进性出发、谋求再生的主体性的近代。这里我们也可以看出,上述主旨,看起来是否定了中国的后进性,但实际上仍然以此为前提,只不过否定了一元地把落后视为落后的观点;更准确地说,是试图把落后="非欧洲"放在肯定轴上来给予评价。就这一点而言,尽管视角发生了180度的转变,但"先进—落后"这一模式本身却仍然没有被完全否定掉。②

在《何谓近代——以日本与中国为例》一文里,竹内好认为在东洋没有近代欧洲那样的"精神之自我运动","就是说,精神这个东西就不曾存在过。当然近代以前有过与此相似的东西,如在儒教或佛教中就曾经有过,但这并非欧洲意义上的发展,近代以后,连这个程度的运动也没有了"③。可见,竹内好的视角是欧洲式的。不存在近代欧洲那样的"精神"的东洋如何能超越欧洲呢?只有先通过抵抗获得原本的近代欧洲精神(像鲁迅那样),然后在不断地抵抗中产生非欧洲的东西。显然,这种所谓的"非欧洲的东西"根子上还是欧洲式的。

矛盾的是,竹内好在《鲁迅》的一系列论文里论及鲁迅的精神发生时,

---

① [日]沟口雄三著,孙军悦译:《作为方法的中国》,生活·读书·新知三联书店2011年版,第11页。
② [日]沟口雄三著,孙军悦译:《作为方法的中国》,第26页。
③ [日]竹内好著,孙歌编,李冬木、赵京华、孙歌译:《近代的超克》,第191页。

采取的却多是中国传统思想的视角,比如引用日本文学家松尾芭蕉富有老庄意味的词语来形容鲁迅①,将鲁迅与屈原和魏晋文人相比②,认为鲁迅的强韧或许根源于原始孔子教的精神③。"回心"与佛教也有密切关联。竹内好的这些说法显然与他在《何谓近代——以日本与中国为例》一文里认为东洋没有"精神"这个东西存在过的看法不一致。事实上,鲁迅的"回心"并非只能从尼采思想为代表的欧洲近代精神的角度来理解,还可以从中国传统的心学、佛学角度来理解。

沟口雄三反思竹内好在《中国的近代与日本的近代》一文里的"中国观"时论述到,竹内好把日本文化称为转向型而把中国文化定位为回心型的做法是片面的,中国成为一种憧憬的对象,这种憧憬的对象是在各种日本内部的自我意识的对立面所形成的一种反自我意识的投影,一开始便是主观的。"这种憧憬的对象并不是客观的中国,而是在自身内部主观成像的'我们内部的中国'。"④同样可以说,具有竹内好所说的"回心"的鲁迅,是其自身内部主观成像的"竹内鲁迅"。"竹内鲁迅"作为一个镜像,竹内好从中反观自身获得主体性,从这一独特的视角看待自己和日本,这对竹内好和当时的日本来说有重大意义。然而,竹内好的主观化、镜像化不可避免地简化、歪曲了鲁迅。鲁迅在他翻译的日本文艺理论家厨川白村所著《出了象牙之塔》的后记里说:

> 著者呵责他本国没有独创的文明,没有卓绝的人物,这是的确的。……总而言之,毕竟并无固有的文明和伟大的世界的人物;当两国的交情很坏的时候,我们的论者也常常于此加以嗤笑,聊快一时的人

---

① [日]竹内好著,孙歌编,李冬木、赵京华、孙歌译:《近代的超克》,第4—5页。
② [日]竹内好著,孙歌编,李冬木、赵京华、孙歌译:《近代的超克》,第9、79页。
③ [日]竹内好著,孙歌编,李冬木、赵京华、孙歌译:《近代的超克》,第150页。
④ [日]沟口雄三著,孙军悦译:《作为方法的中国》,第5—6页。

心。然而我以为惟其如此，正所以使日本能有今日，因为旧物很少，执著也就不深，时势一移，蜕变极易，在任何时候，都能适合于生存。不像幸存的古国，恃着固有而陈旧的文明，害得一切硬化，终于要走到灭亡的路。中国倘不彻底地改革，运命总还是日本长久，这是我所相信的；并以为因旧家子弟而衰落，灭亡，并不比为新发户而生存，发达者更光彩。

恰如日本往昔的派出"遣唐使"一样，中国也有了许多分赴欧，美，日本的留学生。现在文章里每看见"莎士比亚"四个字，大约便是远哉遥遥，从异域持来的罢。然而且吃大菜，勿谈政事，好在欧文，迭更司，德富芦花的著作，已有经林纾译出的了。做买卖军火的中人，充游历官的翻译，便自有摩托车垫输入臀下，这文化确乎是迩来新到的。

他们的遣唐使似乎稍不同，别择得颇有些和我们异趣。所以日本虽然采取了许多中国文明，刑法上却不用凌迟，宫廷中仍无太监，妇女们也终于不缠足。①

可见，鲁迅并非像竹内好所说的那样否定近代日本"转向"欧洲文明的做法，反而批判了中国固执于自身的陈旧文明。北京绍兴会馆里鲁迅的"回心"式精神自觉与其说是激烈的抵抗式不如说是静缓的转向式。鲁迅的萦心之念是如病弱之人一样的中国如何恢复健康，健康之人饿而食，渴则饮，没有什么忌讳，不会时时斟酌挑选吃食，担心吃坏肚子。②鲁迅说汉唐有自信力，外邦之物拿来自由驱使，毫不介怀，不是在抵抗中接受外物，而是接纳过来后凭自身的精神魄力去其偏颇。近代日本也并非像竹内好所说"什么也不是"，因为即便是"转向"欧洲文明，也并不意味着在"转向"中完全

---

① 鲁迅：《〈出了象牙之塔〉后记》，《鲁迅全集》第10卷《译文序跋集》，人民文学出版社2005年版，第269—270页。
② 徐梵澄：《星花旧影——对鲁迅先生的一些回忆》，鲁迅博物馆、鲁迅研究室、《鲁迅研究月刊》选编：《鲁迅回忆录》散编（下册），北京出版社1981年版，第1328页。

放弃了自我。不只是在抵抗欧洲近代精神中才有主体性精神的发生，在转向、接纳欧洲近代精神时，日本自身本有的精神在转向、接纳中与欧洲近代精神融合、汇通，例如日本京都学派将东方佛教思想与欧洲哲学融合，其中也会有精神的发生，这种精神具有主体间性，是沟口雄三所说的"国际性交流主体"①。

可见，东洋面对欧洲近代精神时，抵抗式的"回心"并不必定优越于融通式的"回心"（可以将这种方式的"回心"理解为"转向"）。因此，竹内好所推崇的抵抗式回心型近代中国并非东洋近代化的唯一选择。同样，转向型近代日本也并非如竹内好所说"什么也不是"。还可以更进一步思考，欧洲近代精神甚至近代精神本身是否只有竹内好所阐明的那种内涵。

四、何谓近代

在《何谓近代——以日本与中国为例》一文里，竹内好所说的鲁迅的"回心"只是鲁迅受尼采影响后产生的精神自觉。以抵抗为媒介来张扬主体意志、生成自我是这种精神自觉的核心，竹内好认为这也是欧洲近代精神的内核。因此，在竹内好看来，东洋要真正近代化，必须在抵抗中发生"回心"，原本把握这种欧洲近代精神。伊藤虎丸也持相同的看法。在他们看来，近代（现代）的根本就是这种以抵抗为媒介的精神之自我运动。

近代（现代）性是一个非常复杂的问题。竹内好和伊藤虎丸直接将欧洲近代精神之自我运动理解为近代之本质有待商榷。竹内好受西田几多郎等京都学派哲学家的影响很深，而事实上，西田几多郎为代表的京都学派一直致力于融合本土思想与欧洲哲学思潮，在对话当中形成具有现代意识而又不离日本自身实际的哲学思想。比如西田几多郎在与欧洲哲学特别是以胡

---

① ［日］沟口雄三著，孙军悦译：《作为方法的中国》，第31页。

塞尔、海德格尔为代表的现象学的对话中,将日本传统的禅佛思想理论化、体系化,创立了独特的京都学派,他提出的"纯粹经验"、"绝对无"、"自我的绝对同一"等术语是融合东西哲学思想的成果。京都学派的后继者西谷启治也通过与尼采、海德格尔的对话中,将佛教思想现代化,并认为佛教思想里有超越尼采、海德格尔之处。

可见,近代(现代)并非有固定的内涵,东洋的近代化(现代化)不只有原本接受欧洲近代精神,然后再对之不断抵抗,最终生成非欧洲的东西这条路可走。毋庸置疑,东洋的近代化(现代化)离不开欧洲近代精神,然而东洋在与欧洲相遇时,自身并不是一无所有,而是带着自身的思想资源,学习欧洲近代精神的过程必然是东、西思想融合的过程。如沟口雄三所说,从历史上看,无论是日本的近代还是中国的近代都有着自己的特点。

竹内好在《何谓近代——以日本与中国为例》里提到德国建筑大师布鲁诺·陶特(Bruno Taut 1880-1938)[①],陶特反对笛卡尔式精神与物质的分裂,他要用建筑重新构建意识与物质、世界与主观的桥梁,他要在物质之中寻找"精神性"[②]。在日本看到桂离宫前的竹篱时,他认为他找到了他一直追寻的在欧洲已经逐渐丧失的"现代":"唯有默然而立而已。我说:'这不就是真正的现代么?'"[③]隈研吾认为陶特在竹子的粒子性中,找到了"现代"的本质。粒子就像莱布尼茨所说的单子,是物质,但同时也必须是精神,粒子化就是凝聚的反转,是对与精神对立的物质的消解。[④]世界由无数的动态的粒子构成,永远的敞开,永远不能被对象化地看成固化的客体,也没有与之对立的主体。这个粒子化世界是精神的发生之场。可见,对于何谓现代(近代)的理解也有多种可能,竹内好所说的笛卡尔式"无法怀疑怀

---

① [日]竹内好著,孙歌编,李冬木、赵京华、孙歌译:《近代的超克》,第220页。
② [日]隈研吾著,朱锷译、陆宇星校:《反造型——与自然连接的建筑》,广西师范大学出版社2011年版,第56页。
③ [日]隈研吾著,朱锷译、陆宇星校:《反造型——与自然连接的建筑》,第179页。
④ [日]隈研吾著,朱锷译、陆宇星校:《反造型——与自然连接的建筑》,第180页。

疑着的自我"与非我、尼采式意志与物质二元对抗之精神运动不是现代(近代)精神的唯一可能。

（原文发表于《鲁迅研究月刊》2016年第5期）

"有机体"与朱光潜前期的思想变迁

周红兵

前　言

"有机体"是朱光潜前期著述中经常出现的概念,从1927年的《谈中学生与社会运动》到1944年的《知识的有机化》,在前后约二十来年的时间里,朱光潜大量提到"有机体"及与此相关的"有机整体"、"有机观"等概念,对这些概念的使用也明显地烙下了朱光潜的治学观、人生观、艺术观及至世界观、宇宙观的印迹,朱光潜研究对这概念也早有涉足,如钱念孙、劳承万、王攸欣等,但这些研究几乎都是从一个较为狭窄的视角即从朱光潜治学"博学守约"的角度指出朱光潜先生非常重视知识与人生的有机联系及精深与广博之间关系的处理,这固然是朱光潜研究的一个重要视角,但是仅仅从知识积累和学问方法的角度并不足以反映出"有机体"概念在朱光潜前期甚至是整个学术生涯中的重要性,本文试图通过对"有机体"概念在朱光潜前期著述中的考释,恢复"有机体"概念在朱光潜前期学术思想中应有的地位,希望可以通过对这个概念的初步研究,为朱光潜前期研究做一个基本定位,为朱光潜研究开启别一种视角。

一

"有机"本是自然科学中经常使用的名词,《现代汉语词典》中对"有机"以及"有机体"两个词语的解释也基于此,《现代汉语词典》中对"有机"这一词语的解释有两个义项:"1. 原来指跟生物体有关的或从生物体来的（化合物），现在指除一氧化碳、二氧化碳、碳酸、碳酸盐、某些碳化物之外，含碳原子的（化合物）；2. 指事物构成的各部分互相关联协调，而具有不可分的统一性，就象一个生物体那样。"对"有机体"的解释是："具有生命的个体的统称，包括植物和动物，例如最低等最原始的单细胞生物、最高等最复杂的人类。也叫机体。"①将"有机"或者"有机体"这两个本来是自然科学中的概念移用到人文学科与社会学科中，当然是取其引申义，即首先将事物类比成一个有着鲜活生命、不断生长的个体，其次这个个体由若干个部分组成，更为关键的是组成这个个体的若干个部分之间、部分与整体之间，有着不可分割的关系，也因此，"有机整体性"通常成为与"有机体"可以互相通用的词汇，这就如同人体四肢与人体的关系一般，四肢生长在身体之上是身体的一个部分，如果将四肢从身体上切割下来，就不能称之为四肢了，因为此时四肢对于整个身体来说已经丧失了其功能与意义，而且，即便四肢完好无损地安放在人类身体之上，但是四肢的任何动作也不是其自身能够完成的，它们需要身体其他部位的协调配合才能够完成。以"有机"或"有机体"隐喻社会或人文对象，为人熟悉的如"生命之树常青"等。

维特根斯坦曾经说过，"想象一种语言就叫做想象一种生活方式"②，一种新的语言的发现，"其实是发现了一种新的说话方式，一个新的比喻，甚至可以说，一种新感觉"③，"有机体"概念从自然科学进入人文社会学科，不仅是一个新的喻词的使用，不仅是修辞学意义上人们用以描述这个世界的词汇发生了变化，而且同时也意味着人们观察和理解世界的眼光、方式发生了变化，同样，当我们发现朱光潜以"有机体"这个在他之前著述中从来没有出现过、而此后著作中反复出现的词汇时，我们同样也可以说，朱光潜其实是在以一种新的说话方式、新的比喻以至是一种新感觉来观察、理解和描述世界。

---

① 中国社会科学院语言研究所词典编辑室：《现代汉语词典》，商务印书馆1992年版，第1401页。
② ［英］维特根斯坦著，陈嘉映译：《哲学研究》，上海人民出版社2005年版，第11页。
③ ［英］维特根斯坦著，陈嘉映译：《哲学研究》，第142页。

二

朱光潜以"有机体"及"有机整体"观观察社会、人生,始于1927年,在作于此年的《谈中学生与社会运动》一文中,朱光潜就提及:"我从前想,要改造中国,应由下而上,由地方而中央,由人民而政府,由部分而全体,近来觉得这种见解不甚精当,国家是一种有机体,全体与部分都息息相关,所以整顿中国,由中央而地方的改革,和由地方而中央的改革须得同时并进。"[①]这表明:朱光潜写作此文前后思想有过一些变化,从前认为"要改造中国,应由下而上,由地方而中央,由人民而政府,由部分而全体",近来思想的变化即是"这种见解不甚精当",国家并非是由一个个纯粹的个体组织起来的混合物,而是"有机体",在国家这种有机体当中,部分与全体的关系,并非是"由……而……"的递进层次关系,而是"全体与部分都息息相关"的有机关系,这是朱光潜首度采用"有机体"这一概念来陈述自己的思想,然而引文中更值得重视的是"我从前想"与"近来觉得"两语。朱光潜一生学术思想多有变化,通常以解放前后分为前期、后期,即朱光潜从解放前的一位资产阶级唯心主义美学家转变成为解放后的一位马克思主义美学研究者。相对于解放前期后期的划分而言,对他前期思想转变的研究较为薄弱,特别是此处1927年朱光潜所说的"我从前想"到"近来觉得"的变化普遍被研究者忽略了,而在我看来,1927年朱光潜所说的这个由"从前"到"近来"的变化相当关键,对于理解朱光潜前期学术思想而言,这个关键的关键之处,就是"有机体"这一概念开始进入朱光潜的视野,成为朱光潜思考国家、社会、人生、艺术与宇宙的重要标准,这表明,朱光潜开始由一位信奉原子式的个人主义者开始转为信奉"有机整体"的一位"有机主义者"。

1927年是朱光潜整个学术生涯中非常值得关注的一年,除了《谈中学

[①] 朱光潜著:《朱光潜全集(新编增订本)》(第1卷),中华书局2012年版,第22页。

生与社会运动》一文之外,这个年度朱光潜还有另外一项非常重要的学术活动,正是这项活动,使他得到西方学术主流话语的认可,从而正式开始了自己中西合璧的学术生涯。是年,他在爱丁堡大学心理学研究小组讨论会上宣读了论文《论悲剧的快感》,论文得到了心理学系主任詹姆斯·竺来佛博士(Dr. James Drever)的认可,并且在他的建议下,朱光潜一度想把这篇论文扩展成一部论著,为此,他投入了一年(1927—1928)的时间进行研究,虽然后来朱光潜放弃了这个打算,但是,事实上,从1928年至1933年,"最近五年来,我学习的各门课程都与悲剧有关"[1],而且以悲剧研究为基础完成了博士论文《悲剧心理学》,"《悲剧心理学》堪称朱光潜早年最为严谨的学术著作"[2],1933年,《悲剧心理学》通过博士学位答辩后,由斯特拉堡大学正式出版,这是朱光潜留学欧洲数年的一个学术成果,是朱光潜唯一的一部英文著作,"这也是朱光潜以纯正的西方学术话语方式发出的声音,因此也是最为西方学术界认可的著作"[3]。

  《悲剧心理学》的主题"可以用一句话来概括:我们为什么会喜欢悲剧?"[4]实际上,《悲剧心理学》研究的是悲剧研究中一个更小的即"悲剧快感"问题,诚如《悲剧心理学》的副标题"各种悲剧快感理论的批判研究"所示,朱光潜批判性地检查了西方理论史上各种著名的悲剧快感理论,他由方法论——萨利"原因的多样性"——入手,指出,西方理论史上悲剧快感研究的一个失误是,不管是哲学家、文学批评家还是美学家,当他们提出一种对于悲剧快感进行解释的理论时,总是试图为悲剧产生的审美快感找到一个统一的或者说是单一的原因,对其他原因往往视而不见,为此,他从"原因的多样性"这个方法入手,提倡"批判的和综合的,说坏一点,就是'折衷'的"方法。然而,方法毕竟只是手段,方法背后隐藏的是对悲剧快

---

[1] 朱光潜著:《朱光潜全集(新编增订本)》(第4卷),中华书局2012年版,第5—6页。
[2] 王攸欣著:《朱光潜传》,人民出版社2011年版,第117页。
[3] 王攸欣著:《朱光潜传》,第125页。
[4] 朱光潜著:《朱光潜全集(新编增订本)》(第4卷),第7页。

感、悲剧及世界的看法,在批评柏拉图、休谟、叔本华、尼采等人"固执地"不承认"原因的多样性"时,朱光潜同时也提出了自己对于世界"有机整体"的看法:

> 但不幸的是,在像我们这样的世界里,任何一件事情都错综复杂地和无数件别的事情相关联,整体总决定着局部,既没有彼此孤立的原因,也没有彼此孤立的结果。如果说物质世界的情形如此,精神世界的情形就更是如此了。孤立的原因和孤立的结果都是形式逻辑和原子论心理学虚构出来的幻影,在实际的精神生活中绝非不存在。①

无论是柏拉图、霍布斯、康德、叔本华、柏格森还是弗洛伊德,都犯了同样的错误,他们忽略了"原因的多样性"和世界是错综复杂相互关联有机整体的特性。

如果说,这里还没有明确提到"有机体"概念的话,那么,在《悲剧心理学》的第二章,"有机体"概念就跃然纸上了。在《悲剧心理学》第二章"审美态度和应用于悲剧的'心理距离'说"的第二小节中,朱光潜检讨了康德-克罗齐"形式主义"学派的贡献和弱点:"这种关于审美经验的形式主义观点永远不可能说服一个普通人。它尽管在逻辑上十分严密,却有一个内在的弱点。"②朱光潜给出这个"内在的弱点"的原因所在是:"它在抽象的形式中处理审美经验,把它从生活的整体联系中割裂出来,并通过严格的逻辑分析把它归并为最简单的要素。问题在于把审美经验这样简化之后,就几乎不可能把它再放进生活的联系中去。""生活是一个有机整体,其中的整个部分纵横交错,分离出任何一部分都不可能不伤害其余的部分。"③我们现在无法确认《悲剧心理学》每一个章节的写作时间,但是,可以肯定的是,从

---

① 朱光潜著:《朱光潜全集(新编增订本)》(第4卷),第14—15页。
② 朱光潜著:《朱光潜全集(新编增订本)》(第4卷),第26页。
③ 朱光潜著:《朱光潜全集(新编增订本)》(第4卷),第27页。

1927年《论悲剧的快感》开始到1933年《悲剧心理学》的出版,从《谈中学生与社会运动》到《悲剧心理学》的部分章节,朱光潜已经开始形成了世界是有机整体、生活是有机整体、生活与艺术是有机体的观念,并且开始运用这一观念检查、批评各种学说、理论和观念的得失,进而进行自我理论体系的建构了。

三

1930年代,除了英文版的《悲剧心理学》之外,朱光潜还出版了另外几本著作,其中以《文艺心理学》和《谈美》最为著名,可以说,正是《文艺心理学》与《谈美》奠定了朱光潜中国现代美学家"美学的双峰"之一的地位。《文艺心理学》与《谈美》是姊妹篇,两者观点相近,内容相近,只是在具体的写作时间和写作方式上有差别。通过考察《文艺心理学》和《谈美》我们同样可以发现1930年代"有机体"这一概念在朱光潜学术思想中的重要性。

除了1927年《谈中学生与社会运动》一文中,朱光潜阐述过"从前想……近来觉得……"思想的变迁之外,前期朱光潜至少还在另外一处主动谈到自己思想的变化,这即是为人熟知的《文艺心理学》。在《文艺心理学》的"作者自白"中,朱光潜交代了自己在《文艺心理学》写作初稿与最终定稿之间的一个思想变迁:"我对于美学的意见和四年前写初稿时的相比,经过一个很重要的变迁。"这个变迁的内容即是:

> 从前,我受从康德到克罗齐一线相传的形式派美学的束缚,以为美感经验纯粹地是形象的直觉,在聚精会神中我们观赏一个孤立绝缘的意象,不旁迁他涉,所以抽象的思考、联想、道德观念等等都是美感范围以外的事。现在,我觉察人生是有机体;科学的、伦理的和美感的种种活动在理论上虽可分辨,在事实上却不可分割开来,使彼此互相绝缘。

因此，我根本反对克罗齐派形式美学所根据的机械观，和所用的抽象的分析法。①

这段话经常被研究者所引，以用来说明朱光潜前期思想从对康德-克罗齐的服膺到批评、反省的变化。《文艺心理学》初稿于1932年即已经写好，并请1932年在伦敦的朱自清先生写好了序言，但是直到1936年才交由出版社出版，是因为"自己觉得有些地方还待修改"②，因此一下子就延期了四年，从作者的自白可以看出，《文艺心理学》初稿与《悲剧心理学》几乎差不多同时完成，但不同的是，《悲剧心理学》于1933年即已经出版，而《文艺心理学》直到1936年才出版，并且已经出版的定稿与初稿相比，增加了"第六、七、八、十、十一"五章与超过三分之一的篇幅。当然，这只是出版时间、书稿内容与篇幅的变化，具体到内容，除了"作者自白"这段内容外，在《文艺心理学》中我们还可以发现一些与《悲剧心理学》中相差无几的表述：

> 由此可知艺术作品中些微部分都与全体息息相通，都受全体的限制。全体有一个生命一气贯注，内容尽管复杂，都被这一气贯注的生命化成单整。这就是艺术上的"寓杂多于整一"（variety in unity）这条基本原理，也就是批评学家和心理学家所常争论的"想象"（imagination）和"幻想"（fancy）的区别。③
>
> 人在生理和心理一方面都是完整的有机体，其中部分与部分，以及部分与全体都息息相关，相依为命。我们固然可以指出某一器官与某另一器官的分别，但是不能把任何器官从全体宰割下来，而仍保保存它的原有的功能。我们不能把割碎的四肢五官堆砌成一块成为一个大活人，生命不是机械，部分之和不一定等于全体，因为此外还有全体所特

---

①② 朱光潜著：《朱光潜全集（新编增订本）》（第3卷），中华书局2012年版，第111页。
③ 朱光潜著：《朱光潜全集（新编增订本）》（第3卷），第198—199页。

有的属性。①

近代美学家可以粗略地分为"克罗齐派"与"非克罗齐派"。我们相信克罗齐派在大体上接近于真理，不过我们也很明白他们的缺点。在我们看，克罗齐美学有三个大毛病，第一是他的机械观，第二是他的关于"传达"的解释，第三是他的价值论。②

十九世纪和二十世纪的哲学和科学思潮有一个重要的区别，就时十九世纪的学者都偏重机械观，二十世纪的学者都偏重有机观。……现代学者所采取的是有机观，着重事物的有机性或完整性，所研究的对象不是单纯的元素，而是综合诸元素成为整体的关系。③

我们可以概括地说，现代学者多数都承认无论在物理方面或心理方面，有机观都较近于真理。形式派美学的弱点就在信任过去的机械观和分析法。④

这里所引的几段，从内容上分析，表述的意思与上文所引《悲剧心理学》的那几段几无二致，当然，《文艺心理学》在内容的阐述上更为详尽，在具体的批评上更为细致，而且与《悲剧心理学》中对"有机体"的理解相比，《文艺心理学》不仅是以一种自我观点的陈述，而且还力图将自己的发现贯彻进对西方学术思想史19到20世纪的演进当中去加以验证，这是朱光潜在为自己"有机体"、"完整性"的观点寻求学理上支撑的努力，这当然是一个前进。

如果以1933年《悲剧心理学》的出版和1932年《文艺心理学》的初稿完成作一个时间上的联系的话，那么，我们可以知道，至少从1932年起，朱光潜就已经开始试图用"有机体"及"有机整体"为基点，重新定位自己曾

---

① 朱光潜著：《朱光潜全集（新编增订本）》（第3卷），第221—222页。
② 朱光潜著：《朱光潜全集（新编增订本）》（第3卷），第264页。
③ 朱光潜著：《朱光潜全集（新编增订本）》（第3卷），第264—265页。
④ 朱光潜著：《朱光潜全集（新编增订本）》（第3卷），第265页。

经深受影响的康德-克罗齐学派了。他一方面认识到这个他称之为"形式主义"的学派甚至是从柏拉图到康德之间的西方理论，在方法上有固执、陷于一端的弊病，另一方面，也开始尝试用"有机体"这一概念将这一弊病纠正过来，因此，他注意梳理西方哲学、科学思潮19世纪到20世纪从"机械观"到"有机观"的变化，以及附着于观点之上方法论从"分析法"到"综合法"的变化，并且予有机观/综合法以"二十世纪"和"现代"的肯定。由此我们可以说，从1932年到1936年的四年间，朱光潜在思想上是日益赞成"人生是有机体"的观点，并且力图将"有机体"作为史论的一条主线来建立起美学批评与研究体系的。因此，从1927年首次提到"有机体"到1933年《悲剧心理学》的完稿与出版再到1932、1936年《文艺心理学》初稿、定稿，实在是朱光潜确立与巩固自己"有机体"思想的时期。

四

《文艺心理学》从初稿到定稿经历了一个长约四年的时间 (1932—1936)，从1927年朱光潜首度提起自己思想变化，到1936年朱光潜再次提到思想的变迁，凡此两处，"有机体"都成为他解释自己思想变化的重要原因，因此，1927年至1936年这长达约十年的时间可以看成是朱光潜确立"人生是有机体"和"生活是一个有机整体"观点并运用此种观点重新考察社会、人生和艺术的时期。从1927年的《谈中学生与社会运动》到1933年的《悲剧心理学》和1936年的《文艺心理学》，朱光潜"有机体"概念在反复使用的同时也发生了转移，从《谈中学生与社会运动》一文中指向社会、国家与政治，转到指向一个更为广阔的空间：生活、人生、宇宙、世界，"有机体"这一概念也因此被延伸到生活观、人生观和艺术观上面来从而拥有了更为开阔的外延。

如果说《文艺心理学》一部案头之作的话，那么《谈美》则是一部迷人的小书。因考虑到读者受众的区别，《谈美》在写法上有别于《文艺心理学》，但是，主要内容却是相当的，可以将《谈美》看成是《文艺心理学》初稿的精简版。除了《文艺心理学》初稿中的后三章（第十五章刚性美与柔性美、第十六章悲剧的喜感、第十七章笑与喜剧）和《谈美》的最后一章"'慢慢走，欣赏啊！'——人生的艺术化"之外，《谈美》第一至第十四章几乎都是《文艺心理学》初稿的简写。当然《谈美》最为人注意的也就是最后一章《"'慢慢走，欣赏啊！'——人生的艺术化"》，正是在这一章中，朱光潜提出了"人生艺术化"的美学主张，这一主张是"孟实先生自己最重要的理论"①，"是其学说体系中最闪光的一维"②。"人生的艺术化"实际上就是朱光潜在历史地批评康德-克罗齐"形式主义"学派观点的基础上，运用批判-综合或者说"折衷"的方法，从"人生是有机体"出发，将"有机体"运用到艺术与人生关系的分析上来从而得出来烙有朱光潜印迹的关于艺术与人生的观点，这也是朱光潜建构自己艺术理论与美学体系的努力，"人生艺术化"从此成为朱光潜的一个标签。

"人生艺术化"的主张认为：人生有"实际人生"和"整个人生"狭义与广义两种区别，艺术虽与实际人生有距离，但是与整个人生却没有隔阂，"离开人生便无所谓艺术，因为艺术是情趣的表现，而情趣的根源就在人生；反之，离开艺术也便无所谓人生，因为凡是创造和欣赏都是艺术的活动，无创造、无欣赏的人生是一个自相矛盾的名词"，不仅艺术离不开人生，同时，"人生本来就是一种较广义的艺术。每个人的生命史就是他自己的作品。[……]知道生活的人就是艺术家，他的生活就是艺术作品"③。读《谈美》第十五章，不难发现，这正是"有机体"观念的进一步发挥："人生是多方面而却互相和谐的整体，把它分析开来看，我们说某部分是实用的活动，某部分是科学的活动，某部分是美感的活动，为正名析理起见，原应有此分别；但是我们不要忘记，完满的人生见于这三种活动的平均发展，它们虽是可分别

---

① 朱自清：《谈美·序》，朱光潜著：《朱光潜全集（新编增订本）》（第3卷），第5页。
② 劳承万著：《朱光潜美学论纲》，安徽教育出版社1998年版，第143页。
③ 朱光潜著：《朱光潜全集（新编增订本）》（第3卷），第92页。

的而却不是互相冲突的。'实际人生'比整个人生的意义较为狭窄"[①]、"我们把实际生活看作整个人生之中的一片断,所以在肯定艺术与实际人生的距离时,并非肯定艺术与整个人生的隔阂"[②],"一篇好文章一定是一个完整的有机体,其中全体与部分都息息相关,不能稍有移动或增减"[③],"艺术家传达室事物的价值,全以它能否纳入和谐的整体为标准"[④],"不但善与美是一体,真与美也没有隔阂"[⑤]。历来对"人生艺术化"观点批评诸多,最典型的莫过于"朱光潜的美学主张割断文学与现实人生的联系,提倡一种超然的无利害的静观态度"[⑥],这固然是看到朱光潜将人生分为"实际人生"与"整个人生"的"割断",但同时也忽略了朱光潜这个"割断"背后蕴涵的双重努力,一方面,他要努力克服康德-克罗齐形式派将艺术与人生隔绝、将美感经验视为纯粹地是形象的直觉的弊端,另一方面,他也不满意中国文学"文以载道"的传统和柏拉图、卢梭、托尔斯泰将文艺寓于道德的训诫。"有机体"观念中既重视构成整体的局部的存在权利,又注重局部构成整体的必要联系,以及部分与整体之间既有区别又双向互动的思想,在此刻就成为他这双重努力所倚重的一道理论光芒。

无论是将人生分为实际人生、整个人生,还是将艺术视为人生化,人生视为艺术化,都是朱光潜运用"有机体"观念重新观察、思考社会、艺术、人生与世界的结果,从"有机体"出发,我们就很容易理解,他自1927年、1936年提出的两次思想转变,就能够理解朱光潜为什么要反思与批评康德-克罗齐学派,为什么要提倡"人生艺术化"等观点了,因为,他用"有机体"这样一种新的说话方式、新的比喻以至是一种新感觉来观察、理解和描述世界。虽然事实上,"有机体"这一概念既无法在理论上为其提供坚强有力的支撑,也无法在实际上将"为人生"和"为艺术"的两种观点进行实际

---

① 朱光潜著:《朱光潜全集(新编增订本)》(第3卷),第91页。
②③ 朱光潜著:《朱光潜全集(新编增订本)》(第3卷),第92页。
④ 朱光潜著:《朱光潜全集(新编增订本)》(第3卷),第95页。
⑤ 朱光潜著:《朱光潜全集(新编增订本)》(第3卷),第97页。
⑥ 旷新年著:《中国20世纪文艺学学术史》(第二部·下卷),上海文艺出版社2001年版,第200页。

有效的整合,但是,这是另外一个层面的问题,不能因此而否定了朱光潜曾经进行过的探索与努力。

五

朱光潜前期至此只是到了1936年,因此,即便《给青年的十二封信》、《悲剧心理学》、《文艺心理学》、《谈美》是朱光潜前期的重要著述,也并不足以完全反映朱光潜在前期以"有机体"为基点观察、理解社会、人生、世界的全貌,不足以完全反映朱光潜前期以"有机体"为基点重新思考康德-克罗齐派学术观点的思想变化,不足以完全反映出朱光潜在思想变迁之后,用"有机体"构建以"人生艺术化"为核心内容的、独具特色的朱氏艺术、美学观的认识前提。事实上,除了上述几本著述外,朱光潜在其前期的其他著述中,同样留下了以"有机体"为基点思索人生与艺术的烙印。

在落款是"民国三十一年冬在嘉定脱稿"的《谈修养·自序》中,朱光潜讲道:"我的先天的资禀与后天的陶冶所组成的人格是一个完整的有机体,我的每篇文章都是这有机体所放射的花花絮絮。我的个性就是这些文章的中心"①。这里用有机体来形容人格,说明自己的文章都是有机体结出的果实,其实,在收入《谈修养》的文章中,朱光潜不仅从文章-人格统一的角度将"有机体"理解成沟通文学与人格的通道,而且在《一番语重心长的话》一文中,也提到"我们必须痛改前非,把一切自私的动机痛痛快快地斩除干净,好好地在国家民族的大前提上做工夫。我们须知道,我们事事不如人,归根究竟,还是我们的人不如人。现在要抬高国家民族的地位,我们每个人必须培养健全的身体、优良的品格、高深的学术和熟练的技能,把自己造成社会中一个有力的分子"②。这里虽然没有明确提到"有机体"概念,但是"有机整体"的观念依然清晰可辨。历史似乎惊人地相似,早期朱光潜在

---

① 朱光潜著:《朱光潜全集(新编增订本)》(第1卷),第91页。
② 朱光潜著:《朱光潜全集(新编增订本)》(第1卷),第97页。

其《中学生与社会运动》一文中,提及"有机体"即是从个人与国家、民族这一政治学角度来理解"有机体"这一概念的,而在将近朱光潜前期学术的末期,朱光潜仍旧秉持了视个人与国家为有机统一的"有机整体观"。

《谈文学》收录的几篇文章中也经常出现"有机体"或"有机整体"的说法。在《资禀与修养》中提到"人是有机体,直觉与意志,艺术的活动与道德的活动恐怕都不能像克罗齐分得那样清楚"①,将人本身视为不可分割的有机生物体;而在《文学上的低级趣味(上):关于作品内容》一节中,朱光潜认为,"本来文学之所以为文学,在内容与形式构成不可分拆的和谐的有机整体",内容与形式不可偏废,"如果有人专从内容着眼或专从形式着眼去研究文学作品,他对于文学就不免是外行"②;同样,在《选择与安排》一节中,朱光潜讲到,作文在选择之外还要安排,就是摆阵势,它的特点是"击首则尾应,击尾则首应,击腹则首尾俱应",并且引用亚里士多德对"完整"的强调,援引自己对艺术作品必须是有机整体的看法:"一个艺术品必须为完整的有机体,必须是一件有生命的东西。有生命的东西第一须有头有尾有中段,第二是头尾和中段各在必然的地位,第三是有一股生气贯注于全体,某一部分受影响,其余各部分不能麻木不仁。一个好的阵形应如此,一篇好的文章布局也应如此。"③

在朱光潜解放前的著述中,最后一次出现"有机体"字面的是1944年的《知识的有机化》一文。这篇文章中,朱光潜提出"我们应该把自己的知识加以有机化,也就是说,要使它像一棵花,一只鸟或是一个人,成为一种活的东西。"朱光潜详细地分析了有机体的三大特征,并且认为,这三大特征实际上也是学问的特征,因此,"学问的生长是有机体的生长",做学问如果"只强调记片断的事实,不能加以系统化或有机化,这种人,在学问上永不会成功。"既然学问有如有机体,所以"做学问第一要事就是把知识系

---

① 朱光潜著:《朱光潜全集(新编增订本)》(第6卷),第168页。
② 朱光潜著:《朱光潜全集(新编增订本)》(第6卷),第179页。
③ 朱光潜著:《朱光潜全集(新编增订本)》(第6卷),第210—211页。

统化,有机化,个性化","我们说'知识的有机化',其实也就是'知识的问题化'"①。

可见,1936年之后,在各类不同的著述中,"有机体"概念广泛涉及文章做法、知识养成和人格修养等各个方面,这可看成是朱光潜已经能够纯熟运用"有机体"这一概念,深入细致地描述自己的思想、表述自己的主张了。

"知识的有机化"这一提法被朱光潜研究者广泛注意到了。钱念孙在其《朱光潜与中西文化》中就曾结合此文与《文艺心理学·作者自白》考察了朱光潜的有机知识观和"批判综合"的方法论②,劳承万在其《朱光潜美学论纲》中也曾就此文谈到朱光潜"知识结构的塔状本体(博与约)和有机化(生命化)"的关联,并且将之上升为朱光潜"方法论系统与思维方式的变革"这一角度予以肯定③。但是,无论是钱念孙还是劳承万,都只是从方法论的角度提及"有机体"这一观念,而忽略了"有机体"自1927年起就在朱光潜前期思想中开始占有的重要位置,他们的提及,某种程度上甚至可以说是降低了"有机体"这一概念在朱光潜前期学术思想中应有的分量。

余 论

朱光潜以"有机体"概念为核心,努力构建起人生和艺术有机整体的"人生艺术化"美学观,从而弥补他曾经服膺的康德-克罗齐学派形式主义的缺陷,意欲在"为艺术"与"为人生"两种极端之间搭建起一道桥梁,这是他一贯坚持的批判综合方法的体现,也是他这种方法论的理论基础,甚至也是他人生哲学的核心。

历来论朱光潜思想影响的时候,大都集中在谁才是朱光潜最重要的影响者这一点上,包括朱光潜自己在内,或者认为是叔本华,或者认为是尼采,

---

① 朱光潜著:《朱光潜全集(新编增订本)》(第10卷),第113—119页。
② 钱念孙著:《朱光潜与中西文化》,第153—155页。
③ 劳承万著:《朱光潜美学论纲》,第284—309页。

或者认为是康德,或者认为是克罗齐,这固然是问题的一方面,但是更不可忽略的是,自1932年之后,终其一生,朱光潜都在努力克服康德-克罗齐一派学术思想的弊端,朱光潜有着严格的自我批判精神,也有着非常严谨的学术态度,他的克服是建立在自己对康德-克罗齐学派的学理性的再认识之上的,机械论与分析法就是他概括的康德-克罗齐学派的两个最大的弊端,实际上这个弊端也是西方二千多年天人二分的思维传统的体现,如何弥补?如何克服?后期的朱光潜固然在学习、接受了马克思主义之后走出了一条主客观统一与实践的道路,但是,这个弥补与克服的起点却必须追认到早期,追认到1932年甚至是1927年,而前期朱光潜对"有机体"的强调,即是他努力的开端,并且"有机体"也成为他努力的思想资源和理论基础,忽略了前期朱光潜对"有机体"概念的不断强调,其实就是忽略了他终其一生都要弥补与克服康德-克罗齐学派弊端的努力。

早年学过教育学,做过生物实验,终生对心理学感兴趣,并且熟悉达尔文,熟悉英国浪漫主义、推崇华兹华斯、研究过柯勒律治,深入系统研究过西方哲学史、美学史的朱光潜,以"有机体"概念检讨自己的学术与思想,在词语的使用上自然没有问题,但是,在观念来源上我们还存在着一些疑问,这是朱光潜受西方自亚里士多德至浪漫主义就有的"有机"观念影响的结果,还是他受自小就被熏陶的中国传统文化中知行合一、天人合一的观念在中西碰撞中开出的花朵?实际上"有机体"是一个非常复杂的概念,朱光潜并没有在自己的著述中明确交代"有机体"这一词语/概念/观念的直接出处,那么朱光潜的"有机体"观念源自哪里?"有机体"作为自然学科中的一个概念,是如何从自然科学进入到人文与社会学科当中并且影响和改变了人文与社会学科观察、理解世界的方式的?"有机体"这一概念及围绕其建立起来的观念,在进入到人文与社会学科之后,是否经历了挑战?这种观念在人类学术思想史上的地位如何,现在的命运如何等问题,朱光潜自然也没有深入追究,这虽是缺憾,但同时也为朱光潜研究留下了一片有待开垦的开阔地带,当然,这又是另外一些层面的问题,非本文篇幅所能完成的了。

民族认同视阈中的现代民俗艺术

张红飞

一、民族认同：现代化进程中的焦虑

所谓民族认同，"即是社会成员对自己民族归属的认知和感情依附"[①]。对于各民族来说，这是一个一直存在但并非始终显著的问题。所谓一直存在，指的是每一个人类成员由于自然的原因，总是天生地属于某一个族群，在传统社会中，极少有质疑自己民族归属的可能，民族认同成为一种集体无意识，不会成为显性的问题。不过18世纪之后情况就发生了巨大变化，随着西方殖民主义扩张，很多民族失去了自身的独立发展，被动地进入现代化，民族的传统文化受到威胁，民族认同便成了问题。

对中国而言，这一形势直到清末才出现。由于晚清保守式变革的失败，中国以激进的革命形式进入到现代化的序列之中，无论在政治层面还是在文化层面都是如此。就文化层面而言，五四运动对中国传统文化的全面否定，使得文化的延续性一时间被压制[②]，在随后相当长的时期内，中国的文化政策都没有给传统文化留下太多空间，从而造成了文化上的断裂。农业社会向工业社会的变化，本来就会带来一定的文化割裂，中国发展的这种特殊性更是深化了这种断裂。

20世纪80年代之后，中国逐渐卷入经济全球化。这种全球化的经济诉

[①] 王希恩：《民族认同与民族意识》，《民族研究》1995年第6期，第17页。
[②] 就中国现代民俗学思想史而言，中国民俗学的发端是在新文化运动兴起的背景下，礼失求诸野的过程，民间在五四时期也成为知识分子寻求民族国家现代转型的资源。参见赵世瑜著：《眼光向下的革命：中国现代民俗学思想史论（1918—1937）》，北京师范大学出版社1999年版。

求加快了各民族之间的文化交流,也使得原先的文化独立性被打破,文化同质化的倾向逐渐显现。同时,又因为世界各国的经济发展高度不均衡,欧美在全球化状况中居于主导地位,所以,欧美文化在全球化过程中成为强势文化,所谓文化的同质化也就是对欧美文化的模仿和趋同,而并非是世界各国文化的独立或综合发展。

如此一来,当今中国的民族认同必然面对着全球化影响下的文化同质化与从古代农业社会向现代工业社会过渡中产生的文化断裂的双重压力。如果说这是民族认同的离心力的话,那么在这些离心力加大的状况下,还伴随着民族认同向心力的减弱,而之所以减弱的一个重要原因就是现代化所带来的个人意识的增强。现代化的过程中造就了一批"单子"式的个体,"他基本上是独自负责确定他所扮演的经济的、社会的、政治的和宗教的角色"[1],他不再是整体的有机部分,而是和整体保持着一种契约关系;和他人也不是自然融洽,而是把他人看作是实现自己目的的手段。这些人抱有这样的观念,那就是"每一个人天生的有别于其他的个人,而且与被称作'传统'的过去时代的思想行为的各种各样的忠诚背道而驰"[2]。这就从内部极大地削弱了民族认同的强度。

在这些内外因素的综合作用下,民族认同受到不断的冲击,尤其是在青年中,这种危机尤为明显,正如澳大利亚学者奈特所言:"根据一项青年价值取向研究报告,在中国青年中发生了一系列重大转变。从理想转向现实,从统一价值观转向多元价值观,从集体主义转向个人主义,从盲从转向独立,从政治转向经济。这些转变的结果是,青年人的'民族国家观念'弱化。"[3]当然,我们绝不认为中国人已经模糊了自己的民族身份,而是说这种民族的归属感变得越来越抽象;也不是说中国人不希望感受和认同自己的民族身

---

[1] [美] 瓦特:《小说的兴起》,生活·读书·新知三联书店1992年版,第63页。
[2] [美] 瓦特:《小说的兴起》,第62页。
[3] [澳] 尼克·奈特:《对全球化悖论的反思:中国寻求新的文化认同》,《当代世界与社会主义》2007年第1期,第96页。

份,而是说这种民族认同变得越来越缺少载体。换言之,民族认同的理性认知方面还是很牢固的,但在感情依附方面却受到很大威胁。如何在人与人、人与民族实体之间,建立起一种流畅、真切、可靠的感性联系,是实现民族认同的当务之急。

当然,在这里,我们有必要说明的是:其一,"民族认同"和"国家认同"不是一个概念。其二,中国作为多民族国家,其民族认同的复杂性是不言而喻的。比如,在单个民族层面,北方拥有语言的民族(如维吾尔族、哈萨克族),其民族自身认同始终强烈,而在国家层面,可能未必如此。我们在此强调的既是现代化进程中民族认同的弱化,更是全球化背景下国家认同的某种缺失。当然,严格说来,这种缺失更多的是由于现代化、市场经济条件下个人行为选择的工具理性等,而并不能完全归因于全球化。其三,笔者无意于预设现代化与民族认同缺失之间的必然关系,事实上,我们应注意到,两者之间的成因是复杂的,传统和现代之间并非仅仅是二元对立的关系。或许从本质上来说,民族认同的形成更应该是现代民族国家形成以后的焦虑,而并非现代化、全球化过程所带来的危机。

二、现代民俗艺术:民族认同的重要方式

本尼迪克特·安德森(Benedict Anderson)曾提醒我们,民族并非是一个天然的一成不变的实体,"它是一种想象的政治共同体"[①],"它是想象的,因为即使是最小的民族的成员,也不可能认识他们大多数的同胞,和他们相遇,或者甚至听说过他们,然而,他们相互联结的意象却活在每一位成员的心中"[②]。这意味着,我们不能满足于人们自然而然地归属于其所在的一个民族实体,而必须研究那些想象的方式,通过一些特殊的文化手段来巩固民族认同的基础,来强化甚至固化那些联结民族成员的共同"意象"。在

[①②] [美]本尼迪克特·安德森:《想象的共同体:民族主义的起源与散布》,上海世纪出版集团2005年版,第6页。

现代化的进程中,这尤为重要。

那么,有哪些"想象"的方式可以作为实现民族认同的基础呢？我以为主要有四种:

宗族制度。这是一种来自血缘的天然联系,曾是民族认同最基础和最坚固的部分。在传统中国,宗族制以祠堂、家谱等不同方式不断被强化；又由于传统中国的"家国同构"模式,民族国家的认同自然而然地就形成了。

经典文献。经典文献保存着一个民族的核心价值观,它的神圣性和有效传承极大地巩固着民族认同,成为联结民族成员的重要的精神文本。比如犹太人,尽管他们流离失所,分散各地,但他们的经典文献(比如《希伯来圣经》、《塔木德》等民族宗教文献)使他们民族认同十分牢固。

宗教。这是一种构成认同的强大力量。在历史上的某些时期,对某些民族国家,宗教是一种强有力的认同基础,如英国的圣公会。

民俗艺术。这是一种构成认同的富有活力的基础,它的亲切、鲜活、绵延,对于保存和激活民族认同意义重大,正如《保护非物质文化遗产公约》(2003)所指出的,能为民族成员"提供持续的认同感"。艺术之所以成为构成民族认同的重要因素,是因为艺术具有感性、具体、审美的优势,能够调动人们的情感,并通过想象性的共同意象使接受者趋于共同的心理指向,也就是说,"艺术创作的作品能够以它们所唤起的观念的体验的共同性把人们联合起来,这些作品本身作为交际的动因,在某种程度上象征着人们的某种共同体的统一"[①]。

纵观以上实现民族认同的四种方式,特征各异,在不同时代发挥的作用也强弱不一。因此,我们首先需要分析的是,能够在现代语境中显示出强大效力的民族认同方式,应该具有怎样的特性。

在我看来,这种民族认同方式至少需具备五大特性：其一,它应当具有足够宽广的民众基础,是大众能够普遍参与的某种集体行为,而绝不能只是

---

① [爱沙尼亚]斯托洛维奇著,凌继尧译:《艺术活动的功能》,学林出版社2008年版,第190页。

少数精英所独享的沉思；其二，它应当立足于日常生活，而又不局限于日常生活，需要有一个精神内核；其三，它应当是特殊与普遍的结合，换言之，对本民族它是普遍的，而对于其他民族，它又是特殊的；其四，它应当具有感性的因素，而不能只是形而上的思辨；其五，它应当是可以传承的，因为唯有可以传承，才能延续民族的集体记忆。

比照这几个特性，我们看到：宗族出于历史和社会原因日益淡出，尽管它在不同民族、在不同程度上还存在着，但已不再是一个有效沟通人与人、人与民族之间关系的中介，其稳固性和有效性远不及在传统社会中所表现的那样。而经典文献虽在近代以来屡遭打压，但其传承性始终强大。问题是，在古时，经典文献的传播主要局限于精英知识分子之中，而对于现代人来说，它们已显得晦涩抽象，虽然人们在理智上大都认可它的价值，但在感性上却终究隔了一层，而如何实现从古典到现代的转化则是一个更为棘手的难题。而中国文献经典的特殊之处还在于，20世纪的几次激进运动一定程度上动摇了其作为经典的合法性，扰乱了其作为民族精神载体的文化传承。直到21世纪初，知识界才又开始提倡读经，试图复兴"国学"，在现代语境中，这无疑是一种有助于强化民族认同的方案，但其困难在于，读经之传统自蔡元培1912年从学制中摒弃后，便已丧失了制度基础，而要想在西方文化模式深刻影响下的当下中国重建这种传统，其难度可想而知。此外，虽然读经在2004年前后成为一时热点，后又经过于丹等明星学者推波助澜而日益受到关注，但究其实质而言，这种方式更多的还是一种时尚式的追捧，一种"心灵鸡汤"式的肤浅慰藉，国学之精神依然未得到有效的清理和重构，依然是游离于国人的精神世界之外的。就宗教而言，虽然它是民众的、日常的、传承的，也有感性的层面，但在中国本来就缺少一定的现实基础，在不与宗族制度结合的状况下，更是无法成为民族认同的方式。宗教的复杂性还在于，它既可能是一种强化民族认同的力量，也可能是一种弱化民族认同的力量，宗教认同和民族认同既可能同一，也可能排斥，如基督教，它所宣扬的普世观念对民族认同来说就是一种威胁。

相较而言，民俗艺术则比较符合以上几点特性，诚如段宝林先生所言："民俗是人民生活的具体形式，世界各族人民都生活在一定的民俗形式之中，民俗是最有民族特色的。"钟敬文先生也强调："民俗文化，由于它的广泛存在和潜在作用，它在凝聚团结民族成员的作用方面，特别显得重要。"①我们知道，民俗学本身也正是在民族运动过程中逐步建立起来的，比如在民俗研究的发源地之一的德国，就始终有着很浓厚的民族主义气息。②在中国，民俗学的兴起也同样如此，是在20世纪初的亡国灭种的民族危难中萌生的。

如前所言，艺术本身就是民族认同的重要基础。我们知道，艺术在它的早期，就曾是一种氏族活动，只有同一氏族的人才可以参与。但艺术后来的发展使艺术的情况变得复杂，艺术脱离了它原本的氏族意味，部分变得十分专业化，其创作和传播脱离了大众，仅限于贵族和士人阶层，成为一种鉴赏的对象。这些高雅的艺术形式固然包含着民族精神，但却缺乏大众性，偏离日常生活，难以引起民众的普遍参与。现代艺术也是如此，甚至显得更加曲高和寡，"现代艺术总有一个与之相对立的大众，因而它本质上是无法通俗普及的，更进一步讲，它是反通俗普及的"③。而那些和大众紧密相连的艺术则成了民间艺术，这些民间艺术是民族传统的重要载体，不过随时空变换，有的已经失传，有的仅仅成为民俗馆中的展品，失去了传承性，无法在现代再引起人们的普遍认同。而那些在当下依然流传的民间艺术，也就成了现代民俗艺术，具有现代性、大众性、审美性等多重品格。

所谓民俗艺术，"系传承性的民间艺术，或指民间艺术中融入传统风俗的部分"④。作为民俗和艺术的结合，民俗艺术因此有其独特性，按陶思炎先

---

① 钟敬文：《民俗文化的性质与功能》，《哲学动态》1995年第1期，第24页。
② 当然，我们需要反思的是，德国民俗学就是在二战时期成为纳粹分子民族主义的武器。因此，二战后，德国民俗学因为在二战中成为帮凶的缘故，包括整个欧洲在内，民俗学都成为众人唾弃的学问，从而不得不以欧洲民族学的名称试图洗刷民俗学的劣迹。
③ [西]加塞特：《艺术的非人化》，周宪编译：《激进的美学锋芒》，中国人民大学出版社2003年版，第136页。
④ 陶思炎：《论民俗艺术学的研究》，《东南大学学报》2008年第1期，第75页。

生的看法,民俗艺术学有着三个重要的理论支点,"'传承论'、'社会论'、'象征论',它们分别从存在特征、属性风格和表现方式三个方面构成了民俗艺术学的理论基础"①。这也就揭示出了民俗艺术有着三个根本特性,即传承性、社会性和象征性,而这些特性正表现出它对于巩固民族认同的积极作用。

传承性意味着,"民俗艺术不是无本之木、无源之水,其发生和存在既不会突然偶见,也不会昙花一现,而是有着历史的脉络和代代相传的印迹……它从过去到现在,再到未来,体现出古今相贯、承前启后的特点"②。这种传承性由民俗和艺术相互作用而得到加强。民俗本身就有着很强的传承性,但这种传承因为现代化进程有所损耗,而艺术对这种损耗则能有所弥补。我们知道,艺术有着普世性,也就是说,一流的艺术是跨越时空的,能被不同民族和不同时代的人们所欣赏。我们说过,民族认同的基础是需要特殊性的,要体现出一个民族和其他民族的差异,所以艺术的普世性对民族认同有时是负面性的,但另一方面,在中国由传统向现代迈进的过程中,艺术的普世性有着独特的作用,那就是能弥合社会转型带来的民俗的断裂,强化民俗的传承性,帮助完成民俗的时空转换。从时间上而言,民俗艺术的传承特征能使民族精神从古至今延续而来;从空间上而言,又能使乡村民俗中的民族精神过渡到市民俗中去,这就从整体上有助于完成民族精神从古代农业社会向现代工业社会的跨越。而民俗的自身的特性又能克制艺术的过度的普世性,使其负面作用能最小化。

社会性意味着民俗艺术有着广泛的民众基础,"民俗艺术从总体上来说,不是某个人的独创,它不以个性风格相标榜,而是社群风俗的体现,集体创作的延伸,其间虽有个人的局部改进或创新,但仍顺应社会风俗的氛围,其社会性仍强于个体性"③。这在个体日益单子化的时代意义重大,人们越来越感到自己孤立于社会,孤立于他人。这种孤立不是客观事实上的,

①②③ 陶思炎:《论民俗艺术学的研究》,《东南大学学报》2008年第1期,第76页。

而是精神上的。人与人、人与社会越来越缺乏情感沟通的方式,更多是经济、政治等功利方面的交往。艺术固然是充满情感的,但单纯的艺术很多只是适合于个体的独自欣赏,标榜个性,而不是一种大众普遍参与的形式。另一方面,艺术虽然有普世性,但它又有等级性,不是对所有人都平等,它常常是一种阶级区隔的符号和工具。这对民族认同很不利,"尽管在每个民族内部可能存在普遍的不平等与剥削,民族总是被设想为一种深刻的,平等的同志爱。"①民俗和艺术的融合则能既借助艺术的情感形式和审美特性,使其更具有吸引力,又能克服艺术的个性和等级性。

象征性是指民俗艺术强调符号的意义表达,应把民俗艺术视作各有隐义的符号系统。②这意味着民俗艺术既立足于日常生活,又不限于日常生活,它是对日常生活某些形式的加工和改造,是一个对生活意义化的过程,是使民族性自然而然地寓于其中的一个独特的符号系统。其实,无论是民俗还是艺术,自身都有象征的特性,而两者的结合则更能使其象征特性得以强化和显现。

三、整合城市与农村民俗:实现民族认同的未来方向

在当下中国日益工业化、城市化、现代化的进程中,我们还须注意到,民俗艺术在城市和乡村之间、传统与现代之间是极为动荡的。"依存于封闭型乡土的农村民俗正随主体的流动在耗散,而城市民俗在快捷地整合和发展"③,也就是说,原本稳固的认同基础被动摇了,而新的基础还没有完全形成。与此同时,在全球化语境中,城市民俗又受到各种力量的影响。

一是易受到各种外来民俗的影响。就民俗本身而言,这种影响并非完全无益,也不可能完全回避。但如果对其影响没有正确地把握和适当的改

---

① [美]本尼迪克特·安德森著,吴叡人译:《想象的共同体:民族主义的起源与散布》,第7页。
② 陶思炎:《论民俗艺术学的研究》,《东南大学学报》2008年第1期,第77页。
③ 陶思炎:《都市民俗学体系与都市民俗资源保护》,《安徽师范大学学报》2004年第2期,第195页。

造的话,那么对形成有效的认同基础却是有害的,因为发挥民族认同作用的民俗毕竟要建立在某种差异之上。

二是对城市民俗如何恰当地传承农村民俗中的民族精神问题并未得到完全解决。正如陶思炎所指出的:"乡村民俗与都市民俗存在明显差异的同时,还呈现出不断整合的趋势",而二者整合的基础之一就"在于民族精神的一致性"[1]。不过两者的发展程度毕竟不相同,乡村民俗在长期的传承中已经充分融合了民族性,能有效地在农业文明中作为民族认同的基础。同时,乡村民俗虽然在古代也并非一成不变,但由于古代社会经济基础和政治形态的长期稳定,因而乡村民俗的变化在古代往往只是形式上的。而城市尽管也历史悠久,但在传统社会,并不是主流。随着现代化的加速和深入,"以城市、乡村这传统的两大生存空间而论,民俗中心在我国正经历着从乡村到城市的转变,其结果是城市生活必将成为我国民俗文化的主要载体"[2]。但就目前而论,城市民俗是否能够有效地成为现代民族认同的基础还需要详加分析,因为城市民俗中的民族精神不如乡村民俗那样稳固,城市民俗的发展在外来文化的冲击下,存在着诸多可能性。而乡村民俗由于其产生和发展的文化语境相对封闭,没有太多外来文化的干扰,因而往往是自然而然地渗透着本民族的精神。正如民族认同只有在民族交流普遍存在的情况下才被凸显出来一样,而民俗的民族性问题也只有在文化冲突的背景下才会存在。

三是城市民俗如何更好地提高自身的民众参与度。城市民俗面对的是无数单子式的个体,他们的身份、地位各不相同,各自有各自的爱好、兴趣,如何打破阶层的限制,使他们能普遍参与到民俗中来,也是我们需要思考的。

所以,一方面,我们必须认识到,民族认同危机的出现,冲击最大的是作为现代化革命对象的农村,即村落的终结,正是因为村落的终结,才会导致城市农民工等问题的出现;另一方面,在城镇化的大步发展过程中,城市民

---

[1] 陶思炎:《论乡村民俗与都市民俗》,《广西民族学院学报》2004年第2期,第94页。
[2] 陶思炎:《论当代民俗生活的变迁》,《东南大学学报》2002年第3期,第130页。

俗随之发展，又迫切需要进行深入、细致的研究和引导，方能有效地成为民族凝聚的基础。正如陶思炎先生不断号召的："对中国来说，城市化进程正在加速，都市民俗的比重越来越大，及时地从学科的高度加以理论的概括已是一项不可漠然置之的工作。"[①] "由于社会生活的深刻变化，理论工作已落后于社会实践，民俗学总结与引导俗民生活的使命正有待及时完成。这不仅是学科理论建设的需要，更是社会实践的要求。"[②] 可以说，城市民俗的发展还有一系列问题有待解决，比如，"时尚化与传统民俗的相互转化，都市民俗与乡村民俗的互动再融合，地域性和民族性的重组与再现"[③]，这三组张力既是城市民俗发展的趋势，也是城市民俗发展中需要谨慎对待的三对矛盾，只有协调好这三组张力的平衡，才能促进城市民俗的健康发展。

总之，民俗艺术是对民俗和艺术单独发挥民族认同功能时的缺陷的克服，是现代民族认同的重要基础，能最大限度地持存和发扬一个民族的精神。在民族认同的视阈下，正视和解决现代民俗艺术发展中存在的上述几个方面的问题，加强民俗艺术的理论研究和学科建设，尤其是整合城市民俗和农村民俗共同的民族精神资源，无论是对艺术的民族性、大众性的传承和弘扬，还是对现代民族国家认同的塑造，都是十分重要的。

（本文原载于《江淮论坛》2013年第6期）

---

① 陶思炎：《都市民俗学体系与都市民俗资源保护》，《安徽师范大学学报》2004年第2期，第195页。
② 陶思炎：《都市民俗学体系与都市民俗资源保护》，《安徽师范大学学报》2004年第2期，第196页。
③ 陶思炎：《中国都市民俗学》，东南大学出版社2004年版，第158页。

后 记

文艺学学科是安庆师范大学有历史、有影响、有地位的学科。早在20世纪20年代省立安徽大学时期，中国文学系就开展了文学批评的教学与研究。安庆师范学院成立之后，设中文系文艺理论教研室，先后在汪长辉教授、顾祖钊教授和方锡球教授的带领下，积极开展教研与科研活动。20世纪末期，文艺理论教研室由方锡球教授领衔，开始打造文艺学学科团队，2002年，文艺学学科被遴选为校级重点扶持学科，2006年被批准为安庆师范学院重点学科，2008年被评为安徽省重点学科。

目前，本学科共有成员15人，其中教授4人，二级教授1人，青年"皖江学者"1人，博士生导师1人，副教授5人，博士14人，安徽省学科带头人1人，安徽省省级教学名师2人，安徽省省级学科拔尖人才2人，是一支以中青年骨干为主，年龄、职称、学历结构合理而富有生机的学术队伍。近年来，本学科成员先后主持国家社科基金项目7项，省部级社科项目13项，出版专著15部，获安徽省人文社科文学艺术出版奖等各类科研奖12项，在《文学评论》《文学遗产》《文艺研究》《文艺理论研究》《外国文学研究》等核心期刊发表论文百余篇。

本学科经过多年的建设与提升，已形成优势突出、特色鲜明、适应地方文化和社会事业发展急需的主要研究方向：文学基本原理、古代文论、西方文论与文化、文艺美学、黄梅戏艺术活动。文艺学学科不断探寻文学理论研究的突破口和生长点，建构了唐诗学"诗变"论的理论体系；探讨文艺的人文立场和终极关怀，考察文艺发展的机制和原理，寻绎艺术发展的真实动因与规律；以文艺学基本原理指导黄梅戏的改革与发展研究，为文艺学学科开拓了新的研究领域。

收入本册论文集的18篇学术论文初步反映了近二十年来我校文艺学学科的研究成果,体现了我校文艺学学科建设的特色。这些论文,有的是学科成员所主持各级科研项目的标志性成果,有的是博士学位论文核心观点的提炼,基本体现了学科成员的学术专长。根据这些论文的研究方向,我们将之分为三个板块。第一部分,涵盖古典诗学、词学、画论,立论扎实,视野宏阔;第二既有对文学语言等基本理论问题的深入分析,亦有对德国思想史的严谨回溯,还有对当代西方理论前沿的探问;第三除美学问题之外,还涉及城市文化、民俗艺术等文化研究专题。可以说,这些论文既反映了学科成员对文艺学学科基本问题的重视,保持了本学科的学术定力;又对当前的文艺现实、文化现象做出了积极的回应,体现了本学科的学术活力。

由于篇幅的限制,本册论文集只收集了部分学科成员的代表性成果,未能呈现学科建设成果的全貌。若来日有机会,可再行结集出版。

编者

2023年8月

图书在版编目(CIP)数据

谈文论道:文艺理论卷/方锡球,王谦编.—上海:复旦大学出版社,2023.11
(敬敷求是集:安庆师范大学人文学院高峰培育学科建设丛书/汪孔丰,金松林主编;1)
ISBN 978-7-309-17064-1

Ⅰ.①谈… Ⅱ.①方…②王… Ⅲ.①文艺理论-文集 Ⅳ.①I0-53

中国国家版本馆 CIP 数据核字(2023)第 215158 号

谈文论道:文艺理论卷
方锡球 王 谦 编
责任编辑/顾 雷

复旦大学出版社有限公司出版发行
上海市国权路 579 号 邮编:200433
网址:fupnet@fudanpress.com http://www.fudanpress.com
门市零售:86-21-65102580 团体订购:86-21-65104505
出版部电话:86-21-65642845
江阴市机关印刷服务有限公司

开本 787 毫米×1092 毫米 1/16 印张 124.5 字数 1 721 千字
2023 年 11 月第 1 版
2023 年 11 月第 1 版第 1 次印刷

ISBN 978-7-309-17064-1/I·1377
定价:560.00 元

如有印装质量问题,请向复旦大学出版社有限公司出版部调换。
版权所有 侵权必究